高等职业教育新形态精品教材

U0711410

劳动教育

主　编　郭吉海　刘宏杰　梁　伟

副主编　张　岩　闫鲁超　王　振　宋　玲
　　　　单文玲　范　轶

编　委　李克强　保　俊　高　慧　王　孟
　　　　王　伟　牟海东　袁　峰　郭　勇
　　　　李　燕　路　遥　杜　娟（企业）
　　　　李爱平（企业）

北京理工大学出版社

BEIJING INSTITUTE OF TECHNOLOGY PRESS

内 容 提 要

本书以学生为中心，以能力为本位，注重实践，通过完成学校劳动、社会劳动、家庭劳动，帮助学生理解劳动文化，提升劳动热情，从而形成正确的劳动价值观和良好的劳动品质。全书共分为 8 个项目，主要内容包括劳动与劳动教育、劳动价值观、劳动精神、劳模精神、工匠精神、劳动素养与劳动品质、劳动法规与劳动安全及劳动实践。

本书可作为高等院校劳动教育的教材，也可作为相关劳动教育从业人员的参考用书。

图书在版编目（CIP）数据

劳动教育 / 郭吉海，刘宏杰，梁伟主编.--北京：
北京理工大学出版社，2025.1（2025.8重印）.
ISBN 978-7-5763-5014-2

Ⅰ.G40-015

中国国家版本馆CIP数据核字第2025GU6344号

责任编辑：李 薇　　　文案编辑：李 薇
责任校对：周瑞红　　　责任印制：王美丽

出版发行 / 北京理工大学出版社有限责任公司

社　　址 / 北京市丰台区四合庄路 6 号

邮　　编 / 100070

电　　话 /（010）68914026（教材售后服务热线）
　　　　　　（010）63726648（课件资源服务热线）

网　　址 / http：//www.bitpress.com.cn

版 印 次 / 2025 年 8 月第 1 版第 2 次印刷

印　　刷 / 天津旭非印刷有限公司

开　　本 / 787 mm×1092 mm　1/16

印　　张 / 13

字　　数 / 270 千字

定　　价 / 32.00 元

FOREWORD 前言

在时代的洪流中，教育始终是推动社会进步与文明发展的重要力量。党的二十大报告指出："我们要坚持教育优先发展、科技自立自强、人才引领驱动，加快建设教育强国、科技强国、人才强国，坚持为党育人、为国育才，全面提高人才自主培养质量，着力造就拔尖创新人才，聚天下英才而用之。"面对日新月异的变革，教育不仅承载着知识传承的重任，更肩负着能力培养与品格塑造的使命。劳动教育作为培养新时代大学生全面素质的关键一环，其重要性越发凸显。为此，编者匠心打造了本书，旨在通过全面而深入的内容，引领大学生走进劳动的广阔天地，感受劳动的魅力，领悟劳动的真谛，为全面发展铺设坚实的基石。

在编写过程中，编者始终秉持理论与实践并重的理念，力求内容全面、结构严谨、语言生动。全书深入剖析了社会对大学生劳动素养的迫切需求，结合高校劳动教育的实际情况，精心构建了多个项目，内容涵盖劳动理论、劳动技能、劳动实践等多个维度。从劳动的基本概念，到现代劳动的形态与特征；从基础劳动技能的锤炼，到创新劳动的探索与实践，本书均进行了系统而深入的阐述。

在劳动理论维度，全书深入剖析了劳动的内涵、价值及意义，探讨了劳动与社会发展的紧密关联，旨在引导大学生树立正确的劳动观念，深刻理解劳动对于个人成长和社会进步的重要作用；在劳动技能维度，本书注重实用性与前瞻性的结合，精选了与大学生日常生活和未来职业发展密切相关的劳动技能进行详细介绍。无论是基本的生活自理能力，还是专业的职业技能训练，都力求做到细致入微、易于掌握。通过这些技能的学习与实践，大学生将能够提升自我生活品质，同时，为未来职业生涯的顺利发展增添助力；在劳动实践维度，本书设计了丰富多样的实践项目，鼓励大学生走出课堂、融入社会，亲身体验劳动的乐趣与价值。这些实践项目既包括了校园内的志愿服务、勤工俭学等活动，也涵盖了社会上的实习实训、创新创业等实践活动。通过这些实践活动，大学生将能够锻炼实践能力，增强社会责任感和团队协作精神，为未来对社会作出贡献奠定坚实基础。

本书由德州职业技术学院郭吉海、刘宏杰、梁伟担任主编，德州职业技术学院张岩、闫鲁超、王振、宋玲、单文玲、范轶担任副主编，德州职业技术学院李克强、保俊、高慧、王孟、王伟、牟海东、袁峰、郭勇、李燕、路遥、杜娟（企业）、李爱平（企业）参与本书的编写工作。

本书充分挖掘劳动教育课程的树德、增智、强体、育美的综合育人价值，是一本旨在促进大学生全面发展的综合性教材，不仅能够帮助大学生树立正确的劳动观念、掌握必要的劳动技能，还能培养他们的创新思维和实践能力。通过本书内容的学习与实践，大学生能够在未来的生活和工作中展现出更加出色的表现，为社会的进步与发展贡献自己的力量。

  本书在编写过程中参考了国内一些专家、学者的相关成果和网络资源，在此表示衷心的感谢。由于编写时间仓促，编者水平有限，书中难免存在疏漏之处，恳请各位读者不吝指正，以便修订时完善。

编　者

CONTENTS 目录

项目一
劳动与劳动教育

⊕ 学习目标

1. 了解劳动的含义与特征、意义，熟悉劳动的分类。
2. 了解劳动教育的概念、了解劳动教育的意义，熟悉劳动教育的内涵与外延。
3. 了解新时代劳动教育的概念、目标，熟悉高校劳动教育课程的内容与要求，掌握当代大学生劳动教育的路径。

素质目标

1. 培养智力、体力、情感和社交等各方面综合素质的全面发展。
2. 树立正确的劳动观念，理解劳动是人类发展和社会进步的根本力量。

任务一　劳动概述

一、劳动的含义与特征

（一）劳动的含义

劳动是人类最基本、最重要的实践活动，是创造物质财富和精神财富的重要活动，是人类社会赖以生存的必要条件。人类社会的历史实质上是劳动的发展和创新的历史，劳动是推动社会进步的根本动力。从原始社会的刀耕火种，到奴隶社会和封建社会的畜力耕作，再到工业革命时期蒸汽机的改进，直至现代新能源、新材料和新工艺的应用，人类经历了漫长而辉煌的劳动历程。正是在这个过程中，自然界、人类社会乃至人类自身都经历了翻天覆地的变化，创造了前所未有的物质和精神文明。在日常生活中，劳动无处不在，无时不有，它塑造着人们的思想，改善着人们的生活。

那么，究竟什么是劳动呢？从广义上讲，劳动指的是人们在各种活动中劳动力的使用或消耗；从狭义上讲，劳动是指人类在自身智能的指导下，通过各种手段和方式创造社会财富，以满足人类不断增长的物质和精神需求的有目的活动。若从劳动要素的角度来定义，劳动是人们运用劳动资料，改变劳动对象，以适应自身需求的有目的的活动，体现了劳动力的展现和应用。简而言之，劳动是人类为了获取生存必需的物质资料，包括衣、食、住、行等生活必需品和各种生产资料，而进行的活动过程。

（二）劳动的特征

劳动是人类所特有的活动，通过有意识、有目的地改变自然界的状况，创造必要的物质财富和精神财富，来维持人类社会自我生存和自我发展，与一般动物活动有着根本的区别。具体来说，劳动有以下三个方面的特征。

1. 劳动具有目的性

人类的劳动是在一定的意识支配下进行的，是有意识、有目的的活动。在人类自身的进化过程中，人的脑组织不断进化完善，思维能力也越来越强，人们会按照自己预定的目的进行思考，进行规划和设计，并采用合理的方式去实现自己的目的。就像在建筑高楼大厦时，总是先有设计图纸，确定建筑材料，然后按照设计图纸和确定工期进行施工，把高楼大厦建好，使之符合自己的设想。即使是制造一个小小的锤子，工人们也会在头脑中形成锤子的形状，并通过锯、锉、磨等工序，最后形成能够使用的工具。而动物的活动，如蜜蜂采蜜、蜘蛛结网、鸟儿筑巢、鱼儿游泳等，只是出于它们的本能。马克思曾经说过："蜘蛛的活动与织工的活动相似，蜜蜂的本领，使人间的许多建筑师感到惭愧。但是最蹩脚的建筑师，从一开始就有比最灵巧的蜜蜂高明的地方，是他在用蜂蜡建筑蜂房以前，已经在头脑中把它建成了。"所以，人类劳动是一种有意识、有目的、自觉的、能动的活动，而动物的活动只是一种本能。

2. 劳动具有创造性

人类劳动是制造并使用生产工具的活动，制造和使用生产工具是人区别于其他动物的根本标志，是人类劳动过程独有的特征。在某种意义上，人类的劳动始于制造工具。社会生产的变化和发展，最初体现在生产工具的变革上。一万年前，劳动依赖石器；一千年前，劳动依靠手工技艺；一百年前，操作的是笨重的机械。而如今，劳动则依赖键盘和鼠标。劳动的对象、工具、方式、环境、效果都在经历着变革。从钻木取火到使用打火机，从肩扛运输到驾驶汽车，从步行到乘坐飞机，无论是在速度、力量、成本还是效益方面，变化都已达到百倍甚至千倍之多。生产工具不仅是衡量人类改造自然能力的尺度，也是反映生产关系变化的指示器。马克思说："手推磨产生的是封建主为首的社会，蒸汽磨产生的是工业资本家为首的社会。"对于动物而言，猴子、猩猩等动物虽然也能利用木棍和石块去击落树上的果实，或者保护自己免受对方的袭击，却不能制造劳动工具而进行生产活动。

3. 劳动具有社会性

马克思指出："为了进行生产，人们便发生了一定的联系和关系。"在劳动中，人不仅形成了与自然的关系，同时形成了人与人之间的生产、交换、分配等各种关系。人们从事物质生产活动和其他一切社会活动，都不可能以个体的形式进行，而必须互相依赖、互相合作，结成一定的社会关系才能进行。原始社会时期，生产力非常低下，生存环境恶劣，个人的能力有限，人类要想生存下去，必须聚在一起，组成一个部落，共同劳动，相互帮助，相互依存。也就是说，人类的劳动一开始就具有社会性。随着社会生产力的发展，人们制造了越来越先进的生产工具，人类征服自然的能力不断增强，个人生存能力越来越强，但这并没有削弱人类劳动的社会性，相反人们之间的联系范围却越来越广泛、越来越紧密了，劳动的社会性越来越明显。社会化大生产使人们之间的联系越来越紧密，劳动的社会性体现得更加明显。工业革命之后，特别是现代社会，大规模的工业生产成为现实，劳动生产率不断提高，社会分工越来越细，人们无法生产出满足自身需要的各种产品，如有做食品的、有做冰箱的、有做汽车的、有做家具的等。大家必须相互交换产品，才能满足自己生活和生产需要。一般来说，产品交换的程度越高，表明生产的社会性也就越强。同时，即使生产同一种产品，也要通过社会多个行业的共同协作来完成。如汽车，发动机有一个生产厂，轮胎有一个生产厂，方向盘有一个生产厂。而发动机又由多个生产厂来完成各种零部件，轮胎也是如此，以此类推，形成了由很多个行业、很多个生产厂来共同完成一个产品的社会活动局面。

◀ 扩展阅读

"五一"国际劳动节的由来

国际劳动节又称"五一国际劳动节""国际示威游行日"（International Workers' Day 或 May Day），是世界上 80 多个国家的全国性节日，定在每年的 5 月 1 日。它是全世界劳动人民共同拥有的节日。1889 年 7 月，由恩格斯领导的第二国际在巴黎举行代表大会。会议通过决议，规定 1890 年 5 月 1 日国际劳动者举行游行，并决定把 5 月 1 日这一天定为国际劳动节。

我国于 1949 年将 5 月 1 日确定为劳动节。1989 年后，国务院基本上每五年表彰一次全国劳动模范和先进工作者，每次表彰 3 000 人左右。

但是，并不是所有国家都将 5 月 1 日定为劳动节，那些同过"五一"的国家，具体的庆祝方式和习惯也大不相同。

1. 欧洲

俄罗斯：游行、集会、娱乐活动丰富多彩。自劳动节成为国际性节日以来，俄罗斯一直对其给予高度重视。"五一"当天，全国放假，并举办各类庆祝活动及群众性游行。传统上，这些活动多由政府组织，游行队伍中不乏各企业、机关的代表。除政府安排的庆祝活动外，不同政见的非政府组织和劳工团体也会自发地在这一天组织庆祝活动，这不仅是一个阐述各自政治立场的机会，也是扩大组织影响力的一个途径。通常，"五一"游行队伍会穿过城市的主要街道和广场，最终在某个历史悠久或宽阔的中心广场举行盛大的集会和庆典。与此同时，俄罗斯各地的俱乐部也会举办形式多样、色彩斑斓的娱乐活动，营造出浓厚的节日氛围。

英国、法国及其他欧洲国家均将"五一"定为劳动节，许多国家会放假一天，而有的国家则根据情况将公共假期安排在 5 月的第一个星期一。然而，与世界上大多数国家不同，尽管意大利承认"五一"国际劳动节，并且政府表示尊重劳工，但通常不举行专门的庆祝活动，也没有全国性的"五一"假期。

2. 美洲

秘鲁：国家规定 5 月 1 日为国家的劳动节，而且全国放假一天。

美国：劳动节起源于美国，但是当前美国不庆祝"五一"。他们把每年 9 月的第一个星期一定为劳动节，美国人可以放假一天，全美各地的民众一般都会举行游行、集会等各种庆祝活动，以示对劳工的尊重。在一些州，人们在游行之后还要举办野餐会，热闹地吃喝、唱歌、跳舞。入夜，有的地方还会放焰火。

3. 亚洲

日本：劳动节逢"黄金周"，因此，劳动节专门的庆祝活动日渐被"五一黄金周"取代，而且从 4 月 29 日开始，日本就已经进入了"黄金周"。

泰国：首次颁布劳工条例是在 1932 年，并随后将每年的 5 月 1 日确定为国家的劳动节，以此表彰辛勤工作的劳动者。在这一天，泰国全国统一放假一天，首都曼谷及一些大城市会举行相关的庆祝活动，但这些活动的规模通常不会很大。

4. 非洲

埃及：劳动节是埃及的官方节日。

南非：自 1994 年以来，每年 5 月 1 日至 5 日放假调休，为公众假期。

二、劳动的意义

（一）劳动创造了人

恩格斯指出："劳动创造了人本身。"正是通过劳动才促进了类人猿前肢和后肢的分工协作，使其前肢得到自由，逐渐灵活后演变成手，这也更加适应于通过使用和制造新的劳动工具进行劳动，"所以，手不仅是劳动的器官，它还是劳动的产物"。

马克思认为："人的本质……是一切社会关系的总和。"手脚分工、直立行走、发达的人脑等使人从自然界中分化出来成为独立的自然人。但人除生物性外，更具有社会性，人按照自己的意识自由地进行劳动，不仅是人区别于动物的类本质，也是人成为人的驱动力，是人自身发展的需要。劳动的实质是有目的地改造世界的生产实践活动，人的本质在于人能够通过劳动实践活动进入一定的社会关系之中，使自身从自然存在转化为社会存在。

(二) 劳动是人类社会生存和发展的现实基础

人通过劳动能生产出人类社会存在和发展所需的物质生活资料，所以，劳动是人类社会存在和发展的现实基础。在马克思看来，人首先是有生命的自然存在物，人开展农业、畜牧业、手工业等劳动实践活动，不断创造和改进劳动工具与劳动操作方式来改造自然界以维持衣、食、住、行等基本的生存需要，这是劳动最基本的生存价值。

人通过劳动不仅创造了物质生活资料，还生产出了社会关系，改造了自身。马克思认为，生产劳动是推动人类社会和人类文明不断发展的基础。劳动工具的改进、生产技术的提升及社会关系的完善都会对人类社会的进步起到推动作用，人通过劳动不断地改造对象世界，创造适合生存的环境。

(三) 劳动是教育的源泉

在原始社会，人通过生产劳动创造物质资料，来维持生存、繁衍和发展，在基本的生存需求被满足之后，人必须通过生产劳动来实现进化，即"要改变一般人的本性，使它获得一定劳动部门的技能和技巧，成为发达的和专门的劳动力，就要有一定的教育或训练"。所以，人通过语言、文字等形式将在劳动和社会实践活动中积累的生产经验、技能、知识等传授给下一代的过程，就是教育应运而生的过程。

劳动不仅创造了教育，也在内容和形式上给予教育鲜活的生命力。劳动与教育相互联系、不可分割。没有教育的劳动，容易遮蔽劳动存在的价值和意义；而失去劳动，就没有人本身，教育也就不复存在。劳动既是教育本身，也是教育的手段和重要内容，发挥出教育功能的劳动注重手、脑的紧密结合，能够促进人的智力水平、身心健康等身体物质基础的不断发展。

(四) 劳动是人自由而全面发展的重要途径

劳动是依据人的需要而进行的有目的、有计划的实践活动，其属性应该是自由的、自觉的、有意识的。劳动能够增强体质、促进智力发展、培养审美能力、塑造健全人格、磨炼顽强意志、锤炼高尚品格。劳动引导人们领悟生活的真谛——唯有通过勤奋的劳动为他人和社会作出贡献，人们才能真正实现人生的价值，进而确立正确的世界观、人生观和价值观。在理想状态下，劳动能够促进人的全面发展，因此成为实现个人自由和全面成长的有效途径。

从人类发展的历史来看，劳动是推动人类不断进步的根本。人类的劳动促进了科学技术的持续发展，而科学技术的进步又为人们创造了更多的自由时间，从而为人全面而自由的发展开辟了更加广阔的空间。

(五) 劳动是推动社会历史发展的根本动力

人类社会的历史是一部劳动创造财富的历史。在古代，人们通过制造简单的工具对自然界进行改造，以获取必要的物质生活资料。随着生产技术的进步，人们改造自然界的能力不断增强，物质财富的创造能力也在不断提升，这为精神财富的创造开辟了道路。人们的自由时间逐渐增多，而创造的精神财富又反过来促进了物质财富的进一步创造。可见，人在利用、改造自然的过程中产生的劳动能力（即生产力）是整个社会发展的根本动力。劳动创造历史，而劳动者是推动社会历史发展进步的重要力量。习近平总书记多次强调劳动及劳动者的重要地位和价值，"人类是劳动创造的，社会是劳动创造的""实现中华民族伟大复兴的中国梦，要靠各行各业人们的辛勤劳动"。

（六）劳动是创造美好生活的必要手段

"人生在勤，勤则不匮。"通过辛勤的劳动，人积累了大量的物质生产资料，这是美好生活的前提条件。在当今时代，人们对美好生活的向往和追求，不仅满足于丰富的物质财富，还有更高的精神追求。2020 年印发的《大中小学劳动教育指导纲要（试行）》提出，劳动创造物质和精神财富。可见，劳动是创造美好生活的必要手段。

习近平总书记强调："美好生活靠劳动创造。"他告诫广大劳动者要通过诚实、勤勉的劳动创造美好生活。在 2019 年 2 月的春节团拜会上，习近平总书记指出："用辛勤劳动创造中国人民的美好生活、创造中华民族的美好未来，继续同世界各国人民一道构建人类命运共同体。"美好生活的创造离不开辛勤、有创造性的劳动。

📁 劳动故事

彭德怀开田的故事

1961 年 11 月，彭德怀回到了故乡——湖南省湘潭县乌石寨。他看着童年时代就十分熟悉的家乡的山水草木，看着阔别多年的父老乡亲，感到格外亲切。回想在战争年代，乡亲们跟着共产党闹革命，抛头颅，洒热血，付出了极大的牺牲，终于盼来了革命的胜利。想到这里，彭德怀不由得感慨万千："是啊，苦了多少年的乡亲们该过过好日子啦。"

彭德怀来到了响塘区南谷公社的陈蒲大队调查。午饭的时间到了，彭德怀没有到食堂去吃大锅饭，而是撇开随同人员，独自一人来到离食堂不远的贺老伯家里。刚跨进屋，迎面扑来阵阵烟雾，只见贺老伯正蹲在灶下烧火做饭。

彭德怀关切地凑上去问："老伯，为什么不到食堂去吃饭？"老伯没好气地说："有什么饭吃！只因彭德怀要来调查，大队才开食堂饭的，还要工分高的人才有得吃。我不去凑这个热闹，真是打肿脸充胖子！"

彭德怀一听，话出有因，顺手将锅盖揭开，只见锅里蒸的是糠粑粑。彭德怀抓起糠粑粑就吃，那粗糙、苦涩的糠直刺喉头，确实难以咽下去，他的心痛了，眼窝里充满了泪花。回到故居，彭德怀召开了社员大会，他说："我是讨过饭的，是饿怕了的，可那是旧社会，如今我们当家做了主人，我们应该抓紧时机开荒种粮，生产自救，把穷队变为富队，不应该再有人饿肚皮了。我这次回来是当社员的，队上要安排我出工，不安排，我就邀请婆婆姥姥上山砍柴去。"说干就干,从那以后彭德怀就与社员一起参加集体劳动。他特别提倡开田,在工余时间还动员侄儿一道去开田。

侄儿望着两鬓斑白的伯伯劝道:"你老人家年纪一大把了,还开什么田啰?"彭德怀风趣地回答:"年老骨头枯,正好做功夫!别说我年老,做起事来,还可以跟你们小青年比一比呢!"说完就撸起衣袖,用他那曾指挥过千军万马的手,挥锄猛干起来,像个标准的老农。在彭德怀的带动下,家乡一块块新田被开发出来,种上了绿油油的庄稼。

彭德怀欢欢喜喜地与乡亲们一道收棉花,种麦子,洒下了无数的汗珠。他说:"从今年起,我每年回来参加劳动一个月,别的重活干不了,帮生产队看牛、看湖鸭。如果不能回来,就投资一百元交队上。"就这样,彭德怀在家乡立了个不计劳动报酬的特殊社员的"户头"。

三、劳动的分类

按照不同的标准,劳动有不同的分类。各种分类从不同角度表明劳动的多样性,揭示劳动的形式差异和内在差异。

(一)简单劳动与复杂劳动

根据劳动的复杂性,可以将劳动划分为简单劳动和复杂劳动。简单劳动指的是在特定社会条件下,无须特殊专业培训,普通劳动者即可从事的劳动,它与复杂劳动形成对比;复杂劳动的价值可以转换为若干倍的简单劳动,因此,复杂劳动在较短时间内生产的产品,可以与简单劳动在较长时间内生产的产品进行等价交换。

复杂劳动是需要经过专门学习和训练,从而在技术上比简单劳动复杂的劳动。在同等的商品生产时间内,复杂劳动相较于简单劳动能够创造更多的价值。少量的复杂劳动等同于多量的简单劳动,这是因为从事复杂劳动的劳动力需要更多的劳动投入才能被生产和再生产,它代表了一种更高级的劳动力形式。

(二)体力劳动与脑力劳动

按照劳动器官与力量消耗的侧重点,劳动可分为体力劳动与脑力劳动。

(1)体力劳动:是指劳动者以运动系统为主要运动器官的劳动。体力劳动是人类社会物质资料生产中劳动力消耗的基本方式,也是人类生存和发展的基本活动。体力劳动是创造物质财富的活动,但有些体力劳动并不创造物质财富,只是为社会提供服务,如从事旅行社、宾馆、商店、交通运输等劳动的工人,也是一种体力支出,所以也称为体力劳动者。体力劳动者在劳动时,并不是一点也不消耗脑力,也要动脑筋,想办法,只不过以体力劳动为主罢了。例如,农民在种田时,要考虑耕作的深浅、种植的稀密、施肥的多少等。

(2)脑力劳动:是指以脑力消耗为主的劳动,其特征在于劳动者在生产中运用的是智力、科学文化知识和生产技能，故也称为"智力劳动"，是质量较高的复杂劳动。劳动中体力受脑力的支配，脑力以体力为基础，劳动是两者的结合。脑力劳动主要体现在劳动者运用科学文化知识、生产技能和经验进行创造性活动。脑力劳动者必须随着社会和科学的发展，及时学习和掌握新的知识，才能适应社会的需要。脑力劳动的成果是知识产品，形成后可以在较长时间内使用。设计师设计一种新产品的图纸，科学家发明一种新的工具，不会在一次运用中就消耗掉。至于从事文字工作的脑力劳动者，其劳动成果使用期更长，如曹雪芹的《红楼梦》、罗贯中的《三国演义》等，一直到现在，人们还在阅读和使用，继续为人们提供精神上的享受。

（三）生产劳动与非生产劳动

从劳动过程的特点划分，劳动可分为生产劳动和非生产劳动。

（1）生产劳动：是指创造物质财富的劳动，是人类社会存在和发展的基础。一切物质生产部门，如工业、农业、建筑业和运输业等物质生产部门劳动者的劳动，都是生产劳动。作为生产过程在流通领域内继续的那部分劳动，包括商品的补充加工、包装和保管等工作的劳动，也是生产劳动。从事生产劳动的人并不一定都亲自动手使用生产工具直接参加生产，只要他们的劳动属于生产劳动总体的一部分，如从事劳动管理、技术管理、人事管理、工艺流程设计等，都属于生产劳动。

（2）非生产劳动：是指不创造物质财富的劳动，如教师、医生、演员的劳动，就是非生产劳动。人类最初的劳动都是生产劳动，后来随着生产力的发展和社会分工的出现，从生产劳动中逐渐分化出非生产劳动，并且，随着科学技术发展和生产力水平的提高，在劳动者的构成中，非生产性的劳动者将会逐渐增多，这也是社会进步的一个重要标志。

任务二　劳动教育概述

一、劳动教育的概念

劳动教育是国民教育体系中与德、智、体、美并举的专门一部分。苏霍姆林斯基认为："劳动教育是对年轻一代参加社会生产的实际训练，同时，也是德育、智育和美育的重要因素。"其劳动教育的理想追求是使每个人早在少年时期和青年早期就能领悟到劳动能使自己的自然天赋更全面、更明显地发挥，劳动会带给自己精神创造的幸福。陶行知把劳动教育视为"在劳力上劳心"的实践活动，他说，"中国教育之通病是教用脑的人不用手，不教用手的人用脑，所以一无所能""劳动教育的目的，在谋手脑相长，以增进自立之能力获得事物之真知及了解劳动者之甘苦"。

当代学者陈勇军认为："劳动教育的本质含义是指通过参加劳动实践活动所进行的一

种有目的、有计划、有组织的培养受教育者多种素质的教育活动，是融德育、智育、体育、美育为一体的全面提高学生素质的综合性教育。"

二、劳动教育的内涵与外延

劳动教育自古有之，与教育的产生几乎同步。东西方古代的劳动教育是面向大众、面向生产实践的教育，带有明显的体力劳动倾向，存在于普通教育之中，没有独立形态。学校里独立的劳动教育是近代以后的产物。不同时期、不同国家的劳动教育及其思想有所差异，但基本内涵大体一致。

在内涵上，劳动教育由劳动和教育两个元素构成，是一种以提升学生劳动素养的方式促进学生全面发展的教育活动；在外延上，劳动教育的范畴涉及劳动价值观的形成、劳动智能的传授、劳动态度的培养、劳动情感的培育等方面，劳动教育的类型涉及学校劳动教育、家庭劳动教育、社会劳动教育，劳动教育的形态涉及课堂教学、专业实践、社会活动、家庭生活、生产实践等。

由于劳动价值观是劳动素养的核心内涵，劳动认知又对劳动价值观的形成具有重大的影响，因而结合内涵和外延表述的劳动教育，也可以界定为：以促进学生形成劳动价值观（树立正确的劳动观点、养成积极的劳动态度、热爱劳动和劳动人民等）、养成良好劳动素养（形成劳动习惯，有一定劳动知识与技能，有能力开展创造性劳动等）为目的，具有独立品质、多种类型及形态的教育活动。

三、劳动教育的意义

1. 劳动教育是实现中华民族伟大复兴中国梦的必然要求

"青年兴则国兴，青年强则国强。"青年大学生是国家的中坚力量，是最坚实的强国之基。因此，青年大学生不但是国家繁荣的基石，更是一个国家富强的命脉。新时代是全体中华儿女勠力同心、奋力实现中华民族伟大复兴中国梦的时代，有理想、有本领、有担当的时代新人是实现这一伟大梦想的关键和保障，劳动精神是实现中华民族伟大复兴的强大精神动力。因此，劳动教育在造就时代新人、助力中华民族伟大复兴的征程中发挥着不可替代的作用。

中华人民共和国建立初期，因国家建设的需要，"教育与生产劳动相结合"是当时的主流，劳动教育为生产建设而服务。在全面建设社会主义时期，为了坚定建设社会主义国家的方向，劳动教育开始与思想改造联系在一起，此时劳动教育的作用被过度夸大。直至改革开放，我国的教育事业与人才培养进入新的发展阶段，教育方针发生了巨大变化，劳动教育才正式发挥起了培养社会主义事业建设者和接班人的作用，即适应当时的经济发展需要，着力培养为经济发展服务的现代化建设人才。进入新时代，劳动教育着重培育学生的劳动素质、劳动价值观念，强调德、智、体、美、劳的全面发展。无论是生产力低下的时期，还是社会生产快速发展期，或是物质资源丰富、全面建成小康社会的新时代，劳动教育一直都在我国教育事业版图中占据着重要的地位。

中华民族伟大复兴中国梦的实现依靠的是各行各业的辛勤劳动者和全社会寄予厚望的时代新人，距离民族复兴的梦想越近，越需要提高广大劳动者的综合素质。在以人工智能为引领的新时代，青年大学生需要掌握过硬的本领，快速成长为拥有扎实专业技能、自主创新能力和高度社会责任心的高素质劳动者，成长为一名符合新时代发展需要的新型劳动者，进而能够承担起建设社会主义现代化强国与实现中华民族伟大复兴中国梦的历史重任。

2. 劳动教育为新时代大学生的劳动价值取向指明了方向

大学生劳动教育旨在培养大学生形成对劳动实践的认同，学会对劳动精神的传承和对劳动文化的传播。劳动教育是培育大学生敬业观与劳动观的现实途径，只有通过一定的劳动实践，才能真正将劳动精神、劳模精神和工匠精神内化于心、外化于行，在劳动实践的过程中"知行合一"、爱岗敬业。

当代大学生要想正确理解劳动的意义及价值，首先应当拥有正确的劳动价值观念，即在学习、生活和职业劳动中端正思想，改变不劳而获、崇尚暴富、贪图享乐等不当劳动思想，摒弃看不起基层劳动者、不珍惜其他劳动者的劳动成果等不当的劳动观念，树立劳动是创造价值的唯一源泉的观念。其次，大学生应正确认识劳动，积极参与劳动实践，在实践中明白"知行合一"的道理。一个人想要进步和成功，必须亲身参与劳动，在日常生活、劳动、生产劳动和服务性劳动实践中追求自身发展。最后，大学生应当深入感受劳动教育的意义，认识到劳动教育有助于培育和践行新时代敬业价值观。

纵观历史发展脉络，中华文明数千年生生不息，离不开一代又一代人的勤劳奋斗。现代中国从站起来到富起来，再到强起来的灿烂辉煌，是一代又一代的劳动者实干、苦干和巧干的劳动成果，爱岗敬业的劳动精神已经深深地刻进了每一代劳动者的基因里，值得用心品味并传扬。

3. 劳动教育促进新时代大学生的自由全面发展

"人的自由全面发展"是马克思主义的终极目标，劳动是实现这一目标的动力源泉。新时代劳动教育将促进大学生的自由全面发展。在飞速发展、与时俱进的新时代背景下，当代大学生的自由全面发展获得了更为有利的条件，而劳动教育正是帮助大学生实现树德、增智、强体、育美的重要途径与主要渠道，有助于实现青年大学生的自由全面发展。

（1）关于树德，正如苏霍姆林斯基所说："劳动是道德之源，是道德素养的本源，是精神素养的基础。"劳动不但创造了人本身，也创造了社会和社会关系，创造出了人的道德。劳动是人类道德起源的第一个历史前提。劳动能树德，品德修养是一个人的立身之本、成才之要，一个人只有明大德、守公德、严私德，才能用得其所。

（2）关于增智，劳动作为一种创造性活动，是一切知识和经验的源泉。劳动实践是"知行合一"的过程，"手脑并用"才能熟练掌握一项劳动技能。大学生在劳动过程中不断地试错和纠错，从而促进其大脑进行思考，学会利用自身的认知创造性地解决问题，把握

"实践出真知"的方法和原则，最终促进智力的发展。

（3）关于强体，正所谓"欲文明其精神，先野蛮其体魄"。一直以来，人们对劳动的认识仅仅是体力劳动，认为劳动只是通过人类自身的力量和肢体协调参与劳动实践的过程。这种观念虽是对劳动的不完全认知，但其中所强调的"强身健体"的理念具有重要的意义。适当的体力劳动能够促进人的骨骼生长和肌肉活力，改善血液循环，促进新陈代谢，优化生理机能，有助于培养健康体魄，是实现人的自由全面发展的应有之义。

（4）关于育美，马克思在《1844 年经济学哲学手稿》中提出了"劳动创造了美"的观点，科学地揭示了美的根源在于劳动，反映出劳动之美是合规律性与合目的性的有机统一。在现代社会里，劳动是个体谋生的基本手段，也是培养质朴勤劳的审美志趣的重要方式。劳动教育有助于树立大学生正确的审美观念，丰富大学生的审美体验，推动大学生勇于追求更有高度、更有境界和更有品位的美好人生。

新时代劳动教育是实现立德树人目标的根本遵循，也是锻造时代新人的重要抓手。大学生劳动教育是培育有理想、有能力、能关心集体和他人的社会主义公民的重要途径。为此，大学生应自觉塑造正确的劳动价值观，提升自身劳动技能水平，积极丰富自身精神世界，以实现德、智、体、美、劳的自由全面发展。

🔊 扩展阅读

从古至今，劳动作为一项人类社会活动，一直是人们歌颂的主题。在诗词曲赋中，我们能寻觅到劳动者们辛勤劳作的身影，感受到古人对乡村生活和劳动人民的歌咏。然而，除古诗词外，现代诗歌中也有许多用抒情的方式歌颂劳动的优美语句。

是的，守住创造，便守住了永恒。

从钻木取火开始，劳动，这个伟大而无所不在的名词，点燃永恒，从原始森林起步，捡拾一片一片树叶，编织一个一个梦幻，填平世纪航道上的坎坎坷坷，把创造一步一步抬升到文明的高度。

从播种耕耘开始，劳动，这个鲜活而无所不为的动词，孕育富强，从广袤原野起步，撒下一粒一粒种子，放飞一个一个理想，闯过市场经济中的风风雨雨，把创造一步一步抬升到丰收的高度。

从赞美颂扬开始，劳动，这个吉祥而无所不包的代词，吸引掌声，从人生舞台起步，唱响一首一首心曲，呼唤一个一个模范，统领科学发展路的前前后后，把创造一步一步抬升到和谐的高度。

向荒漠要粮食，向大海要风景，向知识要财富……每个劳动都很执着。向汗水要收成，向日子要精彩，向永恒要生活……每个创造都很隽永。我们向往劳动便拥有劳动，拥有创造便守住创造。

是的，守住创造，便守住了光荣！

——孙凤山《永恒的光荣》

躬身践行

感悟劳动魅力，致敬劳动者

【劳动任务】

"青年兴则国兴，青年强则国强。"大学阶段是大学生世界观、人生观、价值观树立的关键时刻，劳动教育可以让大学生立足实践，认识世界，探索真理，不断完善自己。为深刻体悟劳动教育，请搜索关于珍惜劳动成果的名言或名人事迹，并分享出来。

【劳动分组】

全班学生以4～6人为一组进行分组，各组选出组长并进行任务分工，将小组成员及分工情况填入表1-1中。

表1-1　小组成员及分工情况

班级		组号		指导教师	
小组成员	姓名	学号		任务分工	
组长					
组员					

【劳动过程】

1. 将学生分成每组4～6个人的活动小组，通过小组内部讨论形成小组观点。

2. 每个小组成员陈述本组观点。

3. 教师进行归纳分析，引导学生深刻认识开展劳动教育的重要性。

【劳动计划】

小组商议，制订出具体的工作计划，并填入表1-2中。

表1-2　工作计划

步骤	工作内容	时间安排	负责人
1			
2			
3			
4			
5			

【劳动实施】

按照劳动计划，将具体的实施情况记录在表 1-3 中。

表 1-3　实施情况

时间安排	实施步骤
	选择本组要分享的名言或名人事迹
	讨论确定本组的方案
	活动过程中遇到的问题及解决方式

【劳动评价】

教师可参考表 1-4 对各小组的活动进行评价。

表 1-4　活动评价表

项目名称	评价内容	分值	评价分数		
			自评	互评	师评
素养评价 20%	分工合理，具备团队精神，能够积极与他人合作	10 分			
	积极、认真参加实践任务	10 分			
技能评价 30%	活动策划方案实用	10 分			
	活动实施效果佳，给劳动者带来了感动	10 分			
	按时完成实践任务	10 分			
成果评价 50%	分享主题鲜明	20 分			
	分享作品中的劳动者真实、自信	20 分			
	分享作品有感染力	10 分			
合计		100 分			
总评	自评（20%）＋互评（20%）＋师评（60%）＝	综合等级：	教师（签名）：		

任务三　新时代劳动教育

一、新时代劳动教育的概念

新时代劳动教育是对教育的新要求，是我国社会主义制度下教育内容的新补充，是全国发展教育体系的重要组成部分，是中小学和高校必须开展的教育活动。中共中央、国务院印发的《关于全面加强新时代大中小学劳动教育的意见》提出，要充分认识新时代培养社会主义建设者和接班人对加强劳动教育的新要求，并从重大意义、指导思想和基本原则三个方面展开阐述，注重劳动教育的整体推进和系统开展，注重常态化和可持续性开展劳动教育，提出积极探索形成具有中国特色的劳动教育模式；提出劳动教育大中小学各学段贯通，贯穿家庭、学校、社会各方面，与德育、智育、体育、美育相融合，促进学生形成正确的世界观、人生观、价值观；要求劳动教育要注重实效，把劳动素养纳入学生综合素质评价体系。《关于全面加强新时代大中小学劳动教育的意见》提出了把握育人导向、遵循教育规律、体现时代特征、强化综合实施、坚持因地制宜五个基本原则，可以从以下几个方面来理解。

（一）思想性

坚持党的领导，围绕培养担当民族复兴大任的时代新人，强调在劳动中坚定理想信念、在劳动中厚植爱国情怀、在劳动中加强品德修养、在劳动中增长知识见识、在劳动中培养奋斗精神、在劳动中增强综合素质。

（二）时代性

新时代的劳动教育不仅要继承传统，还要与时俱进。随着智能化的进步，劳动者在继承和发扬工农精神的同时，也必须重视学习新技术和新方法。劳动教育的时代特性要求劳动者不仅要掌握劳动理论知识，增强劳动实践能力，还要具备吃苦耐劳的优秀品质和追求卓越的工匠精神。同时，劳动教育的时代特性还要求人们正确认识劳动的重要意义，尊重劳动和劳动者；必须充分调动各方面的资源和力量，形成教育的合力，以促进劳动者的全面发展。

（三）系统性

劳动教育构成了全面发展教育体系的关键部分，是个体培养优秀品德、智力发展、才能增长、健全人格形成的基础。正如苏霍姆林斯基所言："离开劳动，不可能有真正的教育。"教育的目标是让劳动深入我们所培养的人的精神生活和集体生活之中，确保对劳动的热爱在少年和青年的早期就成为人们的关键兴趣之一；如果学生仅满足于享受社会的物质和精神财富，那么教育便出现了问题。在新时代，劳动教育需要与日常生活劳动、生产劳动和服务性劳动相结合，与学科教育、专业教育相结合，与实习实训相结合，与思想政治教育相结合，与创新创业教育相结合，以及与社会实践相结合，以实现立德树人的根本任务。

（四）创新性

《关于全面加强新时代大中小学劳动教育的意见》提出要深化产教融合，改进劳动教育方式，要创新体制机制，注重教育实效。新时代的劳动教育应深化实践课程，将劳动教育与新兴产业、新业态、新技术紧密结合，拓展劳动教育的实践场所，超越学校界限，探索现代企业中的劳动教育潜力，并通过校企合作等途径创新开发劳动教育资源。同时，创新劳动教育内容和方法，注重运用新媒体和新工具来丰富劳动教育课程，提高其互动性、实时性和趣味性，使劳动教育更加生动、实际和吸引人，从而提升教育效果。

（五）协同化

开展劳动教育，应当构建一个由学校、家庭和社会三方协同推进的新时代劳动教育体系。在这个体系中，学校应发挥主导作用，家庭应提供基础支持，而社会则应提供必要的支持。此外，加强家校之间的沟通至关重要，以便共同促进学生养成良好的自我服务劳动和家务劳动习惯。同时，社会劳动教育的支撑作用不容忽视，应增加社会实践的机会，组织学生深入社区、工厂、部队和农村，亲身体验和了解我国的广阔土地和国情民情，从而在社会这所大学中学习到真正的知识和技能。

二、新时代劳动教育的目标

2020 年 7 月，教育部印发《大中小学劳动教育指导纲要（试行）》，明确指出新时代劳动教育的目标：准确把握社会主义建设者和接班人的劳动精神面貌、劳动价值取向和劳动技能水平的培养要求，全部提高学生劳动素养，使学生树立正确的劳动观念，具有必备的劳动能力，培育积极的劳动精神，养成良好的劳动习惯和品质。具体阐述如下。

1. 树立正确的劳动观念

正确理解劳动是人类发展和社会进步的根本力量，认识劳动创造人、创造价值、创造财富、创造美好生活的道理，尊重劳动，尊重普通劳动者，牢固树立劳动最光荣、劳动最崇高、劳动最伟大、劳动最美丽的思想观念。

2. 具有必备的劳动能力

掌握基础的劳动知识与技能，正确运用常见劳动工具，提升体力、智力与创造力，具备完成特定劳动任务所需的设计、操作能力及团队协作能力。

3. 培育积极的劳动精神

深刻理解"幸福是奋斗出来的"这一理念的内涵与意义，继承并发扬中华民族勤俭节约、敬业奉献的优秀传统，同时，倡导开拓创新、砥砺奋进的时代精神。

4. 养成良好的劳动习惯和品质

能够自觉自愿、认真负责、安全规范、坚持不懈地参与劳动，塑造诚实守信、吃苦耐劳的品质。珍惜劳动成果，培养良好的消费习惯，杜绝浪费。

🔊 **扩展阅读**

学生劳动现状及原因

在我们的周围，不难发现许多学生对劳动缺乏兴趣，甚至缺乏劳动能力。在教师的工

作中，学生每天放学后的值日情况都需要教师在旁监督或督促。经常可以看到，即使所谓的值日完成，教室里依然不整洁。现在的孩子们似乎连最基本的生活技能都不具备，这让人不禁担忧他们将来如何在社会上立足。学生为何如此不愿意参与劳动？造成当前劳动教育现状的原因如下。

1. 社会上的不良思想的影响

在媒体上看到一则新闻：一家大型互联网公司前往人才市场招聘大学毕业生。当招聘方提出"是否愿意扫地"的问题时，这激怒了许多大学生。一位自称"能够胜任任何职业"的大学生愤然离席，随后又返回来严厉指责招聘方："你们这样对待大学生，无疑是对人才的不尊重，难怪招不到合适的人才！"这种轻视劳动的态度仍然时常可见。例如，当孩子们看到环卫工人时，一些父母会警告说："如果不努力学习，将来你就会像他们一样。"这样的言论扭曲了孩子们的思想和观念。将热爱劳动视为"异类"已成为一种普遍现象。此外，在网络和电视节目中，对体育明星和电影明星的宣传铺天盖地，而对劳动模范的宣传却相对较少。

2. 家庭教育的不当后果

当前，学生轻视劳动的现象普遍存在，这在一定程度上归咎于家庭教育的不当。长期以来，受到"应试教育"理念的影响，家长往往只重视孩子的学业成绩，忽视了家务劳动和公益劳动的重要性。在家长看来，孩子的学习始终是首要任务，因此，许多家长选择代替孩子完成他们应该承担的劳动任务。此外，由于大多数家庭只有一个孩子，孩子们从小就被培养出依赖性，习惯于"衣来伸手，饭来张口"，缺乏基本的生活自理能力。这种过度的呵护导致学生在劳动方面产生了依赖性，形成了重智轻劳的倾向，同时，也影响了学校在劳动教育方面的平衡发展。

3. 学校教育的偏失后果

（1）教育思想的偏差导致劳动观念被扭曲，劳动被用作惩罚手段。在日常教学活动中，一些教师习惯于将劳动作为对学生的惩罚方式。例如，学生迟到或早退，会被罚擦黑板一整天；学生发生打架事件，会被罚打扫卫生区一周；甚至当学生考试成绩不佳时，也要被罚倒垃圾一周。这种做法将本应由全班同学共同参与的班级劳动任务转嫁给了部分违规学生。随着时间的推移，这种做法在学生心中植入了"只有调皮捣蛋或学习差的学生才需要劳动"的错误观念。

（2）教育课程与生产劳动、社会实践的有机结合尚显不足。尽管中小学教育课程中开设了一些基础的劳技课程，但这些课程往往流于形式，仅限于简单介绍劳动过程和步骤，缺乏实际的劳动活动，这相当于纸上谈兵。此外，学校的配套设施也难以满足实际需求。

我们对学生的劳动教育如果长久如此，人人不爱劳动，社会还会进步和发展吗？《中共中央国务院关于深化教育改革全面推进素质教育的决定》指出："学校教育不仅要抓好智育，更要重视德育，还要加强体育、美育、劳动技术教育和社会实践。"可见，在学生中进行劳动观念的教育是素质教育的重要内容之一，是生活发展中每个人所必须具备的生活素质。

三、高校劳动教育课程的内容与要求

劳动教育课程可分为理论教育和劳动实践两部分，要注重围绕创新创业，结合专业积极开展实习实训、专业服务、社会实践、勤工助学等，重视新知识、新技术、新工艺、新方法应用，创造性地解决实际问题，使学生增强诚实劳动意识，积累职业经验，提升就业创业能力，树立正确的择业观，具有到艰苦地区和行业工作的奋斗精神，懂得"空谈误国、实干兴邦"的深刻道理；注重培育公共服务意识，使学生具有主动作为的奉献精神。

（一）理论教育

1. 教学内容

组织开展国家相关法律、劳动知识、劳动安全、劳动纪律等方面的教育，学习劳动模范人物的先进事迹，讲解学期劳动计划与安排等内容。通过组织动员教育，树立劳动最光荣、劳动最崇高、劳动最伟大、劳动最美丽的劳动观念，引导学生热爱劳动、尊重劳动、珍惜劳动成果，自觉遵守劳动安全法规。

2. 教学要求

（1）明确目的。劳动理论教育课程应当明确劳动教育的教学目标，通过理论教学，提升学生对劳动教育课程的理解，强化其劳动意识，使其掌握基础的劳动知识，理解劳动教育的目标、意义，以及劳动教育的组织形式和方法等。

（2）充分准备。劳动理论教育教学的教师应提前进行调查研究，收集相关资料，并结合学生所缺及实际需求的知识内容，精心准备教案和教学课件。通过运用多媒体教学手段，提升课堂教学的质量。

（3）讲究方法。学校应重视劳动教育课程的教学改革，采用研究讨论式和启发互动式的教学方法。在必要时，可将课堂转移到劳动现场，使理论教学更贴近实际，从而增强课堂的互动性并活跃课堂氛围。

（二）劳动实践

1. 教学内容

以二级学院（系部）为主导，由班主任、辅导员或学生干事指导学生结合校园生活和社会服务，组织开展劳动实践活动。这些活动包括校园环境卫生清洁、学雷锋活动、校内外公益劳动，以及服务校级或二级学院（系部）级大型活动，如迎接新生活动、校园招聘会、校内学术会议、校内展览会、运动会、校内植树绿化、公共设施维护等。此外，大学生还可以通过智力支持，帮助企事业单位、机关团体、社区等完成创造价值的活动或项目，如分析、统计、调研、设计、决策、组织、运筹等。

2. 教学要求

（1）加强组织领导，做好宣传引导。各二级学院（系部）应高度重视，抓好工作落实，要积极宣传，鼓励大学生参加劳动实践教育，让大学生充分理解开展劳动实践教育活动的目的和意义。

（2）树立劳动意识。持续开展日常生活劳动，自我管理生活，提高劳动自立自强的意识和能力。

（3）端正劳动态度。大学生需要熟悉劳动项目的具体内容、范围、劳动标准及目标要求。在参与劳动的过程中，应保持正确的劳动态度，勇于面对困难，不畏艰辛，严格遵守工作时间，确保不迟到、不早退、不擅离职守，也不无故旷工。必须服从劳动教育的安排，听从指导，积极主动地完成分配的任务，避免消极怠工。同时，要确保完成既定的课时和学分要求；在劳动期间，还应爱护劳动工具和学校设施，注意节约用水。

（4）提升技能培养。依托实习实训，参与真实的生产劳动和服务性劳动，增强职业认同感和劳动自豪感；培育不断探索、精益求精、追求卓越的工匠精神和爱岗敬业的劳动态度；坚信"三百六十行，行行出状元"，体会劳动不分贵贱，任何职业都很光荣，人人都能出彩。

（5）强化安全教育，提高安全意识。参加劳动实践教育活动的学生应服从管理，在完成岗位要求的同时保证自身安全。负责指导工作的教师既要关心、爱护学生，又要认真组织，热心指导，严格管理，全面考核，确保学生的人身安全。

四、当代大学劳动的路径

劳动实践是体力与脑力相互交织的融通性过程，在普及生活技能、提升动手能力、开展职业启蒙等方面有着独特的育人价值，有利于真正实现"知行合一"。当代大学生若能深入地了解劳动实践的路径，就能更加深刻地理解"空谈误国、实干兴邦"的内涵，才能在担当中历练、在尽责中成长，切实承担起推进新时代中国特色社会主义事业的历史使命，努力成长为新时代德、智、体、美、劳全面发展的社会主义建设者和接班人。

1. 在家庭中开展日常生活劳动实践

一个完整的社会是由无数家庭组成的。一个人的成长发展离不开家庭，父母是孩子的第一任教师。在个人的成长过程中，家庭教育发挥着举足轻重的作用，而父母的言行举止对孩子有着潜移默化的影响，对子女的成长过程中正确思想意识的形成和发展起着至关重要的作用。现今，许多家庭在子女教育方面存在一个误区，那就是对培养孩子的劳动意识不够重视，甚至经常忽视这一方面的教育。例如，一些传统观念如"万般皆下品，唯有读书高""劳心者治人，劳力者治于人""学而优则仕"等，仍然在很多家庭中占据主导地位。在这些观念影响下，许多家庭形成了对劳动的错误认识，往往轻视劳动，甚至对体力劳动者持有偏见，认为体力劳动是社会地位低下的象征。孩子们在这样的观念熏陶下，逐渐形成了对劳动目的和意义的误解，从而轻视甚至厌恶劳动，对普通体力劳动者缺乏尊重，未能意识到劳动的伟大和劳动成果的来之不易。

如今，劳动教育已经提升至国家层面的意志，势必将在家庭教育、学校教育和社会教育中占据举足轻重的地位。家庭是人生的第一所学校，家长是子女劳动教育的启蒙者，因此，家长要充分发挥家庭在劳动教育中的作用，通过自身正确的行为对子女产生潜移默化的影响，让子女"在做中学""在学中做"，培养子女热爱劳动、善于劳动的好习惯。

父母让子女在家庭生活中培养出爱劳动、会劳动的习惯，有利于子女锻炼出吃苦耐劳的精神，有利于培养各种实战经验和必要的技能，还有利于选择未来的职业。家庭要发挥在劳动教育中的基础作用，抓住衣、食、住、行等日常生活中的劳动实践机会，有针对性地让子女学会各项生活技能，并鼓励子女自觉参与、自觉实践，坚持不懈地进行劳动，以掌握各种必要的家务劳动技能。同时，父母在家庭中应当树立崇尚劳动的良好家风，通过日常生活中的言传身教和潜移默化的影响，培养子女养成"会劳动"和"爱劳动"的良好习惯，同时帮助他们树立自立自强的意识。

2. 在学校中开展学生劳动教育

当前，许多高等教育机构在教育学生时，往往更注重科学文化知识的灌输，这导致了教育实践中"重智育、轻德育"的现象。这种教育模式未能充分培养大学生的劳动意识，也难以将劳动意识的培养与大学生的全面发展有效结合。在一些高校中，劳动意识的培养往往被简化为一种观念的灌输，与当前"大众创业，万众创新"的时代精神及大学生积极就业和自主创业的潮流存在明显的不协调。此外，在组织大学生的实践活动时，缺乏"知行合一"的理念，导致许多活动仅流于形式，未能发挥其应有的教育作用。

在这种情况下，要发挥高校在劳动教育中的主导作用，切实承担劳动教育的主体责任，明确实施机构和人员，开齐开足劳动教育课程，不得挤占、挪用劳动实践时间。首先，明确学校劳动教育要求，展开相关的劳动教育活动，使大学生系统学习并掌握必要的劳动技能，以引导其形成马克思主义劳动观。具体来说，就是要根据大学生身体发育情况，科学设计课内外劳动项目，采取灵活多样的形式，激发其劳动的内在需求和动力；要统筹安排课内外时间，可采用集中与分散相结合的方式，组织大学生走向社会，加强校外劳动锻炼；要将劳动习惯、劳动品质的养成教育融入校园文化建设之中，例如，通过制订劳动公约、每日劳动常规、学期劳动任务单，建立与劳动教育有关的兴趣小组、社团等，结合植树节、学雷锋纪念日、五一国际劳动节、农民丰收节等节日，开展丰富的劳动主题教育活动，营造自觉劳动、热爱劳动的良好氛围，塑造"劳动光荣、创造伟大"的校园文化。

其次，营造校园劳动文化氛围。通过打造环境氛围、精神氛围等外在文化环境，使"尊重劳动、崇尚劳动、热爱劳动"的价值理念在大学校园中广泛传播。例如，举办"劳模大讲堂""大国工匠进校园""优秀毕业生报告会"等主题活动；组织大学生进行劳动技能和劳动成果展示；综合运用讲座、宣传栏、新媒体等多种途径，广泛宣传劳动榜样人物事迹，围绕时代劳模的奉献精神、大国工匠的敬业事迹、平凡人物的爱岗经历等内容在校园内积极开展宣传。在宣传方式上，还可以利用校报校刊、校园广播等传统媒体，微博、微信公众号等新兴媒介营造校园劳动文化形态；也可以依托讲座报告、论坛征文、宣讲朗诵，或开展劳模进校园活动等多种形式弘扬劳动精神。以上方式皆能让师生在校园里近距离接触劳动模范，聆听劳模故事，观摩精湛技艺，感受并领悟勤勉敬业的劳动精神，争做新时代的奋斗者。

最后，构建一个崇尚劳动的制度环境至关重要。通过校园制度的支撑，可以潜移默化地加强大学生对劳动价值的认识，促进他们养成良好的劳动习惯，从而提升劳动教育的实际效果。为此，学校必须完善相关制度，并将其贯彻到校园生活的每个角落。例如，可以制定"大学生劳动守则""日常劳动行为规范""劳动常规"等规章制度，为大学生的劳动行为提供明确的制度指导。同时，必须注重制度的执行力度，确保各项劳动制度不只停留在纸面上，而是要让各个部门和院系各负其责，共同确保制度的执行。因此，劳动任务需要具体分配到各个部门和院系，并且要完善评价和监督机制，如通过设立先进劳动集体、先进劳动个人等荣誉称号，激励大学生积极参与劳动实践。

劳动精神的培育不仅需要学校的积极引导，更需要大学生自身的不懈实践。大学生应在校园内主动参与日常生活劳动，学会自我管理，提升劳动意识和技能；巩固良好的日常生活劳动习惯，主动维护宿舍卫生，独立处理个人生活事务，积极投身于勤工助学活动，以增强自立自强的劳动能力；同时，应积极参与实习实训，通过亲身参与真实的生产劳动和服务性劳动，加强职业认同感和劳动自豪感，提高创意物化能力，培养不断探索、追求卓越的工匠精神和敬业的劳动态度。

3. 在社会中开展多样化生产劳动实践

美国著名社会学家戴维·波普诺曾指出，社会环境不仅塑造了人们的奋斗目标，而且持续激励人们向这些目标迈进。人是社会发展的产物，其思想意识及在这些意识指导下的人类行为，都是在特定社会环境中通过人际交往产生的。随着全球经济一体化的深入发展，市场经济的开放程度也在不断提升，国家间的联系日益紧密。西方的经济社会发展模式和思想文化观念不断涌入，影响着人们的思想观念，使之变得更加开放和多元。自改革开放以来，中国以经济建设为中心，追求市场经济效益的最大化，从而丰富了人们的物质生活。然而，人们的思想文化素质和道德素质相对滞后，两者的发展水平出现了不平衡，导致社会价值取向逐渐功利化。浮躁的社会环境对人们的正常生产和生活产生了负面影响，传统思想观念也正经历着剧烈的冲击和变革。

在多元化思想的冲击下，当代大学生由于社会生存经验不足，对社会环境的认识不全面、不深刻，容易受到社会环境中功利化价值取向和享乐主义等不良社会思潮的影响，辛勤劳动、艰苦奋斗的优良传统美德逐渐被人淡忘，脚踏实地、吃苦耐劳的精神也离我们越来越远。近年来，"躺平"和"摆烂"等网络热词席卷了各大社交平台，当代年轻人开始热衷于"躺平"和"摆烂"，对任何事物都抱着无所谓的态度，或感到事情已经无法向好的方向发展，则干脆任由其往坏的方向继续发展。在这种思想的影响下，部分大学生逐渐缺少苦干、实干的精神，缺少应有的社会责任感、紧迫感和使命感。

社会构成了大学生劳动意识培养的主要外部环境，是其形成和发展的重要途径。一个积极向上的社会氛围对于大学生劳动意识的塑造具有显著的正面影响。因此，必须结合国际和国内社会的发展趋势，坚持实事求是的原则，持续加强大学生劳动意识培养的理论研究，推广劳动模范的精神，肯定劳动的光荣传统，以"大众创业，万众创新"的理念引领社会风尚。应积极营造一个尊重劳动、鼓励创新的社会环境。各级政府部门应积极协调和引导企业、公司、工厂和农场等机构承担社会责任，开放实践场所，支持学校组织大学生参与力所能及的生产劳动和新型服务性劳动，确保大学生能够亲身参与劳动实践。同时，鼓励高新技术企业为大学生提供加强劳动实践的机会，深化校企合作，让其体验在现代科技条件下的劳动新形态和新方式。工会、共青团、妇联等群众团体及各类公益基金会和社会福利组织应组织动员相关力量，搭建活动平台，共同支持大学生深入城乡社区、福利院和公共场所等参与志愿服务、开展公益劳动和参与社区治理。

大学生劳动实践的途径主要依托家庭、学校和社会，因此，还应加强家庭、学校和社会联动，完善大学生劳动教育互动机制，拓展劳动实践平台，增加劳动实践项目，为大学生提供劳动实践的机会，促进劳动教育发挥育人功能，实现"知行合一"。

总而言之，大学生应主动向劳动模范人物学习，汲取他们爱岗敬业、争创一流、艰苦奋斗、勇于创新、淡泊名利、甘于奉献的劳模精神。树立平等劳动、快乐劳动、创新劳动的劳动意识，在生活和学习中弘扬劳动精神、劳模精神和工匠精神，积极践行社会主义核心价值观，在新时代唱响劳动光荣的社会主义主旋律。同时，促进自身劳动意识的提升，积极构建劳动最美丽、创造最伟大的思想观念，在学习和工作中勤于劳动，并且能在劳动中敢于打破常规，实现创新，进而创造出更大的社会价值。

无奋斗
不青春

新时代的
"四大发明"

📁 校园劳动实践

关于××职业技术学院学生劳动教育现状的调查问卷

亲爱的同学们：

大家好！我们正在对高职学生劳动教育现状进行调研。

耽误大家几分钟的时间，填写调查问卷。此问卷只用来进行调查研究，我们将对一些隐私信息进行严格的保密，请大家放心填写，非常感谢大家对本次调研的支持！谢谢大家！

1.请问你的性别是（　　）。

A.男　　　　　　B.女

2.请问你的年龄是（　　）。

A.18岁以下　　　B.18～19岁　　　　C.19～20岁　　　　D.20岁以上

3.你目前是高职几年级的学生？（　　）

A.高职一年级　　B.高职二年级　　　C.高职三年级

4.你属于哪类学生？（　　）

A.走读生　　　　B.住校生

5. 你的家庭位于（　　　）。

A. 农村　　　　　　B. 乡镇　　　　　　C. 城市

6. 中共中央、国务院发布《关于全面加强新时代大中小学劳动教育的意见》对劳动教育提出新的要求和目标，你对此了解吗？（　　　）

A. 完全不了解　　　　　　　　　　B. 不太了解

C. 有点了解　　　　　　　　　　　D. 非常了解

7. 你了解劳动教育的内容吗？（　　　）

A. 非常了解

B. 一般了解，清楚劳动教育的概念且了解一些与劳动教育相关的概念、政策或其他

C. 不太了解，对劳动教育的概念有印象且了解少许与劳动教育相关的概念、政策或其他

D. 不了解，完全没有概念

8. 你觉得劳动教育重要吗？（　　　）

A. 非常重要　　　B. 一般重要　　　　C. 无所谓　　　　　D. 不太重要

E. 不重要

9. 你参加过学校组织的劳动周活动吗？（　　　）

A. 经常参加　　　B. 参加过　　　　　C. 没参加过

10. 你觉得在你所处学习阶段有必要开展劳动教育吗？（　　　）

A. 非常必要　　　B. 一般必要　　　　C. 无所谓　　　　　D. 不太必要

E. 没有必要

11. 宿舍作为就寝的地方，你有没有主动对寝室进行打扫和整理，营造一个舒适的休息环境？（　　　）

A. 经常有　　　　B. 有　　　　　　　C. 很少有

12. 作为高职学生，在校期间你认为需要培养实际动手能力，夯实职业认同感吗？（　　　）

A. 非常需要　　　B. 需要　　　　　　C. 不需要

13. 你认为学校开展劳动教育活动时间应该怎么安排？（　　　）

A. 固定时间　　　　　　　　　　　　B. 根据情况随机安排

14. 你认为劳动教育活动的频次应当是（　　　）。

A. 每周开展一次　　　　　　　　　　B. 每半月开展一次

C. 每月开展一次

15. 在校期间你通过学校官网、官微、公众号等新媒体或校园宣传栏等传统媒体看到过关于新时代劳模和大国工匠的宣传吗？（　　　）

A. 经常看到　　　　　　　　　　　　B. 看到过

C. 从没看到过

16. 如果学校挖掘校外劳动教育资源，与地方政府、行业协会、社区等共同建立劳动教育育人基地，你愿意参加吗？（　　　）

A. 非常愿意　　　B. 愿意　　　　　　C. 不愿意

17. 你认为开展劳动教育的主体应该是（　　）。

A. 学校　　　　　　　　　　　　B. 家庭

C. 社会专门机构　　　　　　　　D. 多方参与

18. 如果学校开展丰富的劳动教育，你的态度是（　　）。

A. 非常期待，非常欢迎　　　　　B. 还可以吧，不要占用太多时间

C. 不期待，这不是学生当前的任务　D. 无所谓

19. 你认为当前加强劳动教育的目标应侧重于哪些方面？（　　）（多选题）

A. 正确认识和理解劳动　　　　　B. 树立积极的劳动观念

C. 养成尊重、热爱劳动的情感　　D. 掌握基本劳动能力

20. 你对学校劳动教育有什么看法和建议？（请认真填写，谢谢）

躬身践行

劳动教育的重要意义

【劳动任务】

教师出示以下阅读材料，并提问：结合实际谈谈造成以下现象的原因和对策。

来自北京教育科学研究院基础教育科学研究所的报告显示：美国小学生平均每天的劳动时间为 1.2 小时，韩国 0.7 小时，法国 0.6 小时，英国 0.5 小时，而中国小学生平均每天的劳动时间只有 12 分钟。针对这种现象，首都青少年劳动教育调研组赴北京市党政机关、教育机构、企事业单位、基层社区实地走访并发放千余份调查问卷，对首都青少年的劳动教育现状进行了摸底调查。据了解，只有不足 3 成的小学生会整理房间、打扫卫生，很多孩子根本不做或不会做。调查结论认为，中国孩子现在自理能力缺失，对于劳动的意识也很淡薄。对此，有些家长表示：不是孩子不爱劳动，而是孩子没有时间劳动，也不会劳动。

【劳动分组】

全班学生以 4～6 人为一组进行分组，各组选出组长并进行任务分工，将小组成员及分工情况填入表 1-5 中。

表 1-5　小组成员及分工情况

班级		组号		指导教师	
小组成员	姓名	学号		任务分工	
组长					
组员					

【劳动过程】

1. 将学生分成每组 4～6 个人的活动小组，通过小组内部讨论形成小组观点。

2. 每个小组选出 1 名代表陈述本组观点。

3. 教师进行归纳分析，引导学生深刻认识开展劳动教育的重要性。

【劳动计划】

小组商议，制订出具体的工作计划，并填入表 1-6 中。

表 1-6　工作计划

步骤	工作内容	时间安排	负责人
1			
2			
3			
4			
5			

【劳动实施】

按照劳动计划，将具体的实施情况记录在表 1-7 中。

表 1-7　实施情况

时间安排	实施步骤
	选择本组要阐述的原因和对策
	讨论确定本组的方案
	活动过程中遇到的问题及解决方式

【劳动评价】

教师可参考表 1-8 对各小组的活动进行评价。

表 1-8　活动评价表

项目名称	评价内容	分值	评价分数		
			自评	互评	师评
素养评价 20%	分工合理，具备团队精神，能够积极与他人合作	10 分			
	积极、认真参加实践任务	10 分			
技能评价 30%	活动策划方案实用	10 分			
	活动实施效果佳，给劳动者带来了感动	10 分			
	按时完成实践任务	10 分			
成果评价 50%	讨论话题主题鲜明	20 分			
	讨论话题真实、自信	20 分			
	讨论话题有感染力	10 分			
合计		100 分			
总评	自评（20%）+ 互评（20%）+ 师评（60%）=	综合等级：	教师（签名）：		

项目二
劳动价值观

学习目标

1. 了解劳动观的内涵，熟悉劳动价值观的时代变迁。
2. 熟悉马克思主义劳动价值观。

素质目标

1. 深刻认识和理解劳动的价值，并在马克思主义劳动价值观指导下，树立正确的劳动观念。
2. 继承中华民族勤俭节约、敬业奉献的优良传统，弘扬开拓创新、砥砺奋进的时代精神。

任务一　劳动观的内涵和内容

一、劳动观的内涵

《教育大辞典》指出，劳动观是个人关于劳动的基本看法，是组成人的世界观、思想意识和道德品质的一个重要方面。劳动观是人们对劳动的根本态度和基本观点，包含对劳动的动机和目的、劳动的价值和意义等的认识。劳动观是世界观、人生观、价值观的重要组成部分，与世界观、人生观、价值观是一脉相承、不可分割的。世界观、人生观、价值观决定着劳动观，劳动观生动地反映着世界观、人生观、价值观。积极、正确的劳动观可以指引人们明确劳动在人类社会中的基础性地位，促进个人思想道德品质的提升、积极向上劳动思想观念的形成，在促进个人全面发展的同时为社会创造财富。消极、错误的劳动观则会误导人们作出错误的劳动行为及劳动选择，不利于劳动品德的培养和劳动习惯的养成，影响人们学习、工作的热情和效率，最终阻碍个人的进步与社会的发展。因此，我们要重视大学生正确劳动观的树立，将劳动观教育贯穿于家庭、学校、社会等各个领域，覆盖人才培养的全过程，让新时代大学生在学习和掌握基本的劳动知识及技能的同时，端正劳动态度，养成劳动习惯，培育劳动精神，涵养劳动情怀，形成正确的劳动观；引导新时代大学生辛勤劳动、诚实劳动、创造性劳动，在社会实践中领悟劳动的魅力，提高劳动创新能力，为社会发展注入活力，为实现中华民族伟大复兴踔厉奋发、勇毅前行。

二、劳动价值观的时代变迁

中国劳动价值观的演变可大致划分为五个阶段：一是受儒家思想影响，古代中国社会轻视劳动，劳动者的地位普遍较低，尽管如此，也强调了民本思想和勤劳的重要性；二是新文化运动期间，"劳工神圣"的理念兴起，促进了社会对劳动者的尊重，推动了劳动者地位的提升；三是中华人民共和国成立后，通过集体主义教育，劳动光荣的观念深入人心，劳动者的地位达到了前所未有的高度；四是改革开放初期，传统的平均主义分配方式被打破，"勤劳致富"成为主流的劳动价值观；五是进入市场经济阶段，除劳动外的其他生产要素也参与分配，一些人通过非劳动收入积累了巨额财富，这导致劳动价值相对被弱化，不劳而获的思想有所蔓延。

（一）古代轻劳动与倡勤劳的劳动价值观

在古代中国传统主流思想中，劳动者通常不被重视，其社会地位相对较低。儒家经典《论语》中记载了樊迟请求学习农事的情景。孔子回答说："吾不如老农。"当樊迟请求学习园艺时，孔子又说："吾不如老圃。"在樊迟离开后，孔子评论道："小人哉，樊须也！"这反映出孔子对体力劳动持有轻视态度，将其视为"小人之事"，即只有地位低下的人才会从事的工作。孟子更提出"劳心者治人，劳力者治于人"（《孟子·滕文公章句上》）的主张。

统治者虽然轻视劳动和劳动者，但是为了能长久统治下去，鉴于"水可载舟，亦可覆舟"，也需要通过体恤民情、顾及民生、顺应民意的举措，争取民心以稳固其政权。在中国传统文化中，人们对劳动者的态度有着两面性：一方面，普通民众在"万般皆下品，唯有读书高"的氛围中，希望自己与子孙后代能够跳出劳动者群体；另一方面，人们又崇尚勤劳，将其作为美德传承，无论是统治者、知识分子还是普通劳动者都有重视劳动的一面。

（二）新文化运动中"劳工神圣"劳动价值观

到了近代，面对西方的侵略，士大夫阶层开展自强运动。新文化运动起到了思想启蒙的作用，先进知识分子意识到劳动人民的重要作用，于是"劳工神圣"的劳动价值观应时而生。1918年11月16日，北京大学校长蔡元培在演讲中喊出了"劳工神圣"的口号。他说："此后的世界，全是劳工的世界呵！""我说的劳工，不但是金工、木工等，凡用自己的劳力作成有益他人的事业，不管他用的是体力、是脑力，都是劳工。所以农是种植的工，商是转运的工，学校职员、著述家、发明家是教育的工，我们都是劳工。我们要自己认识劳工的价值。劳工神圣！"

（三）中华人民共和国成立后的集体主义劳动价值观

中华人民共和国成立后，人民成为国家的主人，劳动成为社会动员的主题，"爱劳动"构成了劳动价值观的核心，"劳动光荣"成为时代的主旋律。在这一时期，集体主义劳动价值观成了社会的主流。革命后确立的集体主义劳动价值观，对当时的政治与经济发展起到了积极的推动作用。只要勤奋工作，就会受到表彰，成为学习的榜样，并获得实实在在的精神和物质回报，因此，人们从事生产劳动的热情巨大。当时，各行各业都涌现出许多劳动模范，他们成了人们尊崇的对象。然而，当时社会主要关注的是体力劳动者，知识分子并未得到应有的重视，甚至有时被视为改造的对象。

（四）改革初期"勤劳致富"的劳动价值观

改革开放后，国家提倡让一部分人先富起来，"以先富带动后富"。过去的集体主义劳动价值观面临挑战，个体的劳动热情被激发出来，"勤劳致富"的观念随之形成，我国社会的劳动价值观发生了巨大变化。随着个人需求的激发，劳动者的热情空前高涨，追求物质利益成为他们正当且重要的目标。在改革初期，只要能创造财富，个人就能获得尊崇。社会开始倡导尊重知识和人才，无论是脑力劳动者还是体力劳动者，都得到了同等的重视。这种转变极大地调动了劳动者的积极性，显著提高了劳动生产率。在分配方式上，从平均主义向按劳分配的转变进一步激发了劳动者的积极性和创造性。

（五）市场经济阶段亟须强化的主流劳动价值观

自20世纪90年代初起，中国的改革开放进入了市场经济阶段。在这一进程中，社会主导价值观始终强调尊重劳动，并激发劳动者的积极性，以实现劳动者的价值。然而，由于多种复杂因素的影响，社会上的劳动观念出现了弱化的趋势。在市场经济条件下，资本、土地、技术等生产要素参与分配，劳动不再是唯一的分配尺度。与其他收入形式相比，劳动者的收入相对较低，尤其是资本对劳动的优势日益凸显，劳动所得与资本带来的收益差距巨大。此外，劳动者在就业市场中的弱势地位，以及社会上存在的投机甚至非法牟利行为，都可能导致人们对劳动价值观念的改变，对社会主流劳动价值观构成挑战和威胁。对此，我们必须保持高度警惕和重视，进行积极引导，并完善收入分配制度，以增强广大劳动者的获得感和主人翁意识，坚持和巩固社会主义劳动价值观。

树立尊重劳动、关心劳动者的观念

躬身践行

研读《大中小学劳动教育指导纲要（试行）》

【劳动任务】

登录教育部官网，研读教育部印发的《大中小学劳动教育指导纲要（试行）》，了解国家对在大、中、小学生开展劳动教育的具体要求。

【劳动分组】

全班学生以 4～6 人为一组进行分组，各组选出组长并进行任务分工，将小组成员及分工情况填入表 2-1 中。

表 2-1　小组成员及分工情况

班级		组号		指导教师	
小组成员	姓名	学号		任务分工	
组长					
组员					

【劳动过程】

（1）研读教育部印发的《大中小学劳动教育指导纲要（试行）》，全班同学以 4～6 人为一组，通过小组内部讨论形成小组观点。

（2）每个小组选出一名小组代表，就讨论结果在课堂上发言。在每个小组代表发言时，其他同学注意吸收好的观点为自己所用。

【劳动计划】

小组商议，制订出具体的工作计划，并填入表 2-2 中。

表 2-2　工作计划

步骤	工作内容	时间安排	负责人
1			
2			
3			
4			
5			

【劳动实施】

按照劳动计划，将具体的实施情况记录在表 2-3 中。

表 2-3　实施情况

时间安排	实验步骤
	讨论本组的研读方案
	活动过程中遇到的问题及解决方式
	观看活动的实施效果
	同学们体会观后感

【劳动评价】

教师可参考表 2-4 对各小组的活动进行评价。

表 2-4　活动评价表

项目名称	评价内容	分值	评价分数		
			自评	互评	师评
素养评价 20%	分工合理，具备团队精神，能够积极与他人合作	10 分			
	积极、认真参加实践任务	10 分			
技能评价 30%	活动策划方案实用	10 分			
	活动实施效果佳，给观看者带来了感动	10 分			
	按时完成实践任务	10 分			
成果评价 50%	研读主题鲜明	20 分			
	研读后的心得	20 分			
	讨论话题有感染力	10 分			
合计		100 分			
总评	自评（20%）+ 互评（20%）+ 师评（60%）=	综合等级：	教师（签名）：		

任务二　马克思主义劳动观

一、马克思主义劳动历史观

1. 劳动是人和人类社会存在与发展的基础

人类赖以存在的关键要素之一就是人的劳动，这种劳动不是抽象层面的劳动，而是作为人类实践活动最基本形式的生产劳动。马克思和恩格斯认为，整个人类的社会历史就是一部劳动史。他们指出："全部人类历史的第一个前提无疑是有生命的个人的存在。"在这一发展过程中，现实中的个人才是劳动的主体。他们还指出，"这些个人是从事活动的，进行物质生产的，因而是在一定的物质的、不受他们任意支配的界限、前提和条件下活动着的"。人是自然界的一部分，受到自然规律和自然环境的限制与制约。人类社会之所以向前发展，是因为人通过自己的生命活动，有意识地改造自然。而这种能通过发挥人的能动性，改造自然和发展社会的活动，就是人的生命活动，即劳动实践。

马克思指出："任何一个民族，如果停止劳动，不用说一年，就是几个星期，也要灭亡，这是每一个小孩都知道的。"马克思和恩格斯指出："人们为了能够'创造历史'，必须能够生活。但是为了生活，首先就需要吃喝住穿以及其他一些东西。因此，第一个历史活动就是生产满足这些需要的资料，即生产物质生活本身，而且，这是人们从几千年前直到今天单是为了维持生活就必须每日每时从事的历史活动，是一切历史的基本条件。"

2. 劳动创造了人

马克思视劳动过程为满足生存和生活需求、实现主体性的人类活动。他从无产阶级的视角和唯物史观出发，对人类社会进行了深刻的阐释。马克思认为，人的本质是在劳动中生成和发展的，人首先是自然存在物，通过劳动利用自身的自然力量（如手、臂、腿等）来改变自然界，同时也在改变自己。在劳动过程中，人类开始更多地展现主观能动性，正是这种有意识的劳动将人类从动物界中区分出来。这种独特的活动形式，旨在改造自然界以满足人类的需求。因此，马克思认为劳动是人类诞生和形成的证明。恩格斯在《劳动在从猿到人转变过程中的作用》一文中，依据当时的科学研究成果，从人类起源的角度论证了劳动在从猿到人的转变中所起的决定性作用。恩格斯揭示了人类如何逐渐远离动物界，并将这一转变过程分为三个阶段：首先是直立行走，其次是人手的形成，最后是人脑的形成。劳动是推动这一转变的关键因素。他指出："首先是劳动，随后是语言与劳动的结合，成为推动猿脑向人脑过渡的两个主要动力。"人类劳动的独特目的性和能动性是人类优于动物的原因，也是人类与动物之间最本质的区别。人类劳动的过程实质上是自我认识、自我创造、自我提升和自我实现的实践过程。随着生产力水平的不断提升，人类对自然规律

的认识不断深化，改造自然的能力也在不断增强。

3. 劳动创造了人类社会

马克思主义主张，劳动不仅塑造了人类自身，也构筑了人类社会，劳动在人类社会的进步中扮演着根本性角色。人类的生产劳动构成了历史的基石，是揭示人类历史发展奥秘的关键。为了维系生存，人类必须从事生产劳动，以获取必需的物质生活资料。劳动是社会关系形成和发展的根基，人的本质体现为社会关系的总和。只有在与他人的联系中，人们才能进行生产劳动，并在这一过程中与他人建立各种社会联系。因此，孤立的个体是不存在的；人们只要参与实践劳动，就不可避免地与他人合作，形成一定的社会关系，即社会的形成。在现实性上，社会是个人之间关系的总和。劳动对社会的创造作用主要表现在劳动构建了社会结构、塑造了社会意识、促进了社会生活的发展三个方面。随着人类劳动生产力的提升，生产方式随之改变，人类所处的社会关系也随之演变，社会结构亦开始转变。生产力的提高带来了物质生活的丰富，进一步推动了社会生活的进步，分化出物质生活和精神生活。马克思指出，物质生活决定了人的精神、政治、宗教等所有其他活动。受劳动影响的意识随着劳动的发展而逐渐成熟，人类开始正确地认识自己、自然界以及社会。

劳动是人类社会发展的关键要素，正是有了劳动，人们才能创造所需的物质财富和精神财富，人类社会才能生存、延续和发展。人类创造的一切文化、文明无不打着劳动的烙印。从各种考古发现看，无论是发掘出的生活器皿、祭祀用品、生产工具，还是文字符号、文化典籍，都是劳动创造的，是劳动的产物。离开了劳动，人类就一刻也不能生存，也难以创造出人类社会灿烂的文明。

二、马克思主义的劳动价值观

1. 人类劳动是创造商品价值的唯一源泉

马克思在《资本论》中提出商品的二因素思想，并独创了劳动二重性学说。劳动二重性理论将劳动划分为具体劳动和抽象劳动，这两者在劳动过程中得到统一。马克思视商品为使用价值与价值的综合体，其中，多样化的具体劳动主要决定了使用价值，而商品中凝结的普遍且无差别的抽象劳动则是价值形成的唯一源泉。马克思提出了社会必要劳动时间决定价值量的理论，并通过剩余价值理论深入剖析了剩余价值的起源和本质。他强调，商品的价值是由劳动者创造的，生产一个商品必须消耗一定量的劳动。当一个商品具有价值时，意味着其中凝结了无差别的抽象劳动。劳动二重性理论科学地解答了劳动如何创造价值的问题，为劳动价值论奠定了坚实的基础。

2. 劳动剥削在资本主义社会中起着支配作用

马克思提出了商品的二因素理论和劳动二重性学说，旨在确立劳动与价值之间的联系，并通过这一理论揭示资本主义社会中剥削制度的劳动基础。他认为，资本主义社会中价值增值和资本财富迅速积累的全部基础源于资本家对雇佣工人剩余劳动的剥削。在资本主义体系下，雇佣工人的必要劳动以工资形式出现，看似是整个劳动的报酬，而剩余劳动则体现为剩余价值，被视为预付资本的成果。因此，工人的全部劳动看似是有偿的，实际上却掩盖了必要劳动与剩余劳动之间的界限，模糊了有偿劳动与无偿劳动的差异。马克思指出，在资本主义社会中，劳动剥削占据主导地位，劳动逐渐转变为资本增值的手段，同时，在生产过程中演变为异化劳动。异化劳动的本质在于劳动的社会雇佣关系对劳动本身的强制性。马克思的科学劳动价值论和剩余价值理论，深刻揭示了资本主义制度下必要劳动与剩余劳动的对立本质，从而揭露了资本主义剥削的实质。

3. 资本主义条件下的劳动表现为异化劳动

马克思在《1844 年经济学哲学手稿》中首次提出异化劳动的概念。马克思运用这一概念来总结私有制环境下劳动者与其劳动成果及劳动活动本身之间的关系。他主张，劳动（作为自由和有意识的活动）构成了人类的本质，但在私有制的背景下，劳动却发生了异化。这种异化的具体表现包括劳动者与其劳动活动的疏离；人与自身的类本质的疏离，即人与自由和有意识的活动及其创造的世界的疏离；劳动者与其劳动成果的疏离；以及人与人之间的疏离。因为在私有制条件下，当人们与其劳动成果、劳动活动及类本质相对立时，他们也必然与他人相对立。这种异化在资本主义社会的现实生活中表现为人们之间的相互对立，人们将他人视为实现个人利益的工具；劳动者无法控制自己生产的成果，劳动本身变成了一种被迫和强制的活动。马克思通过对资本主义异化劳动的剖析，初步探索了人类历史发展的客观规律，并通过异化劳动的克服来阐释共产主义的历史必然性，这在马克思主义的发展史上具有重要的意义。

三、马克思主义的劳动教育观

1. 劳动形成人的本质

马克思说："人的本质不是单个人所固有的抽象物，在其现实性上，它是一切社会关系的总和。"劳动是人的有目的、有意识的实践行为，在劳动实施过程中生成了各种丰富且具体的社会关系。人的活动与其他动物相比，更具有目的性、独立性及复杂性。教育的对象是人，因此，面向人的教育也同时面向人身上所带有的社会关系。在人的社会关系建构中，人的生产劳动是建构其社会关系的主要载体，人正是通过生产劳动才形成了现实的社会关系的。马克思、恩格斯认为，生产劳动对于个人具有决定性的意义。马克思、恩格斯指出："个人怎样表现自己的生命，他们自己就是怎样。因此，他们是什么样的，这同他们的生产劳动是一致的——既和他们生产什么一致，又和他们怎样生产一致。"恩格斯进行了总结："教育将使年轻人很快熟悉整个生产系统，将使他们能够根据社会需要或者自己的爱好，轮流从一个生产部门转到另一个生产部门。"可见，在马克思、恩格斯看来，劳动形成人的本质，劳动也是发生在人身上的教育。教育既承载于劳动，又服务于劳动，一方面教育的目的就是提高人的劳动能力；另一方面承载着教育功能的劳动本身也使人能够不断丰富自己的精神，拓展自己的才能和实现自己的成长。

2. 劳动实现人的全面发展

马克思和恩格斯通过对人类社会历史的深入考察，揭示了不合理的社会分工导致人的片面发展，并提出了教育的根本目标是促进人的全面发展。最初，马克思和恩格斯所指的全面发展，并非指个人在道德、智力、体育和身心各方面均衡发展，而是特指人的劳动能力的全面进步。劳动能力主要分为体力和脑力两个方面。体力代表了人体的自然力量，而脑力则体现了人在精神层面的生产能力。他们之所以特别强调劳动能力的全面发展，是因为当时社会分工的精细化已经导致了劳动能力的碎片化。体力劳动与脑力劳动的割裂，以及两者各自片面的发展，在一定程度上限制和破坏了人的全面发展。正如他们所言，"当一切专门发展一旦停止，个人对普遍性的要求以及全面发展的趋势就开始显露出来"。因此，只有全面提升人的劳动能力，人们才能适应职业的多样化变化，并创造出更多的劳动成果。

3. 教育与生产劳动相结合

马克思在多个场合精辟地阐述了"教育与生产劳动相结合"的思想，阐释了劳动教育的内涵。马克思在《资本论》中说："毫无疑问，工人阶级在不可避免地夺取政权之后，将使理论的和实践的工艺教育在工人学校中占据应有的位置。"在此基础上，马克思还提出了综合技术教育思想，使得教育同生产劳动相结合具有了实质性内涵。实践观点是马克思主义哲学的基本观点，实践作为主要力量，推动了人类历史的发展。因此，马克思认为："全部社会生活在本质上是实践的……哲学家们只是用不同的方式解释世界，问题在于改变世界。"

马克思指出，"在再生产的行为本身中，……生产者也改变着，他炼出新的品质，通过生产而发展和改造着自身，造成新的力量和新的观念，造成新的交往方式，新的需要和新的语言"。这就表明，教育与生产劳动结合，是促进人全面发展的有效途径。对于理想的未来教育，马克思认为："未来教育对所有已满一定年龄的儿童来说，就是生产劳动同智育和体育相结合，它不仅是提高社会生产的一种方法，而且是造就全面发展的人的唯一方法。"马克思在教育思想上特别强调教育要与生产劳动相结合，把教育与生产劳动相结合看成改造现代社会的最强有力的手段之一，看成提高社会生产的一种有效方法和造就全面发展人的唯一方法。教育与生产劳动相结合应视为社会主义教育的根本原则和重要途径。

四、马克思主义的劳动政治观

马克思主义的幸福观将全人类的幸福，即人的自由全面发展视为最高目标。人的自由解放是马克思毕生追求的主题，这一主题贯穿了整个马克思主义理论体系。劳动过程是人的本质实现的过程，自由自觉的劳动体现了人的本质，也是实现人的自由全面发展的需求。要达到真正的劳动自由，必须通过劳动解放，消除异化劳动，不断消除阻碍实现人的本质的物质和精神障碍。人的解放意味着每个人在自由全面地创造世界的过程中能够自由全面地发展，而这一过程依赖于人的劳动实践活动。马克思认为，通过劳动可以促进生产力的巨大发展，减少为了生存所必需的生命消耗，最大限度地获得能够实现自由全面发展的物质基础。同时，在劳动中，人的社会交往关系不断扩大和丰富，人们不断克服自然造成的客观障碍，摆脱压迫性社会的束缚，劳动逐步转化为人的自由活动，人实现了自由解放。劳动解放是一个历史过程，其物质前提是生产力的高度发达和建立在其上的生产资料公有制。只有在那时，"生产劳动将不再是奴役人的手段，而是解放人的手段"。因此，劳动解放是全人类的使命，与每个时代的每个人紧密相关。人们只有通过世世代代的劳动，才能不断推动生产力达到新的高度，为消灭异化劳动创造物质前提。

📁 校园劳动实践

"五一劳动节"劳动教育活动

劳动节又称为"五一国际劳动节""国际示威游行日"，是世界上 80 多个国家的全国性节日，定在每年的 5 月 1 日。它是全世界劳动人民共同拥有的节日。

劳动节由来

1886 年 5 月 1 日，芝加哥工人举行大罢工，反抗资本的剥削与压迫，遭到了政府的暴力镇压，唤醒了各国的劳动人民反抗剥削的意识，最终获得了胜利。为纪念这次伟大的工人运动，每年的 5 月 1 日被定为国际劳动节日（图 2-1～图 2-3）。

图 2-1 "五一劳动节"劳动教育活动（1）

图 2-2 "五一劳动节"劳动教育活动（2）

图 2-3 "五一劳动节"劳动教育活动（3）

躬身践行

新时代××职业技术学院大学生劳动教育观念调查

【劳动任务】

在大学生中开展劳动教育观念调查。主题为"新时代××职业技术学院大学生劳动教育观念调查"。围绕"大学生接受劳动教育的意义""大学生在新时代应该怎样通过劳动实现人生价值"等问题在本校大学生中开展具体调查,并认真完成相关调查报告。调查形式不限,调查报告不少于2 000字。

【劳动分组】

全班学生以4～6人为一组进行分组,各组选出组长并进行任务分工,将小组成员及分工情况填入表2-5中。

表2-5　小组成员及分工情况

班级		组号		指导教师	
小组成员	姓名	学号		任务分工	
组长					
组员					

【劳动内容】

1. 调查的基本要素

调查目的;调查时间;调查地点;调查对象;调查方法;调查过程。

2. 调查结果分析

现状阐述;成因分析。

3. 对策建议

针对调查结果提出具体明确的对策建议。

【劳动计划】

小组商议,制订出具体的工作计划,并填入表2-6中。

表2-6　工作计划

步骤	工作内容	时间安排	负责人
1			
2			
3			
4			
5			

【劳动实施】

按照劳动计划，将具体的实施情况记录在表 2-7 中。

表 2-7 实施情况

时间安排	实施步骤
	选择本组要调查的主题及对象
	讨论本组的方案
	活动过程中遇到的问题及解决方式
	调查结果分析
	整理素材，让同学们讨论调查建议

【劳动评价】

教师可参考表 2-8 对各小组的活动进行评价。

表 2-8 活动评价表

项目名称	评价内容	分值	评价分数		
			自评	互评	师评
素养评价 20%	分工合理，具备团队精神，能够积极与他人合作	10 分			
	积极、认真参加实践任务	10 分			
技能评价 30%	活动策划方案实用	10 分			
	活动实施效果佳	10 分			
	按时完成实践任务	10 分			
成果评价 50%	调查主题鲜明	20 分			
	调查心得	20 分			
	讨论话题有感染力	10 分			
合计			100 分		
总评	自评（20%）+ 互评（20%）+ 师评（60%）=	综合等级：	教师（签名）：		

项目三
劳动精神

⊕ 学习目标

1. 了解劳动精神的含义及内涵，熟悉劳动精神的形成与发展。
2. 了解新时代劳动精神的实质，掌握新时代劳动精神的具体体现。
3. 掌握劳动精神的践行。

📋 素质目标

1. 树立正确的劳动观念，具有必备的劳动能力，培育积极的劳动精神。
2. 培养对工作的敬畏和热爱，将劳动视为实现个人价值和社会价值的重要途径。
3. 面对困难和挑战时，能够保持坚韧不拔的毅力和决心，勇于克服一切困难。

任务一　劳动精神概述

一、劳动精神的含义及内涵

　　劳动精神是每位劳动者为创造美好生活而在劳动过程中秉持的劳动态度、劳动理念，以及其展现出的劳动精神风貌。劳动精神是全体劳动者共同的精神财富。劳动精神是对广大劳动者劳动实践的高度肯定与科学总结，也是人类为了自身的幸福而不懈努力奋斗的实践结晶。人民创造历史，劳动开创未来，劳动是推动人类社会进步的根本力量。"劳动创造了人本身""劳动是唯一价值源泉""劳动创造财富""劳动创造了辉煌的人类历史""劳动书写了人类家园的绚烂篇章""劳动使人幸福"等，积淀成为劳动者的精神力量。劳动是财富的源泉，同样也是幸福的源泉。世间所有美好的梦想，唯有通过诚实的劳动才能得以实现；发展过程中遇到的各种难题，也唯有通过诚实的劳动才能得以解决；生命中的所有辉煌成就，更只有通过诚实的劳动才能铸就。全社会应当贯彻尊重劳动、尊重知识、尊重人才、尊重创造的重要原则，维护并促进劳动者的利益，确保劳动者的权益得到保障。我们应坚持社会公平与正义，消除那些阻碍劳动者参与发展、分享发展成果的障碍，努力使劳动者能够实现全面的劳动参与和全面发展。全社会都应热爱劳动，将辛勤劳动视为荣耀，将好逸恶劳视为耻辱。劳动精神在理念上体现为全社会对劳动的尊重、崇尚和热爱，在行动上则表现为劳动者勤奋、诚实和创新的劳动实践。这两者共同构成了劳动精神内涵的完整体系。

1. 尊重劳动

尊重劳动是对待劳动的基本态度，必须尊重并保护所有有益于人民和社会的劳动形式，无论是体力劳动还是脑力劳动，简单劳动还是复杂劳动。尊重劳动意味着对劳动者本人的敬重、对劳动资源的节约使用、对劳动过程的深刻体验、对劳动成果的珍惜。这一理念旨在将劳动视为人类的基本活动，作为创造财富和实现幸福的根源，尊重所有对人民有益、为社会带来福祉的劳动者及其劳动的价值。

劳动是创造一切美好生活的根本前提。纵观中华数千年的历史，劳动人民运用他们智慧的大脑，创造出了一个又一个奇迹，万里长城、都江堰、大运河等各种古迹都彰显了劳动的神圣与伟大，而尊重劳动的观念是中华民族代代相传的美德。

2. 崇尚劳动

崇尚劳动就是树立正确的劳动价值观，充分认识到劳动最光荣、劳动最崇高、劳动最伟大、劳动最美丽，把劳动视为人类的本质活动和创造财富的源泉。

劳动是推动人类社会进步的根本力量。劳动是财富的源泉，也是幸福的源泉。劳动创造了中华民族，造就了中华民族的辉煌历史，也必将创造出中华民族的光明未来。劳动是一切成功的必经之路。人类是劳动创造的，社会是劳动创造的。

崇尚劳动要将崇尚劳动的观念深耕入心，劳动在现实社会中表现为不同的形式，有脑力劳动和体力劳动，有简单劳动和复杂劳动，等等。所有直接或间接地从事物质生产或精神生产的工作，都属于劳动的范畴。无论哪种形式的劳动，只要是有益于人民和社会的，就是人类历史发展不可或缺的内容和推动力量，都应该得到承认、保护和尊重，正如习近平总书记所指出的，"劳动没有高低贵贱之分，任何一份职业都很光荣"。

此外，崇尚劳动本质上是崇尚劳动者。因为劳动的主体是劳动者，劳动的成果也是为了满足劳动者的需要。因此，我们不仅要尊重劳动的过程，还要尊重劳动者本人，以及尊重和珍惜他人的劳动成果。无论是普通工人、农民所从事的创造社会财富的基础性劳动，还是知识分子的创造性劳动、自由职业者的劳动，只要为社会主义事业的发展作出了贡献，就都是伟大的、光荣的、美丽的。

3. 热爱劳动

热爱劳动是培养正确劳动态度的关键，它能够促进劳动者自觉、积极、主动地投身于劳动之中。发自内心地热爱自己的岗位和工作，身体力行去劳动，爱惜劳动成果，焕发劳动热情，在劳动中找到自己的人生定位和实现自己的人生价值。

热爱劳动体现了劳动者对劳动的积极和热忱态度，是将劳动意识转化为实际行动的关键环节。在某种程度上，它反映了一个人对整个劳动过程的态度和风貌，构成了劳动精神的逻辑起点。具体来说，热爱劳动意味着人们在精神层面上对劳动的认可和珍视，内心深处怀有对劳动的自发热情。同时，它也意味着人们在实践层面上的积极和主动，即使面对恶劣的客观条件，也不会抱怨，而是努力寻找方法去完成任务。

高尔基说："热爱劳动吧，没有一种力量能像劳动，即集体、友爱、自由的劳动的力量那样使人成为伟大和聪明的人。"每位劳动者都希望通过劳动创造自己的幸福生活和美好未来，更希望能在工作岗位上不断提升自己的综合素质，带来更好的发展机会，这都需要一颗热爱劳动的心。对于劳动者来说，热爱劳动就是勇于承担工作中的重任、积极面对岗位上的难题，恪尽职守，认真完成每一项工作，从而推动企业、社会发展，汇聚成国家振兴的力量。对岗位和工作的热爱，实际上就是对单位、社会和国家的热爱。热爱劳动表面上看热爱的是劳动，实际上热爱的是劳动所承担的责任。热爱劳动对所有人来说都是必不可少的，一个富有高度社会责任感乃至对人民、对国家有大爱的人，其劳动能力将带来难以想象的成就，其劳动价值也将是无可限量的。

4. 辛勤劳动

辛勤劳动是对劳动过程及其强度的充分肯定，表明要充分遵循劳动的客观规律，以及要达到的劳动强度，体力劳动要付出辛劳和汗水，脑力劳动也要付出智慧和心血。

辛勤劳动是对劳动者永葆劳动姿态的形象描述，它是指人们为了明确的目标不辞辛劳，踏踏实实地努力奋斗，以持续不断且接续不止的实践夺取伟大胜利。自中华人民共和国成立以来，经过中国人民的辛勤劳动，中华民族取得了历史性的成就。虽然当前国际环境与国内环境已经发生了许多变化，当今世界正经历百年未有之大变局，我国正处于乘势而上开启全面建设社会主义现代化国家新征程、向第二个百年奋斗目标进军的特殊历史时期，但解决发展中的各种难题、应对前进中的各种挑战、实现永续发展的途径没有变也不会变，那就是辛勤劳动。

5. 诚实劳动

孟子曰："诚者，天之道也；思诚者，人之道也。"诚实劳动是对劳动的道德认同。诚实劳动侧重实干，强调在劳动时要做到全身心投入，不弄虚作假，认真踏实，保质保量完成劳动任务。诚实劳动集中表现在劳动认知客观、劳动行为务实、劳动成果真实三个方面。劳动认知客观就是指劳动者所掌握和拥有的知识、技能、技巧是客观正确的。劳动行为务实是指在劳动过程中，面对出现的问题，能运用所学进行合理分析和把握。劳动成果真实是指不夸大造假，对待劳动成果坚持实事求是，反对一切不劳而获和投机取巧的行为。在社会思想日益多元化的今天，更应强调诚实劳动的重要性。

劳动是财富和幸福的源泉。世间所有美好的梦想，唯有通过诚实的劳动才能得以实现；在发展过程中遇到的各种挑战，也唯有通过诚实的劳动才能得以解决；生命中的一切辉煌成就，同样唯有通过诚实的劳动才能铸就。诚实的劳动者本着内心的真诚，全力以赴地完成自己的职责，自然能够问心无愧，并且通常能够获得他人的尊敬和爱戴。这些劳动者积极地参与社会生产活动，不仅创造了满足生存需求的物质价值，还创造了超越物质、奉献社会的精神价值，对国家和社会的发展具有极大的益处。然而，在一个群体中，如果有人不诚实，在劳动中弄虚作假、敷衍了事，那就会成为一块"短板"，进而影响团队的战斗力。放大到一个社会，如果在劳动中有人不能做到诚实守信、实事求是，势必会影响生产效率，阻碍社会进步。

6. 创造性劳动

创造性劳动象征着追求卓越和勇于创新的精神，随着新时代科学技术的迅猛发展，劳动精神的弘扬越发重视创造性劳动，使其成为核心内容之一。创造性劳动不仅要求人们继承和发扬优秀的劳动成果，更要求人们在当今时代创造出更加卓越的劳动成就。在脚踏实地的劳动中，应勇于创新，立足于现实，同时放眼世界。通过创造性劳动，劳动者不仅能生产物质财富，还能通过创新手段创造幸福生活。这要求劳动者不仅要用汗水辛勤劳动，更要不断提升个人素质，运用智慧进行创造性工作。习近平总书记在庆祝"五一"国际劳动节大会上的讲话指出"让劳动光荣、创造伟大成为铿锵的时代强音"。习近平总书记这样礼赞劳动创造："劳动创造了中华民族，造就了中华民族的辉煌历史，也必将创造出中华民族的光明未来。"

📂 劳动故事

赵传宏：小事做到极致 平凡铸就辉煌

赵传宏，1956年1月出生，高中学历，高级工职称，原中国农业银行山东东阿县支行综合管理部驾驶员，1995年被山东省人民政府授予"山东省劳动模范"称号，2005年被国务院授予"全国劳动模范"荣誉称号，2012年当选为"中国农业银行60年人物"。

"小事做到极致，平凡的岗位也不平凡。"在中国农业银行山东东阿县支行，记者见到了退休多年的赵传宏。因为对机械的喜爱，赵传宏一头扎进了汽车这行，无论是开车，还是修车、养车，但凡与车有关的事情，他都要钻研钻研。他曾驾驶一辆北京吉普12年，安全行驶43万千米未有大修纪录，一起买的吉普，人家报废了三辆，他这辆却又开了好几年，同行们都戏称他的车是一辆"长寿车"。

其实哪里有"长寿车"，一辆车的使用寿命能超过三辆车都是得益于他日常细心到位的维护。通过不断的学习和实践，他逐渐摸索出了一套全面、实用的汽车管、用、养、修技术，并养成了出门先弹尘、停车即擦拭、入库先检查、有故障立刻修的维护习惯。

赵传宏还记得一次查库回来已到深夜12点多了，在车辆入库检查时，他发现发动机工作不正常，为了不耽误第二天的出车任务，他叫来另一位司机一起修到凌晨3点。

"财神爷掉进醋缸里，越浮（富）越寒酸。"这是看不惯赵传宏作风的人送给他的一句话。也就是他这个寒酸的"财神爷"，多年来刻苦钻研维修技术，小打小闹的故障他都能对付，有些简单零件要么找材料自制，要么用以前自己攒的旧零件加工改造再利用，经过赵师傅的精心维护，他开过的车小修自己修，大修很少有。汽修厂的老板们都说："要是所有的司机都像你这样，我们都得关门大吉喽！"就是这个让人笑话寒酸、让汽修厂"闲弃"的"车把式"，在农行工作二十多年来，累计为行里节约汽油 10 000 多公升、汽车维修费 9 万余元。正因为有这样过硬的技术和良好的工作态度，很少进行维修报销的他，被同事称为"无票司机"。

赵传宏一直用"普通""平凡"来评价自己，但说到"全国劳动模范"，他眼睛里闪出了光芒，"那是这辈子最激动的时刻"。不忘初心，方得始终。赵传宏始终用实际行动，证明了一名党员、一名劳模的初心，在平凡的岗位上书写了不凡的人生故事。

二、劳动精神的形成与发展

在悠久的历史长河中，中华民族不仅孕育了辉煌灿烂、世界闻名的中华文明，还塑造了独特的劳动精神品质，孕育了崇尚劳动、坚韧不拔的优良传统。这一传统贯穿于中华民族艰苦创业的历程之中，激励着中华民族不断前进、发展壮大，成为中华民族重要的精神象征。劳动是中华民族的缔造者，铸就了中华民族的辉煌历史，也将继续开创中华民族的光明未来。

（一）勤劳是中华民族几千年贯彻始终的精神倡导

人类劳动发展可分为奴役劳动、谋生劳动、体面劳动、自由劳动四个阶段。中华民族对社会劳动的热爱和推崇，在中国古代典籍及艺术作品中留下鲜明印记。《大戴礼·武王践阼·履屦铭》中写道："慎之劳，则富。"强调的是财富与劳动的关系，即勤劳才能创造财富。《史记》记载，周武王每年都会举行隆重的"亲耕"仪式，天子亲耕作为我国封建社会的一项重要制度起到劝民农桑的作用。中国传统文化将对劳动的肯定和赞美作为一项重要内容，《尚书·周官》中写道："功崇惟志，业广惟勤。"《左传·宣公十二年》中写道："民生在勤，勤则不匮，是勤可以免饥寒也。"意思是人们的生计在于勤劳，勤劳就不会缺乏衣服与食物，勤劳能够让人避免饥饿与寒冷。《荀子·天论》说："强本而节用，则天不能贫。"表达了对勤劳耕作和勤俭节约的认同。

中华民族重视劳动的传统。在先贤思想中得到系统的阐释。墨家是劳动者的学派，主张"兼爱、非攻、尚贤"，它是以劳动为本位的积极性劳动理论，也是劳动和知识的有机结合。《墨子·非乐上》说："民有三患：饥者不得食，寒者不得衣，劳者不得息，三者民之巨患也。"《墨子·非命下》说："必使饥者得食，寒者得衣，劳者得息"，这是中国社会福利、劳动保障思想的萌芽。墨家思想兼容并蓄，形成了中国先进文化的必要成分，是民族振兴、国家进步的精神力量。清仁宗在《味余书室全集》中写道："农夫不勤则无食；桑妇不勤则无衣；士大夫不勤则无以保家。"意思是农民不勤劳就没有吃的，采桑养蚕的妇女不勤劳就没有衣服穿，士大夫不勤劳就无法保全家族。法、儒两家主张繁衍人口，认为劳动力是发展生产的根本保证，孟子曾提出"民为贵，社稷次之，君为轻"的重民思想，经过长期的文化大融合，儒、释、道、墨、法等多家思想互相渗透、影响，"勤于劳动"被看作"修齐治平"的根本性的道德品质，深深滋养着一代代华夏儿女的精神心田。

（二）古代劳动人民的辛勤劳动创造了生活本身和精神意境

古代劳动人民通过辛勤的劳动实践，留下了劳动美好的精神向往和价值追求。魏晋时期诗人陶渊明所作的《归园田居·其三》中写道："种豆南山下，草盛豆苗稀。……衣沾不足惜，但使愿无违。"这首诗展现出我国古代人民早起劳作，傍晚收工，期待有好收成的场景，展现出劳动人民辛勤劳动的形象。唐代诗人李绅《悯农》中写道："锄禾日当午，汗滴禾下土。谁知盘中餐，粒粒皆辛苦？"融洽地将珍惜食物与辛勤劳动结合起来，一直影响并塑造着中国人勤俭节约的美德。唐代诗人王维写道："屋上春鸠鸣，村边杏花白。持斧伐远扬，荷锄觇泉脉。"这首《春中田园作》的前四句生动描绘了古代人们劳动中的愉悦场景和探索精神。劳动不仅锻炼了人的意志，其协作性还培养了人们的互助与团结精神。自强不息是古代劳动人民克服困难的智慧之源，在物质资源稀缺、自然条件严酷的环境下，勤劳的中华儿女凭借自强不息的精神，积极寻求发展。到了宋明时期，科技和手工业均达到了高度发达的水平。宋代发明了包括天文仪在内的多种精密仪器，而明代郑和七次远航西洋，标志着那个时代的科技和造船业达到了世界领先水平。古代劳动人民的智慧结晶在各个领域都有所体现：从栩栩如生的兵马俑、雄伟的长城，到巧夺天工的都江堰、贯穿南北的大运河；素纱襌衣、榫卯结构、记里鼓车等，无一不是劳动者智慧与勤劳的结晶，体现了尽责、乐业、精益求精的工匠精神，这些遗产成为历史的印记和华夏子孙精神的核心。

（三）中国共产党是中华民族劳动精神的忠实继承者和坚定弘扬者

在革命、建设、改革的各个历史阶段，中国共产党始终强调劳动的重要性，并重视劳动精神的积极作用。中国共产党提倡自力更生、艰苦奋斗，从而促进了劳动精神的进一步弘扬。早在革命战争年代，中国共产党就宣称劳动是"世界上第一桩神圣事业"，强调"没有劳动就没有现代社会"；提倡"尊重劳动"，"无工无食"；并认为社会主义是"劳动问题的根本解决之道"，"实行社会主义是劳工的责任"。劳动者需要觉醒、团结起来，向资本家争取"人的生活"，以实现劳动阶级的彻底解放。在延安时期，以八路军第三五九旅为代表的抗日军民在南泥湾大生产运动中，一边练兵，一边屯田垦荒，仅用三年时间，就将南泥湾从一个荆棘丛生、荒无人烟的地方变成了"处处庄稼，遍地牛羊"的陕北好江南，创造了"南泥湾精神"等宝贵的劳动精神。中华人民共和国成立后，在中国共产党的领导下，伟大的劳动精神激发了巨大的力量。无数劳动者带着建设新中国的热情，投入无尽的劳动中，各行各业涌现出众多杰出的劳动者和建设者。在科技落后的特殊时期，他们发扬了伟大的梦想精神、团结精神、奋斗精神和创造精神，进一步丰富了劳动精神的内涵，如大庆精神、雷锋精神、"两弹一星"精神等。只要有志气、有闯劲，普通劳动者也能在广阔的舞台上实现自己的人生价值。许多劳动模范平凡而感人的事迹充分证明了这一点。"蓝领专家"孔祥瑞、"金牌工人"窦铁成、"新时期铁人"王启明、"新时代雷锋"徐虎、"知识工人"邓建军、"马班邮路上的信使"王顺友、"白衣圣人"吴登云、"中国航空发动机之父"吴大观等一大批劳动模范和先进工作者，激励人们锐意进取，积极投身改革开放和社会主义现代化建设，为国家和人民建立了卓越的功勋。

劳动者们所铸就的伟大的劳动精神，是我们极其珍贵的精神财富。

三、新时代劳动精神的实质

教育源自生产劳动经验传递的需要，教育与生产劳动的结合是一种培养全面发展的人的方式，生产劳动不再是奴役人的手段，而成为解放人的手段。劳动是人的本质属性，劳动教育是基于人、培养人、发展人的教育，最终实现人的全面发展。因此，"劳动精神在根本意蕴上是属人的精神，即基于劳动幸福的基本原理去创造人类社会的美好生活，使人自身成为更像人的存在……'劳动创造人'的真正道理就是人要自己通过劳动去获得'属人属性'，从而造就自己成为人"。在新时代，我国产业结构的不断升级、物质财富的日益丰富正在改变人们的劳动观念，劳动教育的价值取向也随时代的变迁而不断发展。事实上，新时代的劳动教育意在弘扬劳动精神，引导学生崇尚劳动、尊重劳动，懂得劳动最光荣、劳动最崇高、劳动最伟大、劳动最美丽的时代意蕴。

1. 劳动最光荣

劳动最光荣是指人因劳动而被社会及他人尊敬。劳动最光荣承载着中华传统文化中的奋斗思想，对人民幸福、民族复兴及世界发展都具有时代价值。我国坚持以按劳分配为主体、多种分配方式并存的分配制度。在社会主义制度下，一切有劳动能力的社会成员都必须参加劳动，凭劳动获得个人消费资料，这充分体现了"劳动光荣，懒惰可耻"的思想。习近平总书记也曾多次强调劳动最光荣的具体含义：劳动没有高低贵贱之分，任何一份职业都很光荣；努力让劳动者实现体面劳动、全面发展；让劳动光荣、创造伟大成为铿锵的时代强音。

新时代呼唤敢为人先、开拓进取的劳动精神，推动我国实现科技自立自强，解决"卡脖子"的技术难题；呼唤刻苦钻研、精益求精的劳动精神，以知识和技能作为核心驱动力，推动我国实现高质量发展。中国人民有着朴素的劳动观、幸福观与奋斗观，无论是在艰难的岁月中，还是在繁荣富足的新时代，中国人民始终通过辛勤劳动、诚实劳动，创造着生活财富，推动着国家向前发展，用丰硕的实践成果证明了劳动是一种至高的荣誉，更是一个人实现自我价值的重要途径。在新时代倡导"劳动最光荣"，有利于培育出知识型、技能型、创新型的新时代劳动者，以推动中华民族继续走向最光明美好的未来。

2. 劳动最崇高

人类社会发展的实践已经证明，劳动促使类人猿的手脚分工，催生了原始人交流思想的语言，并逐步推动类人猿的脑髓进化为人类的大脑，从而赋予了人类"万物之灵"的地位。因此，劳动是崇高的，它不仅创造了人类、人类社会，还创造了人类社会的一切。

劳动的主体是劳动人民，他们是历史的创造者。在人民群众中，蕴藏着无尽的智慧和力量，劳动人民是劳动精神的传承者，他们对美好生活的向往与追求是推动社会历史不断前进的根本动力。正是劳动的人民性，赋予了劳动以崇高的意义。

3. 劳动最伟大

人的进化是劳动工具和劳动方式的进化，人类及其人类文明的一切成就都源自劳动创造。习近平总书记指出："劳动是人类的本质活动，劳动光荣、创造伟大是对人类文明进步规律的重要诠释。"劳动者的伟大之处就在于劳动创造的伟力，劳动不仅创造历史，而且开创未来，可以说劳动是推动人类社会进步的根本力量。这既是对劳动本身的肯定，也是对劳动精神的超越。

在新时代的中国，劳动的内涵不断丰富，劳动者的主动性、创造性越加彰显，知识型、技能型、创新型劳动者成为新时代的要求。这就需要广大劳动者以自我革新的勇气和胸怀，不断努力学习新理论、新知识，打破惯有的思维模式、劳动习惯，运用新技术、新理念改造劳动工具、劳动方法，提升劳动效率，升华劳动价值。习近平总书记指出："要在全社会营造尊重劳动、尊重知识、尊重人才、尊重创造的环境，形成崇尚科学的风尚，让更多的青少年心怀科学梦想、树立创新志向。"

4. 劳动最美丽

劳动最美丽是指劳动是令人赏心悦目的。世界上最美好的东西都是由劳动创造的，劳动是幸福的源泉。劳动创造了美，是脑力劳动和体力劳动的完美结合。马克思在《1844年经济学哲学手稿》中深刻阐释了劳动美的基本原理。他从人的劳动实践活动这一视角作出如下判断："动物只是按照它所属的那个种的尺度和需要来建造，而人却懂得按照任何一个种的尺度进行生产，并且懂得处处都把固有的尺度运用于对象；因此，人也按照美的规律来构造。"这就从本质层面深刻揭示了人通过劳动实践活动不仅创造了人需要的产品，而且能够按照美的规律创造美的产品。

中华民族是一个勤劳且富有创造力的民族。正是由于劳动和创造，我们铸就了灿烂的历史；同样是因为劳动和创造，我们拥有了今日的美丽国度。苏霍姆林斯基曾经指出：人们通过劳动来认识世界，并创造了美，从而为自身奠定了对劳动、创造和认识的美感。劳动创造美，这构成了教育的一个完整领域。无论时代如何更迭，人们对劳动之美的追求始终不变。新时代劳动教育要使学生树立"劳动最美丽"的劳动价值观，见证、感悟普通劳动者的大美，明白"不劳动可耻、不劳动低劣、不劳动渺小、不劳动丑陋"的道理；要使大学生树立"劳动者最美，奋斗者最幸福"的理念，以自己的汗水和智慧创造美好的生活，为美丽中国的建设贡献力量。

📁 **劳动故事**

谷祥峰：车厢处处是温暖

早上5:00起床，5:20乘坐交通车，7:20跑第一趟车……只要当班，乌鲁木齐市公交珍宝巴士有限公司（以下简称珍宝巴士公司）公交车司机谷祥峰就会准时驾驶着公交车，穿行于乌鲁木齐，无论寒暑从不缺席。

"我开公交车30年了，每天驾驶着公交车穿梭在城市的街道中，看着熟悉的乘客上上下下，早上送他们去上学、工作，晚上送他们平安回家，我觉得自己的工作非常有意义。"2020年11月24日，刚刚荣获"全国劳动模范"称号的谷祥峰笑着说。

在乌鲁木齐西山塑料厂至大浦沟社区的70路公交线副线上，谷祥峰已经辛勤工作了整整10年。如今，他所坚守的这条城郊公交线路已经从3.6千米扩展至6.7千米，运营模式也从一人一车转变为两人两车。公交线路更名为2005路，他与徒弟亚生江·依明并肩同行，熟悉的道路、熟悉的居民、熟悉的笑脸，谷祥峰带着徒弟在这条路上坚守，践行着一名共产党员的初心和使命。

谷祥峰每天十几个小时围着公交车转，一天的营运里程为216千米，一年下来就是7万多公里，相当于绕地球将近两圈，但无论驾驶的线路如何改变，他对公交事业、对岗位的热爱从未改变。公交车驶入大浦沟社区、草原站这两个站点时，谷祥峰都会多停留一下，因为他知道草原站每天有七八个孩子要上学。"天冷，孩子们错过一班车就要等很久，我多等一会儿，路上加脚油，时间就赶回来了。"谷祥峰说。

沿路居民若遇困难，谷祥峰总是乐于伸出援手，因此大浦沟社区的年轻人皆以他为榜样。得益于珍宝巴士公司及各级组织的支持与协助，大浦沟社区的年轻居民亚生江·依明、热依木·芒苏尔等8人有幸成为谷祥峰的徒弟。

谷祥峰自幼便怀揣成为公交车司机的梦想。当他终于实现了这一愿望，却深知自己的文化水平有限，因此，为了能够胜任并热爱这份工作，他必须付出更多的努力。他坚信，最有效的工作方式就是不畏艰辛，勤勉尽责。正是这种坚持不懈的精神，让谷祥峰荣获了"全国民族团结进步模范个人""全国五一劳动奖章""全国热爱企业优秀员工"等多项荣誉。

"这是我第四次进京领奖了。"参加完全国劳动模范和先进工作者表彰大会后，谷祥峰自豪地说："习近平总书记说，幸福都是奋斗出来的。我荣获'全国劳动模范'称号，也更加深刻地理解了这句话的内涵。今后我要更努力去奋斗，和徒弟们一起创造更加幸福的生活。"

四、新时代劳动精神具体体现

马克思主义劳动观认为，劳动是人的本质属性，它创造了人类这一概念。在劳动过程中，人们生产出满足物质和精神需求的产品，极大地丰富了人类的物质和精神生活，并改造了人的主观世界，使劳动具有了现实意义。在劳动价值论的指导下，通过中国特色社会主义的实践探索，最终形成了具有中国特色的社会主义劳动精神。这种精神进一步引导人民群众在中国特色社会主义建设的道路上努力前行，开启了新时代中国特色社会主义道路的探索。

自改革开放以来，中国共产党引领人民在继承和发扬伟大劳动精神的同时，为其注入了新的时代内涵。在改革开放的历程中，一系列时代楷模和榜样群体在普通的工作岗位上创造了非凡的业绩，生动地诠释了新时代的劳动精神。例如，"雕刻火药的大国工匠"徐立平，在险峻的悬崖上创造了令人瞩目的传奇；"当代愚公"黄大发，在绝壁上书写了壮丽的故事；战略科学家黄大年，用生命敲开了"地球之门"，引领中国进入"深地时代"；"天眼巨匠"南仁东，勇敢地承担起民族复兴的重任；廖俊波，一位忠诚于党、心系群众、忘我工作、无私奉献的优秀县委书记；曲建武，一位爱生如子、甘为学生成长引路人的高校思想政治理论课教师……这些代表当代中国精神高峰的时代楷模，在各自的岗位上，以大我为怀、至诚报国，谱写了当代中国最美的时代篇章。郭明义、沈浩、杨善洲、张丽莉、吴斌、高铁成……一个又一个"最美教师""最美司机""最美护士"在中国各地接连出现，他们以爱心和善行，以坚守和执着，在关键时刻作出英雄般的壮举，在生死关头展现人间大爱，彰显出当代中国劳动者的风采。他们爱岗敬业、淡泊名利、甘于奉献的劳动品格，他们求真务实、积极探索、勇于创造的劳动精神，他们自强不息、艰苦奋斗、顽强拼搏的劳动态度，都是中国人民在改革开放的伟大实践中展现出来的崭新精神风貌和高尚精神品格，是建设新时代中国特色社会主义、实现中国梦的强大精神动力。

1. 爱岗敬业、甘于奉献的劳动精神

爱岗敬业构成了社会主义核心价值观的核心要素，而奉献精神则是社会主义道德的显著标志。新时代的劳动者首要任务是坚守自己的岗位，为他人和社会提供服务。

2. 艰苦奋斗、勇于创新的劳动精神

在革命战争年代，革命先烈们展现了爬雪山、过草地的"长征精神"，以及开垦陕北富饶之地的"南泥湾精神"。中华人民共和国成立初期，第一代劳动者们发扬了"大庆精神"，誓要夺下大油田，哪怕少活 20 年；他们还展现了改造自然的"红旗渠精神"。在新中国一穷二白的背景下，众多海外学子怀揣着报国之心，以钱学森、华罗庚、朱光亚等为代表的海外专家和学者，克服了重重困难，带着对祖国的深情厚谊，纷纷回国效力，为新中国的科技发展作出了巨大贡献。到了 1957 年，归国的海外学者已超过 3 000 人，占到中华人民共和国成立前所有海外留学生和学者的一半以上。他们中的许多人成了新中国各领域科学技术发展的奠基者或先驱，在那个充满激情的年代，他们带领全国科研人员在极其艰苦的条件下自力更生、艰苦奋斗，创造了一系列令人瞩目的科技成就，并为后人留下了宝贵的精神财富。

3. 勇于创新、敢于创业的劳动精神

时代在发展，在全球化竞争中，作为劳动者，除吃苦耐劳外，更需要勇于创新，敢于创业，在科技、军事及服务社会方面永立潮头，做强国富民的青年劳动者。在纪念五四运动 100 周年的大会上，习近平总书记褒奖的青年英杰中有展示中国硬核实力的北斗团队，有航天报国的嫦娥团队、神舟团队，20 岁出头的申一菲是中国 5G 技术最年轻的核心研发人员，舒畅成功地发射了第一枚民营火箭。他们在创新报国的道路上一路飞奔、创新，谱写出时代劳动者的最美青春！经过改革开放 40 余年的发展，中国涌现出一批又一批优秀的企业家。他们释放才能、发挥创造力，成为社会财富的创造者、创新活动的实践者，在市场经济中发挥了重要的作用，这早已成为人们的共识。而今天在经济发

展新常态的时代背景下，转变经济结构、振兴实体经济，需要富有企业家精神的创新创业者。

🔊 扩展阅读

全国五一劳动奖状、全国五一劳动奖章

全国五一劳动奖状和全国五一劳动奖章（图3-1）是中华全国总工会颁发的荣誉，旨在表彰在中国特色社会主义建设过程中作出杰出贡献的劳动者、企事业单位、机关团体。这些奖项是中国工人阶级的最高荣誉之一。全国五一劳动奖状专门授予那些在中国境内依法注册或登记的非跨地区企业、事业单位、机关、社会组织及其他组织和驻外机构。除全国劳模表彰大会的年份外，全国五一劳动奖状每年评选并表彰一次。对于在国际或国内具有重大影响的事件、国家经济和国防建设、抢险救灾等紧急情况下，以及在全国总工会书记处批准的全国示范性劳动竞赛中作出突出贡献的先进集体，可以即时授予全国五一劳动奖状。

全国五一劳动奖章是全国总工会为奖励在社会主义各项建设事业中作出突出贡献的职工而颁发的荣誉奖章。其颁发范围包括工业交通、基本建设、农林水利、财贸金融、文化、教育、新闻、出版、政法、卫生、科研、体育、机关团体等各行各业的职工。

图3-1　全国五一劳动奖章

五、提出和弘扬劳动精神的意义

劳动是推动经济社会发展的根本力量，是人的本质。劳动精神是习近平总书记关于工人阶级重要论述的组成部分。全面建成小康社会，进而建成富强、民主、文明、和谐的社会主义现代化国家，根本上靠劳动、靠劳动创造。习近平总书记高度重视尊崇劳动、十分关心关怀劳动者，对劳动和劳动者的地位、作用、意义作出了深刻论述，成为党中央新理念、新思想、新战略的重要内容，明确提出，弘扬劳动精神，要坚持全心全意依靠工人阶级的根本方针，以及尊重劳动、尊重知识、尊重人才、尊重创造重大方针。

1. 劳动精神是对广大劳动者劳动实践的高度肯定与科学总结

在革命、建设和改革的各个历史阶段，广大劳动者展现了不畏艰难、勇于创新的精神风貌，成为激励一代又一代人的强大精神动力。随着社会的发展和科技的进步，资本、知识和技术的力量日益凸显，人们对劳动的认识也发生了显著变化。一些人开始忽视劳动的价值，低估劳动者的作用，追求快速成功，心态急躁，期望通过捷径迅速致富。然而，无论劳动的具体形式如何演变，以及劳动与其他生产要素之间的关系如何调整，劳动作为唯一的价值源泉这一事实始终不变。劳动精神的提倡和发扬，对于激发广大劳动者的劳动热情，释放他们的创造潜力，并为实现中华民族伟大复兴的中国梦贡献力量，将发挥至关重要的推动作用。

2. 劳动精神是对马克思主义劳动价值论、劳动观的丰富和发展

劳动至上构成了马克思主义的核心原则，而劳动价值论则是马克思主义政治经济学的理论基础。根据马克思主义的观点，劳动是人类最基本且至关重要的社会实践，是人类社会得以存续和进步的根本条件。正如恩格斯所言，"劳动是人类生活的第一个基本条件，而且达到这样的程度，以至我们在某种意义上不得不说：劳动创造了人类本身""在劳动的发展历程中，我们找到了理解整个社会历史的钥匙"。因此，提倡和发扬劳动精神，对劳动在人类活动中的重要性及对劳动者的尊严给予肯定和赞扬，是新时代马克思主义劳动观的继承和发扬。

3. 劳动精神是社会主义核心价值观的应有之义，与劳模精神、工匠精神相互包容

践行社会主义核心价值观，要求人们遵循爱国、敬业、诚信、友善的个人行为准则。敬业体现了对劳动的尊重、崇尚和热爱，意味着要致力于辛勤、诚实和创造性的劳动，这与劳动精神高度契合。"爱岗敬业、争创一流，艰苦奋斗、勇于创新，淡泊名利、甘于奉献"的劳模精神，彰显了劳动的价值和劳动者的高尚境界，是劳动精神的集中体现。工匠精神则展现了劳动者追求技能精湛、精益求精、敬业担当的职业精神，是对劳动精神的深化和提升。劳动精神是劳模精神和工匠精神的根基，三者一脉相承，同时各有其侧重点：劳动精神面向最广泛的劳动者群体，劳模精神更专注于劳模这一特定群体，工匠精神则主要针对那些拥有专业技能的产业工人。

4. 新时代必须弘扬劳动精神

弘扬劳动精神让全体社会成员理解并尊重劳动的价值，认识到劳动的光荣、崇高、伟大和美丽。广大劳动者应致力于辛勤、诚实和创造性的劳动。习近平总书记强调，"幸福都是奋斗出来的"，并倡导"撸起袖子加油干"。然而，随着经济的发展、物质生活的丰富及全球劳动分工的演变，一些人的劳动观念出现了弱化或扭曲。例如，一些青少年不了解农业生产的重要性，不愿意从事辛苦的产业劳动；寄希望于迅速出名的浮躁心态，炒房投机的病态心理，以及享乐主义和"啃老"观念等。特别是，一些青少年将劳动与劳累、痛苦等同起来，将其视为人性和自由的对立面。这些问题不容忽视。实现中华民族的伟大复兴，必须依靠人们的辛勤劳动。所有有利于社会建设的诚实和自觉的劳动，都是高尚和光荣的。国家、社会和企业应提供更有力的劳动保障与更好的劳动条件，严格执行《中华人民共和国劳动合同法》等法律法规，确保每个劳动者都能体面的工作，维护劳动尊严，实现劳动价值，并积极营造一个平等劳动、勤奋工作、勤勉为人、勤劳致富的正能量社会氛围。只要我们坚守中华劳动伦理的深厚底蕴，弘扬劳动精神及坚忍不拔、自强不息的劳动美德，一代又一代的劳动者就必定能创造伟大的历史，不断开创更加美好的未来。

躬身践行

劳动精神大家讲

【劳动任务】

以班级为单位，开展"劳动精神大家讲"活动，每组 4～6 人，分别收集当地先进人物的先进事迹，并以视频、小品或演示文稿等形式，在班内进行分享。同时，采取全体匿名投票的方式，评选出优秀作品。

【劳动分组】

全班学生以 4～6 人为一组进行分组，各组选出组长并进行任务分工，将小组成员及分工情况填入表 3-1 中。

表 3-1　小组成员及分工情况

班级			组号		指导教师	
小组成员	姓名	学号		任务分工		
组长						
组员						

【劳动过程】

（1）掌握摄影的方法。

（2）掌握与人沟通的技巧。

（3）准备摄像机、三脚架等摄影工具。

【劳动计划】

小组商议，制订出具体的工作计划，并填入表 3-2 中。

表 3-2　工作计划

步骤	工作内容	时间安排	负责人
1			
2			
3			

续表

步骤	工作内容	时间安排	负责人
4			
5			

【劳动实施】

按照劳动计划，将具体的实施情况记录在表 3-3 中。

表 3-3　实施情况

时间安排	实施步骤
	选择本组要采访、拍摄的劳动者
	讨论本组的方案
	活动过程中遇到的问题及解决方式
	活动实施效果

【劳动评价】

教师可参考表 3-4 对各小组的活动进行评价。

表 3-4　活动评价表

项目名称	评价内容	分值	评价分数		
			自评	互评	师评
素养评价 20%	分工合理，具备团队精神，能够积极与他人合作	10 分			
	积极、认真参加实践任务	10 分			
技能评价 30%	活动策划方案实用	10 分			
	活动实施效果佳，给观看者带来了感动	10 分			
	按时完成实践任务	10 分			

项目名称	评价内容		分值	评价分数		
				自评	互评	师评
成果评价 50%	活动主题鲜明		20 分			
	设计创意新颖		20 分			
	作品有感染力		10 分			
合计			100 分			
总评	自评（20%）+ 互评（20%）+ 师评（60%）=	综合等级：		教师（签名）：		

任务二　劳动精神践行

"纸上得来终觉浅，绝知此事要躬行。"除学习正确的劳动观，懂得崇尚劳动、热爱劳动的道理外，弘扬和发展劳动精神重在实践，知行合一。大学生投身劳动实践，需要向身边的普通劳动者学习，通过日常生活劳动、生产劳动、服务性劳动等劳动实践，培养自己的劳动精神，大力弘扬时代新风，强化劳动者社会责任意识，做合格的劳动者和富有劳动精神的社会主义建设者与接班人。

一、尊重劳动者，向优秀劳动者学习

劳动创造了世界，劳动让人类拥有了更加美好的生活。杰出的劳动者们通过他们的卓越劳动和辛勤付出，展示了劳动的价值和榜样的力量。

在烈日炎炎下，建筑工人的辛勤劳动筑起了摩天大楼，铺就了现代化的高速公路；计算机软、硬件工程师和通信工人让移动互联网成为现实，将地球缩小成一个村落；同样，农业科学家和农民的贡献让人们享受到了丰富多样的食物。新时代的中国，呼唤更多平凡而伟大的劳动者涌现，成为众人皆知的楷模，营造一个积极向上、尊重劳动、以劳动为荣的社会氛围，传递充满活力的正能量，为经济社会的发展注入强大的动力。

改革开放40余年的辉煌历程同样是一部壮丽的劳动史诗。唯有通过勤劳和诚实的劳动，才能创造出丰富的财富，确保国家的繁荣昌盛和人民的安居乐业。在这一伟大进程中，劳动者的身影无处不在，他们的汗水洒遍每一个角落。每一位创造物质和精神财富的劳动者，都应受到尊敬。在全社会范围内宣传劳动者的动人故事，可以使"劳动最光荣、劳动最崇高、劳动最伟大、劳动最美丽"的观念深入人心，成为社会风尚。通过学习模范人物，从自我做起，从身边的小事做起，能实现全社会对劳动价值认识的质的飞跃。在这个社会、这个时代，不断涌现的先进劳动者，他们的成就、精神和品质是取之不尽、用之不竭的力量源泉。大学生应积极向身边的劳动者学习，汲取前进的动力，成为劳动精神的积极传播者和实践者。

二、将劳动同实现个人价值及社会价值融合起来

必须正确认识劳动与个人成长及成才之间的联系。劳动是实现人生价值的途径，通过付出劳动，必将收获相应的成果。首先，应树立自力更生的观念，依靠自己的劳动成果来满足生活所需，这正是人们常说的自给自足。通过劳动来满足个人需求，达到自我温饱、赢得他人尊重，甚至实现自我价值。依靠劳动来养活自己和家人，这是伟大且值得尊敬的。同样，在工作中投入更多的劳动，就能实现更大的社会价值。作为劳动者，应自觉传承劳动精神和工匠精神，参与劳动和技能竞赛，积极投身于大众创业、万众创新的浪潮中。应充分激发创新创造的潜力，利用劳动推动改革，谱写新时代劳动者之歌。这正是中国人常言的"穷则独善其身，达则兼善天下"。在逆境中，通过劳动实现个人的独立，成为一个受人尊敬的劳动者。在此基础上，通过不懈的努力和奋斗，我们还能实现更宏伟的人生价值，为社会贡献更多的青春力量。

三、参与社会服务性劳动，提升劳动素养和劳动能力

志愿服务是指个人自愿贡献自己的时间和精力，不寻求任何物质报酬，旨在改善社会和推动社会进步的服务。青年大学生利用课余时间积极参与社会服务，这不仅是一种极佳的劳动体验，也是提高自身劳动素养和能力的重要途径。它有助于更好地接触和了解社会，为将来更有效地服务社会打下坚实的基础。

参与志愿服务活动，一方面，不仅帮助了他人、服务了社会，还为社会提供了丰富的劳动产出；另一方面，随着社会的发展，人与人之间的联系变得更加多元化。通过为社会和他人服务，个人能够培养和提高自己的劳动能力，同时，从服务社会和帮助他人中获得成就感及幸福感。这种自愿的、无偿的服务他人和参与社会公益事业的劳动，有助于传递社会关爱、弘扬社会正气，形成向上向善、诚信互助的良好社会风尚，更有助于个体劳动精神的养成。

志愿服务劳动为大学生提供了参与社会实践、促进个人成长和成才的关键平台，同时，也是他们表达关爱、传递青春正能量的有效途径。大学生通过参与志愿服务活动，如支持农村扶贫、城市社区管理、环境保护、大型活动支持、抢险救灾和社会公益等，贡献自己的力量。他们结合个人能力、专业知识和特长，在实践中学习新知识、锻炼技能、提升能力，实现了知识与行动的统一。他们将所学知识应用于祖国大地，将劳动与实现中国梦相结合。通过积极参与教育、科技、文化、卫生和养老等领域的帮扶活动，以及城乡清洁、绿色出行、低碳环保和美化家园等行动，大学生

中国航天：我们都是奋斗者，我们都是追梦人

能够培养出宝贵的劳动精神，并显著提高自身的劳动素养和能力。

📂 **劳动故事**

钟南山："共和国勋章"获得者

钟南山，福建厦门人，1936年10月出生于南京，中共党员，中国工程院院士、教授、博士生导师，著名呼吸病学专家，我国抗击非典型肺炎的领军人物，曾任广州医学院（今广州医科大学）院长、党委书记，广州市呼吸疾病研究所所长，广州呼吸疾病国家重点实验室主任，中华医学会会长，"共和国勋章"获得者，现为国家呼吸系统疾病临床医学研究中心主任、国家卫健委高级别专家组组长、国家健康科普专家。钟南山长期从事呼吸内科的医疗、教学、科研工作，重点开展哮喘、慢阻肺疾病、呼吸衰竭和呼吸系统常见疾病的规范化诊疗，以及疑难病、少见病和呼吸危重症监护与救治等方面的研究。

从医以来，钟南山先后取得了国家、省市各级科研成果20多项。他是近10多年来推动中国呼吸疾病科研和临床事业走向世界前列的杰出领头人之一。他和他的同行们在这个专业的突出贡献，奠定了中国呼吸疾病某些项目的研究水平在亚太地区的领先地位。用"著述等身""声名显赫"来形容钟南山的成就一点也不为过。

钟南山保持着对事业的追求，在科学的殿堂坚持创新、永不停步。这种性格也深深地感染了他周围的人，熏陶出了一个勇于奉献、蓬勃向上的群体，使广州市呼吸疾病研究所成为国内瞩目的学术阵地——国家重点学科、广东省重点实验室、国家临床药理基地、博士学位授予点。

中国首位诺贝尔生理学或医学奖获得者——屠呦呦

屠呦呦，女，浙江宁波人，中共党员，药学家（图3-2）。1951年考入北京大学医学院药学系生药专业。1955年毕业于北京医学院（今北京大学医学部），毕业后接受中医培训两年半，并一直在中国中医研究院（2005年更名为中国中医科学院）工作，其间晋升为硕士生导师、博士生导师。现为中国中医科学院首席科学家，终身研究员兼首席研究员，青蒿素研究开发中心主任，博士生导师，"共和国勋章"获得者。

屠呦呦多年致力于中药及中西药结合的研究，其卓越贡献在于创制了新型抗疟药物青蒿素和双氢青蒿素。1972年，她成功提取了一种无色结晶体，其分子式为$C_{15}H_{22}O_5$，并将其命名为青蒿素。2011年9月，屠呦呦因发现青蒿素——一种用于治疗疟疾的药物，挽救了全球尤其是发展中国家数百万人的生命，荣获"拉斯克奖"和葛兰素史克中国研发中心颁发的"生命科学杰出成就奖"。2015年10月，她荣获诺贝尔生理学或医学奖，获奖理由是她发现了青蒿素，该药物显著降低了疟疾患者的死亡率。

屠呦呦是第一位获诺贝尔科学奖项的中国本土科学家，诺贝尔科学奖项是中国医学界迄今为止获得的最高奖项，也是中医药成果获得的最高奖项。

2017年1月9日，屠呦呦获2016年"国家最高科学技术奖"。2018年12月18日，党中央、国务院授予屠呦呦同志"改革先锋"称号，颁发改革先锋奖章。2019年5月，她入选福布斯中国科技 50 女性榜单。2020 年 3 月，屠呦呦入选《时代周刊》100 位最具影响力女性人物榜。

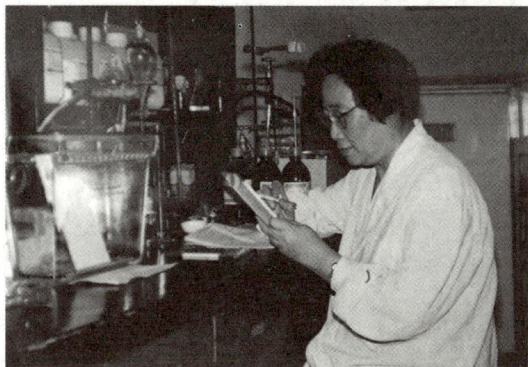

图 3-2 中国首位诺贝尔生理学或医学奖获得者——屠呦呦

📂 校园劳动实践

"学党史、弘扬劳动精神"走进艺术实践

为贯彻落实学党史、弘扬劳动精神，××职业技术学院开展了一堂以"学史增信培根铸魂，培养脚踏实地、苦干实干、精益求精的劳动精神"为主题的艺术实践课程。

为圆满达成教学目标，教师将"党史学习""劳动精神教育""红色主题教育"融合专业教育，融入整个学习过程，以党史教育、劳动教育、红色教育激励学生用心、用情、用功抒写人民、描绘人民、歌唱人民，进一步增强文化自信。提出了在绘画中表现精神，用情抒写时代、用心描绘江山的实践要求，期望学生在学习中以灵性的火花开启对美的感知，努力践行社会主义核心价值观，弘扬中华优秀传统文化（图 3-3）。

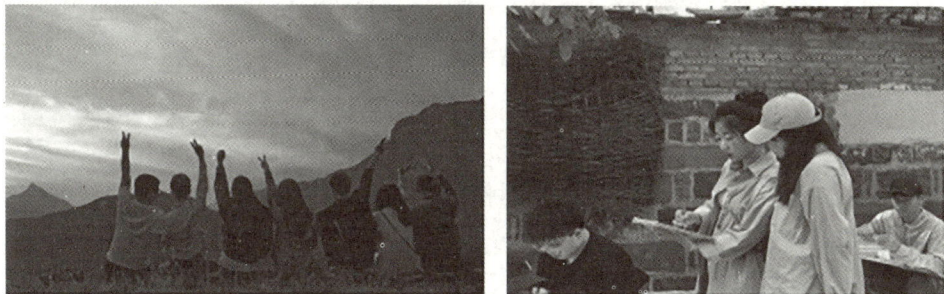

图 3-3 "学党史、弘扬劳动精神"走进艺术实践（1）

八百里太行，苍凝深邃、苍莽伟岸，沉淀了岁月，融满了沧桑，奇峰变换雄奇险幽，这里是著名的红色老区，是人民的山、英雄的山，谱写着血与火的英雄篇章，闪烁着璀璨的太行精神。

走出教室进入大自然，从人文景致中参悟地域文化与历史文脉的延续，从地域特色感知自然的变化与魅力，在一山一水中追溯着爱国主义情怀和民族自豪感。

在实践教学中，白天写生、收集素材，晚上用讲评的教学形式为学生进行指导，提高视觉表现能力和对技法的掌握能力。同时，任课教师以"向美而行，传承家国情怀，绘画时代精神"为要求，将专业知识、素养教育、劳动精神教育相结合。通过写生、素材收集、参观谷文昌纪念馆、参观扁担精神纪念馆、邀请老党员讲党史故事，以及宣讲太行山区历史的变迁等形式，学生能从视觉到精神去体味太行、感受太行，再用点线面、色彩、笔墨等视觉艺术手段，描绘壮景、记录变迁、诉说历史，从而构建起专业教育与劳动教育的有机融通。

通过这些丰富多样的教学形式，学生能够体会知难而进、勇挑重担、开拓创新的"扁担精神"；从中体会辛勤劳作、自力更生、艰苦奋斗、团结协作、甘于奉献的"红旗渠精神"；从中体会不畏万难、百折不挠，自强不息、顽强拼搏，克服艰险、敢于胜利，去实现人生理想的"太行精神"。深刻感受"莫把丹青等闲看，无声诗里颂千秋。"意识到艺术创作当"以画为体、以史为魂"，将为祖国讴歌、为人民讴歌、为英雄讴歌作为永恒的主题，在作品中弘扬文化，宣扬民族精神（图3-4）。

图3-4 "学党史、弘扬劳动精神"走进艺术实践（2）

📖 躬身践行

探讨新时代劳动精神

【劳动任务】

阅读以下材料，并阐述：你从田志永身上学到了什么？

巧手赢美誉——特变电工田志永

在世界变压器领域，德国的西门子是老牌领先者。2002年，田志永所在的沈阳变压器厂承担了引进直流换流变压器的重大任务，面对这个高精密工艺要求的庞然大物，装配班长田志永充满好奇与探索的兴趣，然而他的请教却遭到西门子技术人员的断然拒绝，一句"你不要动！"让他明白了，外国人是不会把关键技术教给他的。于是，他白天寸步不离看外国人装配，晚上拿着图纸附着实物"读"，将变压器上 80 多根电缆和上千根控制线对照原理图进行艰苦繁杂的倒装推理验证。就这样，他用半个月的时间，硬是啃下了这块硬骨头，最终全面掌握了这种当时世界上先进变压器的装配技术。此后，他参与了 54 种世界级重大产品的装配，其中 24 种为世界第一。他技术高超，对超大型和大型变压器的上百个装配疑难问题的解决方案了然于胸，装配变压器一次次合格率达到国际高水平。他善于创新，在工艺、流程和组装方法上，实现了 200 多项创新，形成了"田医优法"。现如今，在超大型和大型变压器产品上，田志永已成为国内外少有的了解全部产品所有装配工艺技术的专家，而且他还在不断地自我超越。

【劳动分组】

全班学生以 4 ～ 6 人为一组进行分组，各组选出组长并进行任务分工，将小组成员及分工情况填入表 3-5 中。

表 3-5　小组成员及分工情况

班级		组号		指导教师	
小组成员	姓名	学号	任务分工		
组长					
组员					

【劳动过程】

（1）将学生分成每组 4 ～ 6 人的活动小组，通过小组内部讨论形成小组观点。

（2）每个小组选出 1 名代表陈述本组观点，通过交流，将每个需要研讨的问题都讨论清楚。

（3）教师对各组观点进行分析、归纳、总结。

（4）教师根据各组在研讨过程中的表现，给予点评并赋分。

【劳动计划】

小组商议，制订出具体的工作计划，并填入表 3-6 中。

表 3-6　工作计划

步骤	工作内容	时间安排	负责人
1			
2			
3			
4			
5			

【劳动实施】

按照劳动计划，将具体的实施情况记录在表 3-7 中。

表 3-7　实施情况

时间安排	实施步骤
	选择本组要讨论的核心主题
	讨论本组的方案
	活动过程中遇到的问题及解决方式
	学习活动的实施效果
	整理素材，让同学们体会学习心得

【劳动评价】

教师可参考表 3-8 对各小组的活动进行评价。

表 3-8　活动评价表

项目名称	评价内容	分值	评价分数		
			自评	互评	师评
素养评价 20%	分工合理，具备团队精神，能够积极与他人合作	10 分			
	积极、认真参加实践任务	10 分			
技能评价 30%	活动策划方案实用	10 分			
	活动实施效果佳	10 分			
	按时完成实践任务	10 分			
成果评价 50%	讨论学习主题鲜明	20 分			
	分享学习心得	20 分			
	讨论话题有感染力	10 分			
合计		100 分			
总评	自评（20%）+ 互评（20%）+ 师评（60%）=	综合等级：	教师（签名）：		

项目四
劳模精神

⊕ **学习目标**

1. 了解劳模精神的含义及内涵，熟悉劳模精神的时代价值。
2. 了解劳模精神的形成与发展，掌握劳模精神的践行。

📋 **素质目标**

1. 培养崇尚劳动、热爱劳动、辛勤劳动、诚实劳动的劳模精神。
2. 热爱本职工作，全身心投入，将工作视为实现个人价值和社会价值的重要途径。
3. 不断追求专业知识和技能的提升，以高度的责任感和敬业精神完成工作任务。

任务一 劳模精神概述

一、劳模精神的含义及内涵

（一）劳模及劳模精神的含义

劳动模范（简称劳模）是优秀劳动者的典型代表，劳模精神激励了千千万万普通劳动者坚守信念、立足岗位、开拓创新、建功立业。劳模精神是劳模在平凡岗位上创造不平凡业绩所坚持、坚守、坚定的基本信念、价值追求、人生境界及其展现出的整体精神风貌。在劳动模范身上体现的"爱岗敬业、争创一流，艰苦奋斗、勇于创新，淡泊名利、甘于奉献"的劳模精神，是伟大时代精神的生动体现。

劳模精神体现了工人阶级的先进性。在革命、建设、改革及发展的各个历史阶段，我国工人阶级始终走在前列，勇于承担重要责任，与党的中心任务紧密相连。劳动模范作为工人阶级中的杰出代表，引领时代潮流，在工作和生活中扮演着先锋和领头羊的角色。他们通过勤奋、诚实和创新的劳动，不断促进社会的前进、国家的发展和民族的复兴。劳模精神作为劳动模范的思想核心、行动准则和精神灯塔，成了推动时代发展的强大精神力量，充分展现了工人阶级先进性的主导地位，并彰显了工人阶级的伟大品质，促进了工人阶级的成长和进步。

（二）劳模精神的内涵

"爱岗敬业、争创一流，艰苦奋斗、勇于创新，淡泊名利、甘于奉献"，24 个字、3 组词，精准概括了劳模精神的丰富内涵，一方面道出了劳模能从广大劳动者中脱颖而出的根本原因；另一方面为我们科学理解和大力弘扬劳模精神提供了方法与指导。

1. 爱岗敬业、争创一流

爱岗敬业、争创一流体现的是劳模的本色和追求。

爱岗敬业指的是忠于职守的事业精神。爱岗就是热爱本职工作，敬业就是用一种恭敬严肃的态度对待自己的工作。爱岗敬业是一个人生存和发展的基础保障。爱岗敬业要求劳动者干一行，爱一行。劳动没有高低贵贱之分，无论是清洁工、售票员、邮递员、水电工，还是教育者、科研工作者，只有立足本职工作，尽职尽责、兢兢业业，才能在为社会和国家作出贡献的同时，实现自己的人生价值，受到社会的广泛认可。

争创一流是指做就要做得比别人好、比别人强，敢于做标兵、做榜样。争创一流要求劳动者干一行，专一行。干一行，专一行不是体现在学科意义上的"专业"，而是岗位职责对能力素质提出的专门要求。劳动者"干一行，专一行"靠的是立足岗位职责持续学习，加快自身知识更新，加强实践锻炼，以此练就过硬本领，成为做好工作的行家里手，这样，才能高质量、高标准、严要求地完成工作。

2. 艰苦奋斗、勇于创新

艰苦奋斗、勇于创新体现的是劳模的作风和使命。

艰苦奋斗不仅是指崇尚节约的生活作风，还指不畏艰难、锐意进取的思想品格。劳动是一切幸福的源泉，而幸福都是奋斗出来的。历年来的劳动模范，他们身上都有一个共同点，那就是奋发奋斗、苦干实干。所有劳动者都可以依靠自己的智慧和汗水，通过不懈的奋斗，练就一身真本领，掌握一手好技术，脚踏实地做好每件事情，成就不平凡的人生。

党的二十大报告指出："教育、科技、人才是全面建设社会主义现代化国家的基础性、战略性支撑。必须坚持科技是第一生产力、人才是第一资源、创新是第一动力，深入实施科教兴国战略、人才强国战略、创新驱动发展战略，开辟发展新领域新赛道，不断塑造发展新动能新优势。"国家繁荣、民族复兴、社会发展的动力来源于创新，勇于创新是劳动者的使命。近年来评选出的劳模中，高级技工、科研精兵的比重不断增加，知识型、创新型劳动者不断涌现。"多做一点点、创新一点点，日积月累，'高原'才能成为'高峰'，才能推动中国制造向中国创造转变。"全国劳动模范、中国电子科技集团公司第五十四研究所钳工夏立说。

3. 淡泊名利、甘于奉献

淡泊名利、甘于奉献体现的是劳模的境界与修为。

淡泊名利、甘于奉献是不为名、不为利、不求回报、没有私心的付出。从"公而忘私，国而忘家"一心为国的高尚品质，到"先天下之忧而忧，后天下之乐而乐"的崇高志向，再到"苟利国家生死以，岂因祸福避趋之"的爱国情操，先哲将奉献精神体现得淋漓尽致。淡泊名利、甘于奉献是人们追求中华民族传统美德的最高境界。各个年代的劳模们，为了党和国家的事业及人民的幸福生活，也在默默奉献着汗水和智慧，如"只要生命不结束，服务人民不停止"的杨善洲，"忠诚执着守初心，无私奉献担使命"的张桂梅等。

在当代社会，要做到淡泊名利、甘于奉献，需要处理好"义"与"利"的关系，处理好经济效益与社会效益的关系，处理好个人利益与集体利益的关系，即"先义后利""见利思义"，把奉献精神落到实处。对于当代大学生而言，要自觉意识到自己的社会责任和历史使命，在校以学知识、长能力为首要目标，以努力学习的先进个人为学习榜样，然后为社会作出实实在在的贡献。

🗂 劳动故事

伟大的教育工作者——张桂梅

张桂梅，1957年6月出生于黑龙江省牡丹江市，原籍辽宁省岫岩满族自治县，1975年12月参加工作，1998年4月加入中国共产党，丽江华坪女子高级中学书记、校长，华坪县儿童福利院院长（义务兼任），丽江华坪桂梅助学会会长（图4-1）。

图4-1　张桂梅老师

华坪县民族中学女教师张桂梅是1996年8月从大理市调到华坪任教的。当时，她放弃了进条件最好的华坪一中的机会，而选择了中心中学（当时中心中学因没有教室而实行一个学校两个分点教学的办法，初一、初二年级12个班在原七中校址，初三年级8个班在原六中校址）。在加入中心中学后，她肩负起4个毕业班的政治教学任务，同时负责毕业班女生的指导工作，并协助学校开展文艺活动。在工作岗位上，她恪尽职守，全身心地投入工作中。由于课时安排的限制，她不得不利用休息时间给学生补课和监考。每天早上

7点，她总是第一个踏入教室，而到了晚上10点，她才最后一个离开。在周末，当其他人休息和娱乐时，张老师却处于工作最为忙碌的时刻。她所负责的班级分布在校园的前院和后院，相距超过100米，她每天早晚都在两个校区之间奔波，辅导学生学习。在确保教学质量的同时，她还利用空余时间对个别学生进行补习和心理辅导。另外，她还积极组织学生参与形式多样的文化娱乐活动。

1997年8月，华坪县民族中学（民中）成立。当时，张老师正在住院接受手术，她得知民中学生经济条件最差、生源素质最低、学校经费最紧张、校舍破旧、设备简陋后，便主动申请调至民中工作。众所周知，在学校工作中，班主任的角色至关重要。除关注学生的学习成绩外，班主任还需亲自管理学生的日常生活和思想动态，班级和学校的风气很大程度上取决于班主任工作的认真程度与细致性。张老师来到民中后，不仅主动担任了毕业班15班的班主任，还负责该班的语文和政治教学。另外，她还参与了学校的妇女工作、语文教研组的研讨活动，并承担了部分校务工作。

民中的学生大多来自偏远贫困山区，家庭普遍面临经济困难。随着冬季的到来，学生们穿着单薄的衣服，在教室里冻得发抖。张老师慷慨解囊，捐出了自己的衣物、鞋子、被褥和毛毯，并用自己有限的工资为贫困学生购买了御寒衣物。1997年12月的一个深夜，一名男生突然发高烧，张老师得知后，立刻前往宿舍探望。看到学生在严冬中仅盖着一条薄毯，她感到非常难过，随即含泪将丈夫去世时留下的唯一纪念品——一件毛呢大衣，赠予了这位学生。她还连夜将该学生送往医院，并垫付了580元的住院费。第二天，当学生家长闻讯赶到医院时，张老师还守候在病床前。这时她脸色苍白、神情憔悴——她守候学生已整整10个小时。这位傈僳族老人感动得热泪盈眶。张老师没有子女，但她这颗拳拳慈母心，又何止让一位学生家长感动呢！

1997年4月，张老师被诊断出患有子宫肌瘤，腹部迅速肿胀，疼痛难忍。她一边服用止痛药，一边将工作量增加到极限。当她意识到自己生命垂危时，面对一份无情的病检报告（当时医院诊断为癌症），她并未向领导、同事和学生透露，而是默默地承受着身体和心灵上生与死的折磨。在这几个月里，同事们经常看到她艰难地一步步走向教室。她增加了学生的复习量，也加大了自己的工作量，每天早上6点多起床，晚上批改作业和试卷直到深夜12点。就这样，她一直坚持到7月份，将学生送入中考考场后，才向领导说明了情况，并住进了昆明的一家医院接受手术治疗，切除的子宫和肿瘤重达2千克多。手术后，医生建议她至少休养半年，但手术后的第24天，她就返回民中上班了。由于手术失血过多，伤口尚未完全愈合，巨大的疼痛折磨着她，但她仍然坚持站在讲台上。

人们常不解地问她：这样做有什么目的，有什么好处？什么力量使她这样坚强？张老师总是笑着说："如果我有追求，那就是我的事业；如果我有期盼，那就是我的学生；如果我有动力，那就是党和人民。"

张桂梅现在正在筹建一所贫困女子高中。这些年她目睹了许多农村女孩初中毕业后不能继续上学，过几年就嫁人的情况，希望能为她们建立起一所免费的高中，来这里上学的女孩不用交书费和学费。希望让山里所有的女孩能继续接受教育，接受高中的教育，更

希望知识可以改变她们的命运。政府对这个工作非常支持，也将把这所学校的教师纳入编制。但办一所高中不是小事情，单靠市委市政府，或者单靠几个人是做不成的。这个事情需要全社会的关心和帮助。

2020年6月29日，张桂梅被云南省委宣传部授予"云岭楷模"称号；12月3日，被中共中央授予"全国优秀共产党员"称号；12月10日，被中宣部授予"时代楷模"称号，先后荣获"全国先进工作者""全国十佳师德标兵""中国十大女杰""全国精神文明十佳人物""全国五一劳动奖章""全国十佳知识女性""中国十大教育年度人物""全国百名优秀母亲""全国最美乡村教师""全国优秀教师""全国三八红旗手""全国教书育人楷模"等称号，她也是党的十七大、二十大代表。

二、劳模精神的时代价值

（一）劳模精神是马克思主义劳动观的生动体现

马克思深入分析了具有社会历史属性的"劳动"，认为劳动在人类从自然界分离并演化为自然人，最终成为社会人的过程中起到了决定性作用。劳动解放人，可以进一步理解为劳动解放人的社会关系，推动不合理社会关系的变革，从而实现人的社会关系解放。在社会主义制度下，劳动体现了劳动者的自主性，劳动不再是异化的、外在的、脱离人的本性的东西。劳动者通过自己的劳动肯定自己，在劳动中体验幸福，在劳动中体现人与人之间的平等关系，这为劳模精神的产生与发展提供了重要土壤。马克思主义劳动观深刻反映了中国工人阶级和广大群众通过劳动在价值创造中的积极作用，为继承和弘扬劳动者伟大的劳模精神提供了理论支撑。劳模精神是社会主义劳动者在劳动中推动社会发展和实现精神文明的产物。中国特色社会主义开辟了社会主义在中国发展的独特进程，而劳模精神在这一独特进程中不断焕发出强大的生命力、创造力、战斗力、感染力、凝聚力、影响力，成为中华民族宝贵的精神财富，其在中华民族站起来、富起来、强起来的伟大历史进程中发挥了不可替代的重要作用。

（二）劳模精神是我国优秀传统劳动文化的时代结晶

回顾辉煌的中华文明史，中国人民的劳动精神与劳动人民的生产和生活实践及中华民族崇尚劳动的传统文化紧密相连。在我国传统文化中，历来重视对劳动实践的肯定、对劳动精神的继承及对劳动文化的传播。自远古时代起，如钻木取火、神农氏教民耕作、大禹治水等劳动故事便广为流传。明朝时期，宋应星所著的《天工开物》详细记载了农事、手工制造等技术，包括机械、兵器、火药、纺织、染色、制盐、采煤等，集中展示了古代劳动人民在自然科学和工业制造方面的创造与发明成就。中华儿女通过辛勤劳动创造了中国辉煌的历史文化，塑造了朴实、勤奋的优秀品质。这种品质贯穿于社会生产的发展和实践中，不断推动生产力的进步，而艰苦奋斗、无私奉献、不求名利的劳动精神也在历史文化的长河中闪耀着光芒。我国卓越的传统劳动文化为劳模精神的形成注入了民族文化的基因，使劳模精神成为创造民族辉煌的核心力量和推动民族持续发展的精神支柱。同时，劳模精神也是对中华优秀传统文化中永恒的崇劳精神的继承与发扬。

（三）劳模精神植根于中国共产党领导中国人民的长期奋斗实践

劳模精神是中国共产党在长期革命、建设、改革实践中积累起来的宝贵精神财富，它植根于为中国人民谋幸福、为中华民族谋复兴的初心和使命。在新民主主义革命时期，中国共产党通过培养和表彰劳动模范，发挥了他们在引领和发展革命根据地社会经济建设中的示范及带头作用，为革命的最终胜利奠定了坚实的社会基础。社会主义建设时期，劳动模范以无私奉献、团结苦干的精神，积极投身于经济建设，对引导人民群众集中精力恢复和发展国民经济，树立正确的社会主义劳动观念起到了重要的推动作用。改革开放以来，广大劳动群众不仅继承了吃苦耐劳、艰苦奋斗的高尚品格，更是在开拓创新、苦干实干中创造了中国奇迹，业务精湛、技术卓越、锐意进取、敢为人先的劳模形象深入人心。进入新时代，在中国共产党的领导下，中国人民以实干兴邦的劳动精神，继续谱写中国特色社会主义伟大事业的新篇章，"劳模精神""劳动精神""工匠精神"成为社会热词，"劳动最光荣、劳动最伟大、劳动最崇高、劳动最美丽"成为时代强音，为建功新时代、实现中华民族伟大复兴提供了崇尚劳动的价值引领。

（四）劳模精神是社会主义核心价值观的生动诠释

劳动模范和先进工作者"爱岗敬业、争创一流，艰苦奋斗、勇于创新，淡泊名利、甘于奉献"的劳模精神，生动诠释了社会主义核心价值观，是宝贵的精神财富和强大的精神力量。社会主义核心价值观传承着中华优秀传统文化的基因，寄托着近代以来中国人民上下求索、历经千辛万苦确立的理想和信念，也承载着每个人的美好愿景。劳模精神作为民族精神和时代精神的重要内容，与社会主义核心价值观在文化传承、教育导向、爱国情怀、道德提升等方面高度契合。作为个体，劳动模范以"爱国、敬业、诚信、友善"为行为准则，是个人践行的典范；作为公民，他们以"自由、平等、公正、法治"为社会价值取向，是价值引领的旗帜；作为人民一分子，他们以"富强、民主、文明、和谐"为奋斗目标，将"小我"融入国家发展的潮流中，是价值实现的楷模。

📁 **劳动故事**

优秀共产党员的故事——"铁人"王进喜

"宁肯少活 20 年，拼命也要拿下大油田！"提起王进喜，大家第一时间就会想起他的这句名言。

1923 年，王进喜出生于甘肃省玉门一个贫苦的农民家庭。1950 年春，他通过考核成为中华人民共和国第一代钻井工人（图 4-2）。

图 4-2　王进喜

　　1959 年，他作为石油战线的劳动模范到北京参加群英会，看到大街上的公共汽车车顶上都背一个大气包，他奇怪地问别人："背那家伙干啥？"人们告诉他，因为没有汽油，烧的是煤气。这话像锥子一样刺痛了他。王进喜后来说："北京汽车上的煤气包把我压醒了，真真切切地感到，国家的压力、民族的压力，呼地一下子都落到了自己肩上。"

　　1960 年春，我国石油战线传来喜讯——发现大庆油田，一场规模空前的石油大会战随即在黑龙江大庆展开。王进喜从玉门油田率领 1205 钻井队赶来，加入了这场石油大会战。

　　一到大庆，呈现在王进喜面前的是许多难以想象的困难：没有公路，车辆不足，吃和住都成问题。但王进喜和他的同事下定决心：纵使有天大的困难也要拿下大油田。钻机到了，起重机不够用，几十吨的设备怎么从车上卸下来？王进喜说："就是人拉肩扛也要把钻机运到井场。有条件要上，没有条件创造条件也要上。"他们用滚杠加撬杠，靠着双手和肩膀，奋战三天三夜，终于使 38 米高、22 吨重的井架迎着寒风耸立在了荒原上。要开钻了，可水管还没有接通。王进喜振臂一呼，带领工人到附近水泡子里破冰取水，硬是用脸盆、水桶，一盆盆、一桶桶地往井场端了 50 吨水。王进喜带领全队苦干五天五夜，打出了大庆第一口喷油井。

　　在随后的 10 个月里，王进喜率领 1205 钻井队和 1202 钻井队，克服重重困难，双双达到了年进尺 10 万米的奇迹。几百斤重的钻杆砸伤了王进喜的腿，他拄着双拐继续指挥。一天，突然出现井喷，当时没有压井用的重晶粉，王进喜当即决定用水泥代替。成袋的水泥倒入泥浆池却搅拌不开，王进喜就甩掉拐杖，奋不顾身跳进齐腰深的泥浆池，用身体搅拌，井喷终于被制服，可是王进喜累得站不起来了。房东大娘心疼地说："王队长你可真是'铁人'哪！"

　　然而，常年的过度劳累使"铁人"的身体比常人提早垮了。1970 年 11 月 15 日，王进喜因胃癌晚期不幸病逝，年仅 47 岁。

　　临终前，他用颤抖的手取出一个小纸包，交给守候在床前的一位领导。纸包里面是他住院以来组织给他的补助款和一张记账单，一笔一笔记得清清楚楚，一分也没有动。王进喜说："这笔钱，请把它花到最需要的地方去，我不困难。"

曾经发出"宁肯少活20年，拼命也要拿下大油田！"誓言的王进喜，把自己的一生奉献给了祖国的石油事业。

三、劳模精神的形成与发展

回溯历史，我国的劳模评选制度始终与国家建设同频共振，主要分为四个阶段，即萌芽形成时期（1931—1949年）、初步发展时期（1950—1976年）、变革创新时期（1977—2012年）和光荣绽放时期（2013年至今）。伴随评选制度在各个时期的调整，劳模精神也被赋予更加丰富和多言的时代内涵。

1. 萌芽形成时期：自己动手、丰衣足食

劳动模范评选最早产生于中华苏维埃共和国临时中央政府时期的群众性劳动竞赛中。20世纪30年代初，为保卫和巩固红色政权、发展苏区生产、改善自身经济条件和生活条件，党中央决定在中央苏区开展群众性劳动竞赛，领导人民用已有的生产资料和生产手段，自觉自愿地开展群众生产活动。广大劳动群众积极响应政府号召，以冲锋战斗的英勇精神，你追我赶开展工作。他们主动延长工作时间，提高劳动强度，改进工作方法，努力增加生产，把生产劳动的热情提到了新高度。1934年3月，时任中华全国总工会苏区中央执行局委员长刘少奇，在《用新的态度对待新的劳动》中写道："把那些真正的突击队员——劳动的英雄们，列在红板上去！极大地在群众中奖励他们。因为他们是革命战争中生产战线上的先锋与模范。"中央苏区开展的劳动竞赛持续了三年左右。虽然时间不长，但是通过竞赛评选劳动模范和先进模范单位的创造性办法影响深远，劳动模范充分发挥带头作用，推动了生产力的发展。进入全面抗日战争时期，毛泽东发出"自己动手，丰衣足食"的号召并制定了"发展经济，保障供给"的方针。在借鉴苏联"斯达汉诺夫运动"和总结土地革命时期革命竞赛经验的基础上，中国共产党领导各抗日根据地军民陆续开展轰轰烈烈的军民大生产运动。其间，官兵上下、军民之间，同心协作，涌现出一大批劳动英雄和模范农户，延安农具厂工人赵占魁（图4-3）便是其中的优秀代表。

1942年下半年，陕甘宁边区政府要求各抗日根据地公营工厂开展"赵占魁运动"。这场运动的开展，极大激发了工人的生产热情，促进了陕甘宁边区工业生产的迅速发展，"兵工事业开拓者"吴运铎、"炮弹大王"甄荣典等都是这一时期产生的劳动模范。1943年11月26日至12月16日，陕甘宁边区第一届劳动英雄代表大会在延安召开，以多种形式表彰劳动英雄。毛泽东等党和政府领导人亲切接见劳模代表，劳模们受到"空前未有的

图4-3 赵占魁

尊重"，"劳动光荣"的号召更加深入人心。1945年1月，毛泽东在《必须学会做经济工作》中对劳动模范给出了这样的评价："你们有三种长处，起了三个作用。第一个，带头作用。……第二个，骨干作用。……第三个，桥梁作用。……"

2. 初步发展时期：艰苦奋斗、无私奉献

中华人民共和国成立初期，百废待兴。各行各业的劳动者积极响应国家号召，投身于建设新中国的伟大洪流中。这一时期涌现出了"铁人"王进喜、"两弹元勋"邓稼先、"知识分子的杰出代表"蒋筑英等一大批先进模范，他们带动广大群众艰苦奋斗、奋发图强，为经济社会发展作出杰出贡献。1950年9月，全国工农兵劳动模范代表会议在北京召开。此次会议可看作对民主革命时期劳动运动的一次大检阅。这一时期评选出来的劳模来自工、农、教、文、卫、体等各条战线，既有熟练掌握操作技能的生产能手，又有平凡岗位上成就卓著的先进标兵。这种有目的、有组织的评选和宣传，既凸显了工人阶级作为领导阶级的政治地位，也对全社会劳动者起到动员作用，实现了"艰苦奋斗、无私奉献"劳动价值观的广泛传播，对国家的经济社会发展起到了重要促进作用。在第二个五年计划前期，劳模评选活动因政策调整而暂停，之后因政治因素长期中止。

3. 变革创新时期：勇于突破、敢为人先

1977年，劳模评选工作迅速恢复。从1977年到1979年，国家进行了五次劳模表彰。短短两年内密集表彰劳模，主要是因为国家经济社会发展遭受巨大创伤，迫切需要发挥劳动模范的引领作用，带动全社会艰苦奋斗、发展经济，推动社会主义现代化建设。

在这一阶段，判断一个职工是不是模范、一个集体是不是先进，归根到底要看其在生产力发展方面是不是起了显著作用，对社会主义建设是不是作出了较大贡献。具体在评选范围上主要包括4类人员：对超额完成全国先进定额和计划指标有重大贡献者，在完成生产建设任务、实现增产节约方面有重大贡献者，在生产技术上有重大改革或有重大合理化建议者，在创造发明、科学研究方面有重大贡献者。随着"知识分子是工人阶级的一部分"方针的明确，袁隆平、陈景润等知识分子和科研工作者成为劳模队伍中的新成员。

4. 光荣绽放时期：民族的精英、人民的楷模、共和国的功臣

进入新时代，中共中央、国务院先后召开了全国劳动模范和先进工作者表彰大会，劳模精神迎来光荣绽放。

虽然在不同的历史发展阶段，由于社会生产力发展水平、经济发展程度和劳动价值导向的不同，劳动模范的评选标准、评选范围、评选条件有所区别，劳模精神内涵被赋予不同的时代元素，但是劳动模范作为坚持中国道路、弘扬中国精神、凝聚中国力量的楷模，他们引领全国各族人民投身于社会主义建设事业的导向作用从未改变。

躬身践行

制作微视频"我身边的劳动模范"

【劳动任务】

制作有关劳模精神的微视频：发现身边的劳动模范，调查了解劳动先进事迹，将其制作成时长为 5 ～ 10 分钟的微视频，视频内容要有劳模的先进事迹，展现劳模精神对当代大学生的影响。以班级为单位对微视频进行评选。

【劳动分组】

全班学生以 4 ～ 6 人为一组进行分组，各组选出组长并进行任务分工，将小组成员及分工情况填入表 4-1 中。

表 4-1 小组成员及分工情况

班级			组号		指导教师	
小组成员	姓名	学号		任务分工		
组长						
组员						

【劳动准备】

（1）掌握摄影的方法。

（2）掌握与人沟通的技巧。

（3）准备摄像机、三脚架等摄影工具。

【劳动计划】

小组商议，制订出具体的工作计划，并填入表 4-2 中。

表 4-2 工作计划

步骤	工作内容	时间安排	负责人
1			
2			
3			
4			
5			

【劳动实施】

按照劳动计划，将具体的实施情况记录在表 4-3 中。

表 4-3 实施情况

时间安排	实施步骤
	选择本组要拍摄的劳动者

续表

时间安排	实施步骤
	讨论本组的摄影方案
	活动过程中遇到的问题及解决方式
	摄影方案的实施效果
	整理素材，选择最合适的摄影作品在班级进行展示，让同学们体会普通劳动者的风采，并为自己所做的事情感到骄傲

【劳动评价】

教师可参考表 4-4 对各小组的活动进行评价。

表 4-4　活动评价表

项目名称	评价内容	分值	评价分数		
			自评	互评	师评
素养评价 20%	分工合理，具备团队精神，能够积极与他人合作	10 分			
	积极、认真参加实践任务	10 分			
技能评价 30%	活动策划方案实用	10 分			
	活动实施效果佳，给观看者带来了感动	10 分			
	按时完成实践任务	10 分			
成果评价 50%	摄影作品主题鲜明、构图合理	20 分			
	摄影作品中的劳动者真实、自信	20 分			
	摄影作品有感染力	10 分			
合计			100 分			
总评	自评（20%）+ 互评（20%）+ 师评（60%）=		综合等级：	教师（签名）：	

任务二　劳模精神践行

一、培育新时代劳动观

劳动是中华民族的传统美德。当代大学生应积极传承并弘扬劳模精神，向劳模学习，向劳模看齐，加强劳动意识，确立崇尚劳动、尊重劳动、劳动光荣和劳动最美的价值观，在日常生活和学习中实践社会主义核心价值观。当代大学生应以劳模为榜样，首先，立足现实，端正劳动态度，培养劳动习惯，增强劳动情感，提高劳动实践能力，坚决反对一切不劳而获和贪图享乐的错误观念；其次，继承并发扬勤俭节约、乐于奉献、勤于创造的传统美德；最后，通过辛勤劳动、诚实劳动、创新性劳动，用习近平新时代中国特色社会主义思想武装头脑，弘扬劳模精神，传承革命精神，继承红色基因，砥砺前行，不辜负历史、时代和人民的期望。当代大学生应成为能够承担民族复兴大任的时代新人，成为党的事业的接班人、民族复兴的主力军。在生活和学习中，应学习劳模身上的优秀品质，以敬业精神奋发向上，坚定奋斗信念，培养勤俭美德。培育新时代的劳动观，就是在新时代凝聚崇尚劳动、热爱劳动的主流价值观，树立劳动创造财富、劳动创造幸福、劳动创造未来的观念，以及奋斗的青春最美丽的观念。只有在劳动中培育新时代的劳动观，才能真正理解劳动的意义，真正尊重劳动者，全心全意投入所从事的行业，以勤劳之水滋养奋斗之花，在平凡中创造不平凡，不辜负时代赋予的使命与责任。

二、激发劳动热情

劳动是人类存在的本质方式，每个人的成长都与劳动紧密相连。劳动不仅创造财富，更是幸福生活的根本源泉。它塑造了社会，推动了时代的进步，而这一切都离不开广大劳动人民的不懈努力。今天的幸福生活正是建立在人民勤劳工作之上的。作为新时代的大学生，应当将个人理想与实现中华民族伟大复兴的中国梦相结合，培养敢于担当、勇于奋斗、乐于奉献、勤于创造的劳模精神。从身边的小事做起，尊重劳动、热爱劳动，并将其融入学习和生活之中。大学生可以在以下几个方面作出努力：首先，从日常生活中的劳动开始，甚至可以承担更多的生产劳动、服务性劳动及专业劳动。良好的劳动习惯源于日常小事，作为家庭和学校的一员，大学生应该认真对待每份家务和学校劳动，在劳动中体验辛勤，尊重劳动成果，从而更加珍惜生活。其次，要在劳动中发现其益处，体验劳动带来的快乐，进而培养对劳动的尊重和热爱。通过共同劳动，增进家庭和人际关系的和谐，学会尊重他人、感恩，并增强责任感。最后，要以民族复兴为己任，以劳模精神激励自己，增强使命感，勤奋劳动，积极投身于全面建设社会主义现代化国家的伟大事业中。

三、用实际行动践行劳模精神

劳动，是最光荣的事；劳模，是最可爱的人。一代又一代的劳动人民用勤劳的双手推动了历史的发展，创造了幸福的生活；时代孕育出的劳模如同一颗颗闪耀的红星，引领着劳动人民奋勇向前，这就是榜样的力量。

1. 从小事做起，尊重劳动者

要学习劳模精益求精、一丝不苟的工匠精神和追求卓越、忘我拼搏的奉献精神；要从心底尊重劳动者，更要从日常细节上尊重他们的劳动成果，如不乱扔垃圾、不随地吐痰的行为就是尊重劳动者的一种自觉体现。

2. 树立看齐意识，化为具体的实际行动

社会主义是干出来的，无论身处哪一个岗位，都要爱岗敬业，不怕辛苦，发扬"一颗螺丝钉"的精神，干好自己的本职工作。榜样的力量是无穷的，不仅要向劳模看齐，更要争当"排头兵"，让自己也成为别人学习的楷模，在历史的洪流中留下一抹最亮的色彩。要身体力行地大力弘扬劳模精神，做劳模精神的践行者，做新时代的奋斗者，以劳动托起中国梦，用自己的双手去描绘新时代的宏伟蓝图，去创造更加辉煌的未来。

3. 不同时代劳模精神的共同点

劳模精神简洁而深刻地展示着一个时代的人文精神的演进与发展，凝重而浪漫地体现着一个民族的时代思想与情愫。劳模所体现出来的人文精神，代表着一个时代的价值观、道德观和精神风貌，展示了中华民族顽强拼搏、自强不息的崇高品格，体现了中华民族与时俱进、开拓创新的精神风貌。

随着时代变迁，每一个时期的劳模都具有不同的内涵和特点，但他们又有共同点，那就是主人翁责任感和艰苦创业精神、忘我的劳动热情和无私奉献精神、良好的职业道德和爱岗敬业精神，这些集中体现了中国工人阶级的先进思想和精神风貌的优秀品质。劳模精神是引领时代创造社会价值的动力。

4. 学习劳模的基本要求

劳模作为工人阶级的优秀代表，是时代的引领者，在工作生活中发挥了先锋和排头兵的作用，他们以辛勤劳动、诚实劳动和创造性劳动，持续推动着社会进步、国家发展和民族复兴。劳模精神作为劳动模范的思想内核、行动指南和精神灯塔，成为推动时代前进的强大精神动力，充分体现了工人阶级先进性的主体地位，彰显了工人阶级的伟大品格，推动了工人阶级的成长进步。

学劳模，学什么？随着时代的发展，劳模被赋予了越来越多的时代内涵和元素，但无论是生产者还是创业者，无论是比表现还是比贡献，无论是讲精神作用还是讲经济效益，劳模的核心价值都是始终不变的：一种爱岗敬业、勇于创新、甘于奉献的精神；一种对职业、对社会、对国家的道德感、责任感和使命感。

劳模所表现出来的品质和精神状态需要全社会广泛深入的学习。在思想上，要坚定忠于所从事的职业，对待工作要有责任心和使命感，热爱自己选择的事业，培养无私奉献的优秀品质。在工作中，要善于沟通，拉近与同事和客户之间的距离，得到他们的信任，同时不断提升自己的专业素养。在生活中，要坚持发扬艰苦奋斗、勤俭节约、尊老爱幼、乐于助人的优良传统，力争做一名行业的先进工作者。大学生是新时代的建设者和参与者，应当以一种学习劳模、尊重劳模、崇尚劳模、争当劳模的精神去诠释先进工作者的含义，以一种默默无闻、甘为孺子牛的心态做服务社会的先锋。

四、争做"四有"新人

1. 有理想

理想是人生的奋斗目标，是推动民族前进的精神动力。缺乏理想，便失去了希望；而没有希望，则缺乏实现理想的力量。坚定的理想信念构成了人生的精神支柱，是完成工作、战胜困难、开拓创新的不竭动力源泉。

理想与现实之间存在着辩证的内在联系。理想植根于现实，是对现实的一种映射；同时，理想预示着未来的现实，现实则是理想的基石。那些无法转化为现实的理想，或是与现实脱节的理想，都是毫无价值的。正确处理理想与现实的关系至关重要，既不能用理想来否定现实，也不能用现实来否定理想。对于广大人民群众而言，只有脚踏实地，专注于自己的工作并深入研究，才有可能实现个人的理想。

大学生应自觉地用中国特色社会主义理论体系来武装自己，提升执行党的路线方针政策的自觉性，推动改革开放，促进经济的发展，维护社会的稳定；要深入了解中国的国情，增强民族自豪感和历史责任感，将爱国、爱民、爱岗敬业紧密结合起来，为各项事业的发展贡献更多力量；要树立正确的世界观、人生观、价值观，胸怀全局、志向远大，严于律己、弘扬正气。

2. 有道德

党的二十大报告指出，实施公民道德建设工程，弘扬中华传统美德，加强家庭家教家风建设，加强和改进未成年人思想道德建设，推动明大德、守公德、严私德，提高人民道德水准和文明素养。统筹推动文明培育、文明实践、文明创建，推进城乡精神文明建设融合发展，在全社会弘扬劳动精神、奋斗精神、奉献精神、创造精神、勤俭节约精神，培育时代新风新貌。

培养劳模精神，必须大力倡导爱国主义、集体主义、社会主义，以及艰苦奋斗的精神。要妥善处理个人、集体与国家利益之间的关系，做到识大体、顾大局，自觉地将个人利益置于集体利益之下，将眼前利益服从于长远利益，局部利益服从于整体利益。将为人民服务视为人生最有价值的追求，自觉抵御拜金主义、享乐主义和个人主义等不良思想的侵蚀，持续提升思想道德修养，在社会中成为良好公民，在家庭中成为优秀成员。

培养劳模精神，特别要注重职业道德。职业道德是个人职业态度、奋斗目标、工作目的、事业责任心及劳动积极性的集中体现。它涵盖了爱岗敬业、诚实守信、公正办事、服务群众和奉献社会等核心要素。要培养出高尚的职业道德，关键是在自己的岗位上持续自觉地以高尚的职业道德标准来约束自己的行为，激励自己追求卓越，创造杰出的业绩。

3. 有文化

单纯的勤奋、实干和无畏牺牲，仅能代表劳模精神的一部分。在科技不断进步的当下，劳模精神还应涵盖创新、智慧和技术等多方面。现代劳模是坚定的知识追求者，在知识社会和新经济背景下，他们深刻认识到"知本"与资本增值之间的联系，非常重视个人的人力资源投资和实践经验知识的积累，并将其最大限度地转化为工作中的资本优势，从而在知识更新的过程中，将自己塑造成为多技能的劳动专家。同时，劳模运用先进的科学知识和劳动技能，激励和引导他人积极进取、勤奋学习、深入研究，创造出更多的个人价值和社会价值。

"工欲善其事，必先利其器。"学习是文明传承的途径、人生成长的阶梯、国家兴盛的关键，是丰富人民群众精神家园的重要方式。现如今劳动分工日益精细化，技术含量不断提升，竞争越发激烈，这要求每个人在文化知识、业务水平、技术素质方面达到更高的标准。因此，人们必须勤奋学习、善于思考，掌握科学知识，树立科学精神，学会科学方法，立足本职工作，学习文化、科技、管理知识，不断提升自身的科学文化技术水平、岗位技能和业务素质，以成为岗位上的技术能手，从而适应竞争、追赶先进、开拓创新。

4. 有纪律

纪律和规则是确保我们在工作中避免错误的关键。缺乏坚定的纪律观念和规则意识，可能会引发责任心缺失、作风松散、不作为或乱作为等问题，甚至可能导致违法乱纪、腐败堕落。常言道："无规矩不成方圆"，严格的纪律是确保工作顺利进行的保障。只有树立坚定的纪律观念，坚守原则，时刻审视自己的言行，服从组织，听从指挥，聚焦中心，服务大局，对党和人民及对自己负责，才能真正地热爱并敬业于自己的岗位，确保工作既正确又高效。

劳模的成立过程

从山西矿工到全国劳模 越努力越幸运

📂 **劳动故事**

勇于担当，甘于奉献——时代楷模黄文秀

黄文秀被称为"中国共产党的女儿"，她从北京师范大学硕士毕业后回乡工作。2018年担任广西壮族自治区百色市乐业县百坭村的驻村第一书记。黄文秀的家庭并不富裕，父亲身患重病，重重压力之下，黄文秀却总是乐观开朗、积极向上。"我来自广西贫困山区，我要回去，把希望带给更多父老乡亲，为改变家乡贫穷落后面貌尽绵薄之力。"

提交入党申请书时，她说："只有把个人的追求融入党的理想之中，理想才会更远大。一个人要活得有意义，生存得有价值，就不能光为自己而活，要用自己的力量为国家、为民族、为社会作出贡献。"

响应组织的号召时，她说："很多人从农村走了出去就不想再回去了，但总是要有人回来的，我就是要回来的人。"

在驻村期间，她常说："作为驻村第一书记，不获全胜，绝不收兵！""每天都很辛苦，但心里很快乐。"

她在"扶贫心得"中这样写道："在我驻村满一年的那天，我的汽车仪表盘的里程数正好增加了两万五千千米，我简单地发了一个朋友圈：'我心中的长征，驻村一周年愉快。'"

2018 年，黄文秀带领全村通过易地扶贫搬迁脱贫 18 户 56 人，教育脱贫 28 户 152 人，发展生产脱贫 42 户 209 人，共计 88 户 417 人，贫困发生率从 22.88% 降至 2.71%。

她刚上任时，发现现实情况比想象的更复杂：该村建档立卡贫困户 103 户 474 人，贫困发生率 22%，是深度贫困村。贫困户不让她进家门，她就去两次、三次；贫困户不在家，她就去田里，边帮他们干农活边聊天。黄文秀深知群众要脱贫，增收是硬道理，村经济发展了，人民群众的收入提高了，驻村扶贫的作用才能充分体现出来。她手绘"民情地图"，组建"超强战队"，深深扎根于泥土，将百姓时刻放在心里。她把青春最美丽的花朵开在了祖国最需要的地方。她坚持扶贫与扶志相结合，注重乡风文明建设，成立"乡村振兴、青年作为"小志愿者服务队，开展村规民约吟诵比赛和文明家庭评选活动。百坭村获得百色市 2018 年度"乡村文明"红旗村荣誉称号。

2019 年 6 月中旬，连日的暴雨导致百坭村部分灌溉渠被冲毁，使村民精心培育的水稻秧苗无法及时移栽到稻田中，黄文秀感到非常焦虑。2019 年 6 月 14 日，黄文秀与村里的其他干部分头进行勘查，评估了被毁坏水渠的损害程度和修复所需的费用。

大家经过商议决定，在下周一的乐业县扶贫工作会议上向领导详细汇报，以便尽快协助村民解决灌溉渠的修复问题。2019 年 6 月 16 日，为了保障村里群众的生命财产安全，她提前返回村庄部署抗洪工作，甚至没有时间与身患重病的父亲共度父亲节，便连夜赶回百坭村。晚上 11 点，随着暴雨的加剧，通往乐业县的山路被突如其来的山洪淹没。

在黄文秀拍摄的视频中，可见前方路面已深陷积水之中，黄文秀在车中进退维谷。然而，她决定继续前行，因为此时百坭村正遭受暴雨侵袭，前方还有翘首以待的村民们。在途经凌云县时，黄文秀遭遇山洪失联。2019 年 6 月 18 日，搜救人员在下游河道发现几具遗体，经过指纹比对，确认黄文秀不幸牺牲。

📖 躬身践行

劳动模范进校园

【劳动任务】

（1）邀请进校园的劳动模范、大国工匠或行业先进工作者，近距离接触劳动模范、大国工匠或行业先进工作者，感受劳模精神、劳动精神、工匠精神。

（2）通过与劳动模范、大国工匠或行业先进工作者的互动交流，结合个人成长经历，认真体会、深入思考和感悟劳模精神、劳动精神、工匠精神的丰富内涵。

（3）制订活动方案，确定活动时间、地点，明确宣传、接待、现场会务、安全保障等责任分工。

（4）学生认真聆听，做好笔记；活动负责人做好现场协调工作，宣传人员负责现场摄影摄像工作。

（5）报告结束后，安排现场互动交流。

（6）活动结束后，学生撰写活动总结，阐述感悟与收获，并与其他同学分享。

【劳动分组】

全班学生以 4～6 人为一组进行分组，各组选出组长并进行任务分工，将小组成员及分工情况填入表 4-5 中。

表 4-5　小组成员及分工情况

班级		组号		指导教师	
小组成员	姓名	学号		任务分工	
组长					
组员					

【劳动过程】

（1）将学生分成每组 4～6 人的活动小组，通过小组内部讨论形成小组观点。

（2）每个小组选出 1 名代表陈述本组观点。

（3）教师对各组观点进行分析、归纳、总结。

（4）教师根据各组在研讨过程中的表现，给予点评并赋分。

【劳动计划】

小组商议，制订出具体的工作计划，并填入表 4-6 中。

表 4-6　工作计划

步骤	工作内容	时间安排	负责人
1			
2			
3			
4			
5			

【劳动实施】

按照劳动计划，将具体的实施情况记录在表 4-7 中。

表 4-7 实施情况

时间安排	实施步骤
	选择本组要讨论的核心主题
	讨论本组的方案
	活动过程中遇到的问题及解决方式
	学习活动的实施效果
	整理素材，让同学们体会学习心得

【劳动评价】

教师可参考表 4-8 对各小组的活动进行评价。

表 4-8 活动评价表

项目名称	评价内容	分值	自评	互评	师评
素养评价 20%	分工合理，具备团队精神，能够积极与他人合作	10 分			
	积极、认真参加实践任务	10 分			
技能评价 30%	活动策划方案实用	10 分			
	活动实施效果佳	10 分			
	按时完成实践任务	10 分			
成果评价 50%	讨论学习主题鲜明	20 分			
	分享学习心得	20 分			
	讨论话题有感染力	10 分			
合计		100 分			
总评	自评（20%）+ 互评（20%）+ 师评（60%）=	综合等级：	教师（签名）：		

项目五
工匠精神

学习目标

1. 了解工匠精神的概念及内涵，熟悉工匠精神的主要表现。
2. 了解工匠精神的发展，掌握践行工匠精神的方式。

素质目标

1. 通过不断的学习、探索和实践，不断提高自己的技艺水平和创新能力，以满足更高标准的要求。
2. 敢于挑战传统、勇于尝试新的方法和思路，以创新的思维和行动推动个人与社会的进步。
3. 学会与他人合作、学会倾听和表达自己的想法，以良好的团队协作和沟通能力推动工作的顺利进行。

任务一　工匠精神概述

一、工匠精神的概念及内涵

（一）工匠精神的概念

工匠，辞海的解释为"手艺工人"。其中，"工"是"精""巧"的意思，也就是精于技艺、巧于动手；"匠"是掌握技艺、技能的人。也就是说，工匠并非一般的匠人，而是指能工巧匠。

工匠是一个被人们尊崇的名号。因为工匠既要制作产品，还要完善产品，更要创造产品，以满足人们日益丰富的生活需要。因此，工匠兼具发明创造、技术改革、生产制作等多重职责。

工匠精神，重点不仅在于"工匠"，更在于"精神"。中国哲学对工匠精神有着深刻的认知，即"道技合一"或"匠工蕴道"。其中，"道"是中国哲学最高一层的概念，代表着天地与人间社会的规律或准则（天道、人道等）。因此，工匠精神实际上是通过刻苦训练和反复实践，使技艺臻于完美的境界，从而实现对劳动对象自然机理之道的深刻把握。在西方文化中，工匠精神是一种伦理德性精神，一切发自人的内在良好品格、精益求精的态度，以及持之以恒的探索创新行为，都是内在德性的展现。具备内在德性的劳动者会付出千百倍的努力，熟练并掌握所从事的技艺，并不断奉献出精雕细琢的作品，为社会提供极致的、完美的享受。

如今，工匠精神代表着一个时代的精神气质，这不仅是劳动者对材料、工艺、造型，以及背后承载的文化精神的坚守与传承，更是对作品锐意创新和精益求精的态度与品质。可以说，工匠精神是社会文明进步的重要尺度，也是推动社会不断进步的重要动力。

（二）工匠精神的内涵

工匠精神包括爱岗敬业的职业精神、精益求精的品质精神、协作共进的团队精神、追求卓越的创新精神4个方面的内容。其中，爱岗敬业的职业精神是根本，精益求精的品质精神是核心，协作共进的团队精神是要义，追求卓越的创新精神是灵魂。

1. 爱岗敬业的职业精神

爱岗敬业是爱岗和敬业的合称，两者互为表里，相辅相成。爱岗是敬业的基础，而敬业是爱岗的升华，是工匠精神的力量源泉。爱岗敬业是中华民族的传统美德，是一份崇高的精神，是劳动者具备工匠精神的基本标准。早在春秋时期，孔子就主张人在一生中始终要做到"执事敬""事思敬""修己以敬"。"执事敬"是指行事要严肃认真、不怠慢；"事思敬"是指临事要专心致志、不懈怠；"修己以敬"是指个人要加强自身修养以保持恭敬谦逊的态度。此外，敬业精神指的是无论喜欢还是不喜欢这个职业，都应该将分内工作做到自己能力范围内的极致。一个敬业乐业的人，在工作上一定能做到事无巨细，事必躬亲，都会以百分之百的注意力来执行任务，以认真、诚恳的态度来完成工作，从不掉以轻心。因此，具有敬业精神的人，能够发自内心地热爱自己的职业，有自己的职业坚守，哪怕这种职业并没有给他们带来实益、荣耀，也依然守持初心、自强不息、永不懈怠；具有敬业精神的人，能够恪尽职守、甘于奉献，对待工作秉承着严谨、恭敬的态度，能够专心致志地开展工作。

2. 精益求精的品质精神

精益求精是从业者对每件产品、每道工序都凝神聚力、追求极致的职业品质。所谓精益求精，是指已经做得很好了，还要做得更好，"即使做一颗螺钉也要做到最好"。正如老子所说："天下大事，必作于细。"在工作中全力以赴，忍受孤独，勇敢面对挑战，竭尽全力完成职责所在。唯有全心投入，方能在岗位上不断磨炼基本技能，熟练掌握操作细节。只有竭尽全力，才能在工作中持续学习，不断提升技艺、追求卓越，在每次实践锻炼中成

长、成才。工匠在制造产品时遵循一定的标准，这些标准往往追求完美。因此，工匠在制作产品的过程中必须严格遵循这些标准。"差之毫厘，谬以千里"，工匠全神贯注、竭尽全力地完成工作，不仅是其的职业准则，也是其卓越品质的体现。

3. 协作共进的团队精神

如果"爱岗敬业的职业精神""精益求精的品质精神"是传统的"工匠精神"中所具有的内涵，那么"协作共进的团队精神"主要体现于新时代的"工匠精神"之中。"协作"一词指的是团队成员之间分工合作的行为。与传统工匠的工作方式不同，新时代的工匠，特别是产业工人，他们的生产方式已经从手工作坊转变为大机器生产。工匠们所负责的工作仅仅是整个生产流程中的一小部分。以"复兴号"列车为例，一节车厢的生产涉及超过3 700道工序。这些工序复杂繁多，不可能由一个人独立完成，必须依靠车间或班组（团队）的协作来共同完成。团队合作的核心在于"协作共进"，而非单打独斗。因此，"协作"是现代"工匠精神"的核心要素。

4. 追求卓越的创新精神

工匠们在传承传统品德的同时，也要追随时代的脚步，锐意创新，善于运用新理论、新技术、新工艺、新方法，将工作推上一个新的台阶，是新时代"工匠精神"的内涵之一，甚至是新时代"工匠精神"的灵魂。创新是科技发展和社会进步的核心动力。面对社会发展的新需求、新问题和新挑战，劳动者必须持续改进技术、提升产品质量，从而化被动为主动，这是创新的关键所在。自古以来，那些热衷于创新和发明的工匠一直是推动世界科技进步的关键力量。在中华人民共和国成立初期，我国孕育出许多杰出的工匠，如倪志福、郝建秀等，他们为社会主义建设事业作出了巨大贡献。自改革开放以来，"汉字激光照排系统之父"王选，"中国第一、全球第二的充电电池制造商"王传福，以及致力于高铁研制生产的铁路工人和从事特高压、智能电网研究运行的电力工人等，都是工匠精神的杰出继承者。他们的努力使得"中国创新"再次对世界产生了深远的影响。

📂 **劳动故事**

中国建筑鼻祖、木匠鼻祖——鲁班

鲁班，姬姓，公输氏，名般。春秋时期鲁国人。"般"和"班"同音，古时通用，故人们常称他为鲁班。鲁班大约生于周敬王十三年（公元前507年），卒于周贞定王二十五年（公元前444年），生活在春秋末期到战国初期，出身于世代工匠的家庭，从小就跟随家里人参加过许多土木建筑工程劳动，逐渐掌握了生产劳动的技能，积累了丰富的实践经验。鲁班的名字实际上已经成为古代劳动人民智慧的象征（图5-1）。

大约在公元前450年以后，鲁班从鲁国来到楚国，帮助楚国制造兵器。他曾创制云梯，准备攻宋国，墨子不远千里，从鲁行十日十夜至楚国都城郢，与鲁班和楚王相互辩难，说服楚王停止攻宋。

木工师傅们用的手工工具，如钻子、刨子、铲子、曲尺、锯子（图5-2），画线用的墨斗，据说都是鲁班发明的。而每件工具的发明，都是鲁班在生产实践中得到启发，经过反复研究、试验出来的。这些木工工具的发明使当时的工匠们从原始、繁重的劳动中解放出来，劳动效率成倍提高，土木工艺出现了崭新的面貌。后来人们为了纪念这位名师巨匠，把他尊为中国土木工匠的始祖。

图 5-1　鲁班　　　　　　　　　　　图 5-2　鲁班发明的锯子

　　鲁班奖，全称为"建筑工程鲁班奖"，于 1987 年由中华人民共和国建筑业联合会设立。该奖项旨在表彰行业内的杰出成就，属于民间性质的荣誉。最初，每年的获奖名额限定为 20 个，伴随着一套详尽的评选流程、申报和评审程序，以及严格的评审纪律。评审工作由一个由 21 名成员组成的评审委员会负责，成员必须是拥有高级技术职称、精通工程专业技术，并且曾担任过相关专业技术职务的专家。1996 年 7 月，根据建设部的决定，将 1981 年政府设立并执行的国家优质工程奖与建筑工程鲁班奖合并，新奖项名称定为"中国建筑工程鲁班奖（国家优质工程）"，每年评选一次，奖励名额增至 45 个。到了 2000 年 5 月 15 日，中国建筑业协会发布了新的评选办法，将每年评选出的鲁班奖工程名额增加至 80 个。

二、工匠精神的主要表现

　　工匠指的是具备专业工艺技能的匠人。工匠精神不仅涵盖了精湛的技艺和卓越的能力，还包括了严谨、细致、专注和负责的工作态度，以及追求精雕细琢、不断追求卓越的工作理念。此外，它还体现在对职业的认同、责任感、荣誉感和使命感上。工匠精神主要体现在以下五个方面。

（一）执着专注

　　无论是德国、日本等技术发达国家的技术工人，还是我国的工匠，他们所体现的工匠精神中，执着专注是至关重要的一环。为了一个发明创造，为了一个工艺的改良，为了一个作品的问世，他们可以投入数小时、数日、数年，甚至毕生精力，全神贯注。这正是他们精神的核心，也是他们享誉世界的关键所在。

（二）作风严谨

无论古今中外，作风严谨是许多知名工匠共有的显著特征。他们以认真规范的态度对待工作，脚踏实地，一丝不苟，避免浮躁和投机取巧，不以金钱和职位为重。在面对社会的浮躁氛围时，他们能够坚守初心，不被外界纷扰所诱惑，坚持自己的标准，认真细致地工作，耐得住寂寞。

（三）精益求精

精益求精是中外工匠精神的一个共同特点。精益求精比喻已经做得很好了，还要追求更好。具体到工匠精神，是指在技术精湛的前提下，不骄傲，不满足，不得过且过，注重细节，精雕细琢，追求完美，追求极致。

（四）敬业诚信

敬业诚信是我国社会主义核心价值观中两个重要的方面。敬业意味着对工作的热爱与承诺。它要求劳动者热爱自己的岗位，尊重并履行自己的职责，全心全意地投入自己的事业中；不仅是将工作视为一种职业，更应视为一项事业，全情投入，爱岗敬业。正如古语所言，"知之者不如好之者，好之者不如乐之者"，只有真正热爱自己的行业、专业和岗位，我们才能全身心地投入工作，取得成就，成为行业中的佼佼者。在日常工作中，敬业体现为脚踏实地、勤奋工作、不计较个人得失、兢兢业业地完成本职工作；它还意味着淡泊名利、乐于奉献、坚持不懈。我们常说的吃苦耐劳、默默无闻、一丝不苟、精益求精、呕心沥血、鞠躬尽瘁、孜孜不倦、恪尽职守，都是对敬业精神的最佳诠释。诚信则意为诚实守信。它要求人们在一切事务中遵守职业道德，重视信誉，拒绝弄虚作假。

（五）推陈出新

社会的进步，很多是因为传承，但更多的是创新。墨守成规、因循守旧只能让社会原地踏步，甚至倒退。在传承的基础上进行创新，是工匠的责任。推陈出新就是去掉旧事物的糟粕，取其精华，并使它向新的方向发展。

🔊 **扩展阅读**

现代工匠

现代工匠是指从事现代机器生产的工业生产者（以技术工人和工程师为主）及相对应的传统手工业生产者。现代大工匠即高水平的工匠，包括工程师、建筑师、机械师、各类技术专家等。

　　大国工匠的现代意义包括大国工匠是"中国制造"走向"中国创造"的人才基石；大国工匠身处行业和企业的关键生产岗位，这个岗位所需要的技术、技能直接关乎产品品质；要将"中国制造"打造成高品质的代名词，需要一代又一代、一批又一批大国工匠的努力；大国工匠的自身素质直接决定着一个品牌的成果打造。

三、工匠精神的发展演变

1. 工匠精神的萌芽

　　据考证，在七八千年前的原始社会末期，人类就开始利用山石和木材制造劳动工具，随后将石器、木器、骨器等应用于种植、狩猎、伐木和开垦荒地。在原始社会解体的时期，人类经历了第二次社会大分工，手工业与农业分离，出现了专门从事手工生产的工匠，以及专业的个体工匠。原始社会文明的诞生始于人类开始制造工具，而使用工具则标志着工匠精神的萌芽。观察原始人的生活遗迹，可以清晰地看到精湛技艺的痕迹。例如，大汶口文化遗址出土的石器工艺品、龙山文化遗址出土的陶器工艺品、河姆渡遗址出土的象牙工艺品等，都体现了古代工匠的贡献。这些文化遗址是中华文化中的瑰宝，这些工艺品不仅为当时社会的生产生活提供了便利，也为后续工匠精神的形成奠定了坚实的基础。

2. 工匠精神的形成

　　随着社会生产力水平的提升，手工业的繁荣满足了人们对社会商品的需求。从事手工业的工匠种类日益繁多，社会对工匠的要求也在不断提升。对工匠的评价不仅限于技艺水平的高低，还包括道德品质，而儒家文化的发展则弥补了这一时期工匠精神在道德层面的不足。儒家文化强调道德品行的重要性，为封建时期工匠精神的发展提供了道德支撑，丰富了工匠精神的内涵。工匠们通过"师徒相传"的方式将技术和手艺代代相传，并传承了工匠精神。师徒关系与传统伦理紧密相连，手艺的传承常常是家族内部世代相继的过程。在人们思想逐渐成熟的过程中，这一时期的工匠精神不断进步和发展。尽管受到等级观念的限制，工匠精神的内涵经历了一些变化，但它始终承载着匠人传承技艺的重任，体现了匠人的职业尊严。

3. 工匠精神的衰落

　　近代以来，战火、兵祸导致匠人们流离失所，工匠精神的根基遭到破坏。此外，西方的经济模式严重冲击了中国自给自足的小农经济模式，导致工匠精神的发展受到严重阻碍，基本停滞。在现代早期，政治因素的影响也使工匠精神缺乏适宜的社会发展环境。

4. 工匠精神的复兴

　　在改革开放 40 多年的光辉历程中，中国取得举世瞩目的历史成就，中国制造业规模首屈一指，然而我国制造业竞争力不足的问题越来越凸显，发展遇到瓶颈，制造业亟待转型。基于此背景，人们呼唤工匠精神的回归。2016 年 3 月，时任国务院总理李克强在政府工作报告中提出"鼓励企业开展个性化定制、柔性化生产，培育精益求精的工匠精神，增品种、提品质、创品牌。""工匠精神"这一概念首次被纳入政府工作报告，激发了全社会的广泛关注和积极回应。在新时代背景下，重新倡导工匠精神显得尤为关键。中国正致力于加速建设成为制造强国和质量强国，培养大国工匠精神不仅有助于提升制造业的质量、技术和产业水平，促进产业优化升级，而且对于转变发展方式、提高发展质量、增强发展效益，以及打造世界级产品，将我国建设成为真正意义上的制造强国，都具有不可估量的价值。

📂 校园劳动实践

"大国工匠"周勇进校园 点燃学子"匠心梦"

为大力弘扬劳动光荣、技能宝贵、创造伟大的时代风尚，让工匠精神成为广大学生成长、成才的精神动力，11月23日上午，××职业学院举办"大国工匠进校园"报告会，邀请中国中车青岛四方机车车辆股份有限公司高级工程师周勇来校作专题报告（图5-3）。

图 5-3 "大国工匠"进校园

周勇是中国中车青岛四方机车车辆股份有限公司机车电工高级技师、高级工程师，享受国务院政府特殊津贴，曾荣获中华技能大奖、全国劳动模范、全国技术能手、国家级技能大师工作室领衔人、泰山产业领军人才等荣誉称号。现主要从事高速动车组及城轨地铁车辆质量保障、制造工艺研发和员工培训等工作。他自创施工"四易"工艺法，解决了一系列制造中的工艺难题，独创电气系统"两根"故障分析法，发现并解决了一系列因设计等原因造成的安全质量隐患。

周勇结合自身工作，就动车检修技术为师生奉献了一场专业针对性强、技术含量高、职业素养优的专题报告。他善于钻研、爱岗敬业、勤于学习、乐于奉献的敬业精神和执着专注、精益求精、一丝不苟、追求卓越的工匠精神，深深鼓舞了在场师生，为大家提供了强大的精神动力。

在互动交流环节，周勇对我校动车组检修技术专业建设和人才培养给予高度认可，同时鼓励学生立大志、明大德、成大才、担大任，脚踏实地苦练技能，为实现中华民族的伟大复兴贡献聪明才智，创造精彩人生。

📁 劳动故事

"深海钳工"管延安：拧过的 60 万颗螺丝零失误

2018 年 10 月 23 日，港珠澳大桥正式通车。这座被誉为"一桥连三地"的世纪工程，被国际媒体誉为"新世纪七大奇迹之一"。中交一航局第二工程有限公司的管延安，正是这座宏伟工程的建设者之一。他负责的 33 节巨型沉管和 60 多万颗螺丝的安装，创造了 5 年零失误的深海奇迹，因此被誉为中国的"深海钳工"第一人。

2013 年，远在青岛航修厂工作的管延安看到了港珠澳大桥岛隧工程建设项目招募钳工的通知。在得知这将是又一个向世界级难题挑战的机会后，他主动报名并顺利通过选拔，跟着自己的师傅和工友们来到了千里之外南海之滨的珠海牛头岛，成为港珠澳大桥岛隧工程建设大军中的一员。

在工程领域，最大的挑战之一是建设一条长达 5.6 千米的海底隧道。鉴于地质条件和生态保护的要求，港珠澳大桥的海底隧道采用了 33 节水泥沉管进行海底对接，对接过程中的误差必须控制在毫米级别，这无疑增加了工程的难度。管延安的主要职责是负责对接设备的安装、调试及维修工作。简而言之，他的工作就是确保每颗螺丝都拧紧到位。每节沉管包含超过两万颗螺丝，任何一颗螺丝的误差超过 1 毫米都可能导致漏水，这不仅会影响整个工程的质量，还可能危及 1 000 多名工作人员的安全。

在工作中练就一手绝活的管延安，仅靠一把扳手，就能保证一根沉管上的两万多颗螺丝间隙不超过 1 毫米。这样的间隙没办法用肉眼来判断，但管延安却通过一次次的拆卸和练习，创下了零缝隙的奇迹，同时也成了保障沉管隧道安全的最后一道生命线。

港珠澳大桥的 33 节巨型沉管，60 多万颗螺丝，练就了他安装零缝隙和"听"音辨隙的绝活，创造了 5 年零失误的深海奇迹，为世界首条"滴水不漏"的外海沉管隧道建设作出了贡献。

📖 躬身践行

"传承红色基因，弘扬奋斗精神"

【劳动任务】

开展"传承红色基因，弘扬奋斗精神"主体研学活动，参观革命历史文化景点，追寻革命先辈足迹；通过影像资料、文物等追寻历史，做到知史爱党、知史爱国，切身感受先辈们艰苦奋斗、不畏牺牲的革命精神。

【劳动分组】

全班学生以 5～6 人为一组进行分组，各组选出组长并进行任务分工，将小组成员及分工情况填入表 5-1 中。

表 5-1　小组成员及分工情况

班级		组号		指导教师	
小组成员	姓名	学号	任务分工		
组长					
组员					

【劳动准备】

（1）成立活动筹备组，负责活动的策划、组织、实施等工作。

（2）加强与相关部门的沟通协调，确保活动顺利进行。

（3）提前做好活动场地、设备、物资等准备工作。

【劳动计划】

小组商议，制订出具体的工作计划，并填入表 5-2 中。

表 5-2　工作计划

步骤	工作内容	时间安排	负责人
1			
2			
3			
4			
5			

【劳动实施】

按照劳动计划，将具体的实施情况记录在表 5-3 中。

表 5-3　实施情况

时间安排	实施步骤
	选择本次活动的革命圣地
	了解革命圣地的历史背景
	参观革命圣地，认真聆听

续表

时间安排	实施步骤
	活动过程中遇到的问题及解决方式
	活动结束后，组织学生进行经验总结和评估，倾听学生的反馈和建议，为今后研学活动的改进提供参考

【劳动评价】

教师可参考表 5-4 对各小组的活动进行评价。

表 5-4 活动评价表

项目名称	评价内容	分值	评价分数		
			自评	互评	师评
素养评价 20%	分工合理，具备团队精神，能够积极与他人合作	10 分			
	积极、认真参加实践任务	10 分			
技能评价 30%	活动策划方案实用	10 分			
	活动实施效果佳	10 分			
	按时完成实践任务	10 分			
成果评价 50%	活动期间保持人员井然有序，活动前对学生进行安全教育，强调注意自身安全和保护环境	20 分			
	提前与当地相关部门进行沟通，确保活动的顺利进行	20 分			
	配备专业的导游和工作人员，组织活动的实施和开展	10 分			
合计		100 分			
总评	自评（20%）+ 互评（20%）+ 师评（60%）=	综合等级：	教师（签名）：		

任务二 工匠精神践行

一、从思想上加强价值引领

国无德不兴，人无德不立，正所谓"大学之道，在明明德，在亲民，在止于至善"。工匠精神展现的就是"德"，是每个人都应该学习的一种崇高精神。因此，高校在培育大学生工匠精神的过程中应坚持以价值为引领，在贯彻落实党的二十大精神的同时，将工匠精神贯穿立德树人的全过程。坚持价值引领是沿着正确的方向促进大学生全面发展和自我实现的现实需要，是培育大学生工匠精神的时代呼唤，更是高校全面打造、培育工匠精神的能动因素。

在新时代背景下，培育具备工匠精神的高素质人才，最根本的就是要坚守社会主义价值信仰，即坚守我国社会主义性质，培育的社会主义事业的建设者和接班人也应当是具有社会主义价值信仰的"大国工匠"。因此，培育大学生工匠精神应明确目标，加快构建"大国工匠"人才制度体系，锻造合格的"工匠"。

具体来说，可以"以实践为抓手"，融入相应的思想教育。例如，可以将工匠大师、手工艺人、非遗传承人等民间艺人引入学校、请进课堂，发挥榜样示范和引领作用。央视新闻推出了八集系列节目《大国工匠》，讲述了不同岗位上的劳动者用自己的灵巧双手匠心筑梦的故事。这些故事都是鲜活的案例，高校要将各行各业的工匠大师聚集起来，讲述他们的故事，与学生亲切互动；工匠们的感人事迹和崇高精神能为大学生起到很好的示范作用，从而使大学生将工匠精神内化于心、外化于行。

二、从实践上发挥学校的主导作用

1. 鼓励政校企三方合作

高职院校培育工匠精神，就要为大学生提供更加广阔的平台施展才华。鼓励学校和政府合作共建教学实践基地，由政府牵头实施中外职业院校合作办学项目，实现双方资源共享和优势互补。学校要主动联系企业，促进校企合作，培养针对企业需求的应用型技术人才，将践行工匠精神落到实处。高职院校还可根据本校特色，建设劳动教育实践基地，开放劳动体验场所，促进大学生对劳动安全、劳动认知等课程内容的深度理解。学校在开展劳动教育时，形式要多样化，如举办劳动周活动，以劳动与教育有机结合的方式让大学生在感悟中成长。

2. 加强相关的课程建设

推进高职院校工匠精神培育工作，有利于培养高质量、高水平的技能人才，落实立德树人的根本任务。第一，制定工匠精神培育目标，合理设置课程。以课堂为主要渠道传播工匠精神，提高学生对工匠精神的认知和情感认同，同时，在各学科的课程思政中渗透工匠精神，激发他们自觉践行。第二，提高教师的师德水平，打造"双师型"教师团队。教师要在生活中自觉修身修为，除传道解惑外，还要把包含工匠精神在内的精神素养传递给学生，用高尚的人格、模范的言行影响他们。第三，增加实训室和实训基地数量，将课堂理论实践化。通过优化课堂教学环境，将价值塑造、知识传授和能力培养融为一体，实现全员、全过程、全方位育人。

3. 营造校园的育人氛围

校园是高职院校学生在读期间生活的地方，营造良好的校园育人氛围，弘扬爱岗敬业、诚实劳动的校园文化，可以帮助大学生树立正确的价值观，使其对崇德尚技文化认可和追随，从而不断精进技术，为国家和社会贡献自己的力量。学校可以针对不同的学生群体开展各类实践活动，搭建常态化的技能比拼平台，定期安排教师进行指导，形成师生参与、全员合作的互助氛围。大学生置身于能切实感受劳动精神和匠人情怀的环境中，既享受劳动带来的乐趣，又巩固劳动的果实，为将来走向社会储备能量。

三、争做优秀的技能人才

高职院校培育和践行工匠精神，不仅要优化外部环境，还要依靠大学生发挥自身的主观能动性，通过工匠精神培育意志品质、实践能力，坚持刻苦钻研、摸索总结，为将来成为一名优秀的技能人才打下坚实的基础。

1. 树立正确的职业观

工匠精神包含着工匠对自身职业深切的热爱和经年累月的付出。没有一步登天的成功，每个行业的工匠背后都有着不为人知的奋斗故事。树立正确的择业观和就业观，相信自己的职业选择，坚持在职业活动中兢兢业业、潜心修行，在技术上努力钻研、反复实践，不害怕失败，也不轻易放弃，争取在平凡的岗位上创造出不平凡的业绩，成为一名真正的工匠，传承并发扬工匠精神。

2. 积极主动学习专业

高职院校学生在学校期间，要找到职业兴趣，化被动为主动，认真学习专业知识，积极与学校老师、行业企业指导老师交流，将工匠精神内化于心；课外通过不断的实践，领悟专业知识的精髓，将工匠精神外化于行。而且要有意识地训练自己专注于精益求精的技能练习，熟能生巧，做到极致，在实践中体会工匠们对职业的高度忠诚和执着专一。

3. 胸怀爱国敬业情怀

高职院校学生要用一颗平常心看待劳动工作中的得与失，在思想上树立匠心意识，不断深化对工匠精神的认识，朝着成为优秀技能人才的目标而努力。在校期间，多参加人文素质课程的学习，养成"学一行、爱一行、专一行"的习惯，提高自己对艺术的审美情趣，从别人和自己的作品中感受爱家、爱校、爱国的情怀，将爱国情感转化为报国的行为，在优秀文化的历史传承中发扬工匠精神、践行工匠精神。

四、现代工匠的培养

现代工匠是指从事现代机器生产的工业生产者（以技术工人和工程师为主）及相对应的传统手工业生产者。现代大工匠即高水平的工匠，包括工程师、建筑师、机械师、各类技术专家等。现代工匠的教育与培养需要人教、业习、技练三者同抓并举。

1. 人教

人教即做人、成人之教。要成为优秀的职业人，首先必须学会如何做人。就个人而言，正直的品德是塑造正确价值观、人生观的基础，为人生的职业化发展提供源源不断的动力，使职业人生焕发光芒。就社会而言，职业道德与职业紧密相连，职业人的职业道德、情操、素养等始终影响着他们的从业态度、价值取向和职业行为，只有具备良好的职业道德，才能成就一番大事业。

职业院校如何贯彻实施培养全面发展的教育理念？可以通过通识教育、生活教育、人文关怀、育人环境的优化等多方面的共同努力，形成协同效应。特别是通识教育，在职业教育学制较短、系统性教育实施难度较大的情况下，应聚焦于提升公民素养、人文素养和职业素养。通过点状知识的扩展来拓宽学科的广度，并利用一般性知识和原理激发智慧，激发思考与思辨的灵感。采用灵活多变、兴趣驱动、自主学习的教学创新方法，确保学生的全面发展得到保障。人的教育力量是巨大的，只有在做人方面有了"定盘星"，成长的方向才能有"准确度"，职业发展才能拥有"核动力"。

2. 业习

业习泛指业务学习，这里特指专业学习。工匠及工匠精神的支柱之一就是在特定的职业和岗位上，既掌握知识理论又具备出色的实践能力，既能高效完成任务又能确保质量，成为真正的内行专家。在现代社会，业态的改良、技术的更新、跨学科的融合及综合化的发展特征尤为显著，这为现代工匠的素质提出了更高的要求。单一的工种无法建造航空母舰，仅凭信息技术也无法实现大物流的运作，现代工匠不仅需要具备核心的专业技能，还应拥有广泛的知识储备。

工匠教育的"业习"应当如何实施？关键在于聚焦专业领域和牢固理论基础。职业教育的核心是实施人才的分类培养，而专业性是职业人职业启航和职业化发展的关键轴线。因此，工匠教育必须从专业教育入手，确保专业设置与企业对人才的需求紧密对接，课程内容与专业核心能力相匹配。同时，加强理论学习是现代工匠素质的另一项重要要求。理论不仅是实践的指导和准则，也是推动工匠职业化持续发展的动力源泉。重视理论与实践相结合，一直是职业教育的基本理念。然而，目前职业院校中存在"轻视理论、重视实践"和"理论与实践脱节"的现象，这需要认真对待并加以改进。

贾磊：让技术改变中国社会

无人驾驶助力新疆沙湾 180 万亩棉花播种

3. 技练

技术训练属于专业技术能力应用的领域，特指对技术的系统训练。工匠教育必须是理论知识与实践技能有机结合的教育。工匠的培养不可能仅限于课堂讲授和书面作业，实践技能的掌握必须在实际操作中学习，在实训中锻炼。应用能力的提升只能在实践中实现，别无他途。职业院校的工匠教育是以职业化为核心，融合职业素养和技术技能的沉浸式教育，在真实的生产环境中实现理论与实践的结合、专业知识与专业文化的融合、专业能力与生产技术的共同提升。每个专业都有其特定的能力要求，应用性的实操能力是不可或缺的。技术训练教育必须立足于专业领域，深入研究，并以课程为媒介，有序地进行培养。技术训练的实施需要平台的支持，只有通过产业与教育的深度融合、协同育人，技术训练教育才能真正落到实处。

📁 **劳动故事**

高凤林：为火箭焊接"心脏"的人

焊接技术千变万化，为火箭发动机焊接，就更不是一般人能胜任的了，高凤林就是一个为火箭焊接"心脏"的人。

高凤林，首都航天机械有限公司特种熔融焊接工，高级技师（图 5-4）。他是一位航天特种熔融焊接工，长三甲系列运载火箭及长征五号运载火箭的第一颗"心脏"——氢氧发动机喷管，均在他的手中诞生。

图 5-4　高凤林

30 多年来，高凤林先后参与北斗导航、嫦娥探月、载人航天等国家重点工程及长征五号新一代运载火箭的研制工作，一次次攻克发动机喷管焊接技术世界级难关，出色完成亚洲最大的全箭振动试验塔的焊接攻关、修复苏制图 154 飞机发动机，还被丁肇中教授亲点，成功解决反物质探测器项目难题。高凤林先后荣获国家科技进步二等奖、全军科技进步二等奖等 20 多个奖项。

绝活不是凭空得，功夫还得练出来。

高凤林在用餐时利用筷子练习精确控制，饮水时则端起装满水的杯子锻炼手部稳定性，休息时举重铁块以增强耐力，即便在高温下也不忘观察铁水的流动特性；为了确保一次重要的科学实验成功，他的双手至今仍留有严重的烫伤痕迹；为了完成国家某重点攻关项目，他近半年的时间几乎每天都趴在冰冷的产品上工作，导致关节僵硬、青紫，他因此被同事们戏称为"与产品结了婚的人"。2015 年，高凤林荣获"全国劳动模范"称号。

高凤林凭借其卓越非凡的技艺及劳模特有的人格魅力和优秀品质，成了新时代高技能工人的时代标杆。

在金属上进行雕刻艺术——胡胜

胡胜是一位车床加工工人，是全厂车工中对刀具最精通的人（图 5-5）。为了国产预警机核心部件的生产，他使用数控机床必须将加工精度控制在 4 微米以内，这无疑是极大的挑战。

1 微米有多长？它是 1 毫米的 1/1 000，4 微米仅是一根蜘蛛丝直径的 1/3。

这台数控机床的极限加工精度是 10 微米。2012 年，胡胜必须用它做出精度为 4 微米的产品，这几乎是一项不可能完成的任务。

中国电子科技集团公司第十四研究所高级技工胡胜说道："这是一个要超越自己的任务，非常有乐趣，如果成功了，会有非常大的成就感，所以我准备挑战一下自己。"这是国产预警机相控阵雷达的一个核心部件，无法进口，只能自主生产。胡胜外号"胡一刀"，他是数控组中对刀具最精通的人。

面对 4 微米精度的挑战，胡胜反复对比、筛选，从种类繁多的刀具中谨慎、精准地选出 12 把。然后根据每把刀的切削参数，通过编程设定不同的切削速度、深度和进给量。

图 5-5　在金属上进行雕刻艺术——胡胜

一切准备就绪，这台 10 微米精度的机床在胡胜的操作下能否突破设定极限呢？直径公差 4 微米，胡胜做到了。

按照试车成功获得的数据，胡胜准备大干一场，然而问题出现了，第二天下午，用同样的方法做出的产品，精度误差超过 50%，完全成了废品。按照流程，胡胜重新检查了刀具、工序、机床温差系数、数控程序，全部符合预设标准。

一个蹊跷的误差引发了胡胜强烈的好奇心。他现在想知道，究竟是什么原因导致了加工过程中的精度不稳定。午后的阳光透过窗户照进车间。胡胜突然意识到，加工过程中刀具切削工件时产生的在线温度无法实时测量，很有可能是致命因素。

最难解决的是没有办法进行在线温度的实测。不知道它的温度到底是多少，那么这个热胀冷缩的公式，也就带不进去，现场测出来的数据是有误差的。

现在，胡胜必须用恒温实验来验证自己的想法。在 20 ℃的恒温实验室里，通过每半小时一次的反复定温测量，他要看看理论推算结果和实际温度变化带来的误差到底是多少。通过一次次对零件的实测，胡胜找到了理论推算与实际操作之间微妙的数值关系。现在只要在加工过程中提前把余量加入程序中，就能解决这个问题。

最终，在原本只能加工 10 微米精度的机床上，胡胜做出的这批产品精度达到了 3 微米的部件，超越了产品的工艺要求。

胡胜精心打造的金属件，为我国首个大型相控阵预警机雷达的稳定性和可靠性打下了坚实基础。苛刻的要求锤炼出过硬的专业技能，勇于探索的人，才能把不可能变为可能。

躬身践行

践行工匠精神，制作手工艺品

【劳动任务】

学习工匠精神给了我们很大的启发，为了更好地践行工匠精神，以小组为单位动手制作船舰模型。小组成员分工协作，绘制模型图纸，拟订制作计划，分工协作收集制作所需的材料。

【劳动分组】

全班学生以 4～6 人为一组进行分组，各组选出组长并进行任务分工，将小组成员及分工情况填入表 5-5 中。

表 5-5　小组成员及分工情况

班级		组号		指导教师	
小组成员	姓名	学号	任务分工		
组长					
组员					

【劳动过程】

（1）践行工匠精神，动手制作模型。

（2）模型材质不限，可以是塑料、木材、纸板等。

（3）将制作过程中遇到的问题和解决问题的方法整理并总结出来。

（4）小组讨论，分享制作过程中的感受，感知工匠精神的作用，利用手机、平板电脑、计算机搜索相关扩展资料，在 A4 纸上画出思维导图，阐述劳动内容、劳动价值和给予自己的启发，之后进行课堂分享。

（5）讨论时间：30 分钟。

（6）小组构成：4～6 人。

【劳动计划】

小组商议，制订出具体的工作计划，并填入表 5-6 中。

表 5-6　工作计划

步骤	工作内容	时间安排	负责人
1			
2			
3			
4			
5			

【劳动实施】

按照劳动计划，将具体的实施情况记录在表 5-7 中。

表 5-7　实施情况

时间安排	实施步骤
	准备制作模型的材料
	根据设计图纸，制作模型
	完成组装后，进行调试
	电子设备安装
	测试
	调整改进

【劳动评价】

教师可参考表 5-8 对各小组的活动进行评价。

表 5-8　活动评价表

项目名称	评价内容	分值	评价分数		
			自评	互评	师评
素养评价 20%	分工合理，具备团队精神，能够积极与他人合作	10 分			
	积极、认真参加实践任务	10 分			
技能评价 30%	活动策划方案实用	10 分			
	活动实施效果佳	10 分			
	按时完成实践任务	10 分			
成果评价 50%	对整个制作过程的评价	20 分			
	对学生态度的评价	20 分			
	对模型效果的评价	10 分			
合计		100 分			
总评	自评（20%）+ 互评（20%）+ 师评（60%）=	综合等级：	教师（签名）：		

项目六
劳动素养与劳动品质

⊕ 学习目标

1. 了解素养与劳动素养的概念，熟悉劳动素养的结构体系。
2. 了解大学生劳动素养现状及原因剖析，掌握大学生劳动素养的提升途径。
3. 熟悉劳动品质和劳动习惯的培养方式。

📋 素质目标

1. 培养吃苦耐劳、坚忍不拔、团结协作的劳动品质和职业劳动素养。
2. 乐于助人，乐于分享，愿意通过劳动为社会做贡献。
3. 通过参与社会实践活动，了解社会需求和问题，承担起应有的社会责任。

任务一　劳动素养

一、素养与劳动素养

1. 素养

素养是个体在长期教育和环境影响下形成的某一方面的稳定修养，涵盖能力、知识、态度和价值观。在特定情境中，人们学会综合运用知识、技能和态度来解决问题，体现了其在知识、态度和能力三个层面的综合表现。"素养"一词最早见于《汉书·眭两夏侯东翼李传》中的"马不伏历，不可以趋道；士不素养，不可以重国"。"素养"强调修习涵养，后天养成，是发展中的、动态的；"素养"涵盖知识、能力、态度、价值观等方面，是全方面的发展，培育学生素养有利于贯彻"立德树人"的教育目标；"素养"具有综合性的特征，基于学科发展以"学生"或"人"为主体，在教育过程中逐渐形成的知识、能力、态度等方面的综合表现。

在农业社会背景下，从古代延续至 20 世纪初，德行被认为是人才"素养"的首要标准。在教育哲学领域，素养被理解为正义、智慧、勇敢三者的结合体，苏格拉底、亚里士多德和孔子是这一理念的代表人物。随着 20 世纪初工业社会的兴起，对素养的理解转向以"能力"为核心，进行新的思考与分析，皮亚杰、麦克利兰、加德纳等人对此作出了重要贡献。进入 20 世纪 90 年代，信息社会的来临促使"素养"的内涵得到进一步扩展与升级，强调核心素养（Key Competencies）是培养能够实现自我价值并促进社会和谐发展的高素质公民的关键。从认知的角度看，素养被定义为个人在特定社会环境中对知识、技术能力、态度等的综合应用。

2016 年 9 月，北京师范大学发布了《中国学生核心素养》的研究成果，为我国学生发展核心素养体系构建了权威的总体框架。依据《中国学生发展核心素养》，中国学生的核心素养可分为文化基础、自主发展和社会参与三个主要方面，涵盖了人文底蕴、科学精神、学会学习、健康生活、责任担当、实践创新六大核心素养及十八个基本要点。

"素质"与"素养"两个词汇在日常交流中经常被混用，尽管它们所指的概念存在差异。在心理学领域，素质通常是指人的某些固有特征，即事物固有的属性；素养是指通过训练和实践获得的技能或能力。以人文素养为例，它涵盖了人们在人文领域所展现的全面品质或达到的成熟水平，包括人文知识的掌握、人文思想的理解、人文方法的应用及人文精神的遵循。人文素养的形成主要依赖后天的人文教育，涉及语言、文学、历史、哲学、艺术、道德、思想、政治等多个方面的教育；人文素质则指的是个人在人文科学领域所具备的研究能力、知识水平和内在品质，其核心是"人文精神"，是一种基本的道德品质、价值观和人生哲学，科学精神、艺术精神和道德精神都包含在内。再如职业素养，体现了劳动者对社会职业的认知与适应能力，主要表现在职业兴趣、职业能力、职业个性、职业状况等方面。影响和制约职业素养的因素众多，包括教育水平、实践经验、社会环境、工作经历及个人的一些基本情况（如身体状况等）。职业素质是指职业内部的规范和要求，是在职业活动中展现的综合品质，包括职业道德、职业意识、职业态度、职业技能、职业行为、职业作风等。素养是素质的外在表现，两者相辅相成。

🔊 **扩展阅读**

素质冰山模型

美国著名人力资源研究专家斯潘塞（Spencer）提出的人的素质冰山模型将个体的素质分为动机、特质、自我概念、知识和技能五种基本素质（图 6-1）。其中，动机是指一个人对某种事物持续渴望并付诸行动的内驱力；特质是指身体的特性及拥有对情境或信息的持续反应；自我概念是指一个人的态度、价值观及自我印象；知识是指个人在特定领域的专业知识；技能是指个人所拥有的动作技能和心智技能。上述五个方面的素质特征组成了一个人整体的素质结构。斯潘塞进一步对此素质结构以冰山模型（The Iceberg Model）加以分析。

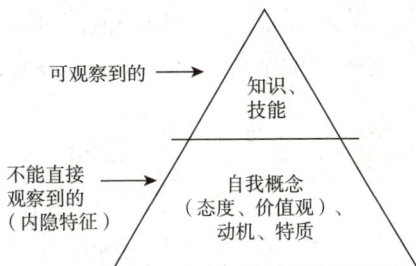

图6-1　人的素质冰山模型

知识和技能是可见的、表层的、外显的个人特质，它们如同漂浮在水面上冰山部分；而动机和特质则更为隐蔽，深藏于人格结构的底层；自我概念则介于这两者之间。相对而言，表面的知识和技能较易改变，可以通过培训来促进其发展；自我概念包括态度、价值观等，同样可以通过培训来改变，尽管这比知识和技能的培训更具挑战性；而位于人格结构最深处的核心动机与特质则难以通过培训来发展。这些内隐特征是决定人们行为表现和行为结果的关键因素。

麦克利兰提出，水上冰山部分所代表的知识和技能构成了基准性素质，这是对胜任者基础素质的基本要求。然而，这些素质并不能精确地区分表现卓越者与表现一般者；水下冰山部分通常被称为鉴别性素质，其是区分卓越者与表现一般者的关键所在。企业在招聘人才时，不应仅限于对技能和知识进行评估，还应全面考虑求职者的求职动机、个人品质、价值观、自我认知、角色定位等多方面因素。缺乏良好的求职动机、品质、价值观等素质支撑，即便能力再强、知识再全面，也可能给企业带来负面影响。

2. 劳动素养

有学者认为，劳动素养是指经过生活或教育活动形成的与劳动有关的人的素养，包括劳动价值观、劳动知识、劳动能力等具体指向。苏霍姆林斯基提出，劳动素养是指个体在精神发展上达到的阶段，具备劳动素养的人若不为公共福利而劳动便感到生活无法继续。在这一阶段，劳动不仅赋予生活高尚的道德鼓舞，而且在精神上丰富了集体生活。这里所指的劳动素养，特别强调了劳动活动在个人精神生活中的作用与地位，以及在劳动创造中所体现的充实智力内容、丰富道德意义和明确的公民目的性。综合来看，劳动素养是劳动者在劳动过程中与其年龄相符、与时代发展同步的劳动认知、劳动态度、劳动情感及劳动实践状态的综合体现，是评价公民综合素养最基本、最直接的能力指标。

高等学校培养的人才必须是具备良好劳动素养的高素质劳动者。因此，大学生的劳动素养是指大学阶段学生在劳动教育过程中形成的，涵盖劳动认知、劳动态度、劳动情感、实践状态等在内的综合劳动素养。它是大学生综合素养的关键组成部分，也是其核心竞争力所在，有助于促进大学生的社会化和自我成长。具体来说，大学生在掌握扎实专业知识的同时，应具备积极主动的劳动意识，拥有热爱劳动的良好心态，尊重他人的劳动成果。他们不仅能够进行学习、生活、工作中的脑力与体力实践活动，还能根据环境变化创造性地开展活动。大学生的劳动素养在很大程度上决定了他们对未来职业、岗位和人生道路的选择，影响着他们人生价值的实现，从而在一定程度上影响国家和社会的未来。

二、劳动素养的结构体系

劳动素养结构主要包括劳动能力、劳动观念、劳动精神、劳动习惯和劳动品质四个维度。四者相辅相成，共同构建了学生劳动素养结构体系。

（一）劳动素养体系的基础：劳动能力

劳动能力主要是指个体能够在劳动实践活动中，通过自己的劳动行为充分发挥自身的操作技能、实践能力和创新能力，做到自我培养和自我判断，有能力组织和实现个人任务或集体任务，是大学生劳动素养全面提升的基础。正如习近平总书记所强调的，"素质是立身之基，技能是立业之本。广大劳动群众要勤于学习，学文化、学科学、学技能、学各方面知识，不断提高综合素质，练就过硬本领。"可以说，大学生在掌握各专业知识的过程中，实际上是在进行一种劳动知识的学习。专业实习和毕业实习作为教学计划中劳动技能训练的一部分，是大学劳动教育与中小学教育显著不同的一个方面。这一点必须得到充分的重视和有效的实施，以便为培养一支庞大的知识型、技术型、创新型劳动大军打下坚实的基础。劳动者的素质对于国家和民族的发展至关重要。劳动者所积累的知识和才能越多，其创造力也就越强。

1. 劳动技能

劳动技能是个体从事特定劳动所必需的知识、技术、技巧，以及综合运用这些知识、技术、技巧的能力，它涵盖了一般劳动技能和专门劳动技能两个方面。一般劳动技能指的是劳动者从事一般性工作的能力，构成了劳动技能的基础；专门劳动技能是劳动者特有的能力，是创造财富的关键。劳动技能还可以细分为个体劳动技能和组织劳动技能。个体劳动技能是组织劳动技能的基石；组织劳动技能则是个体劳动技能的有机整合。通常情况下，组织结构体系越科学、劳动力配置与激励机制越合理、组织变革越及时，组织的劳动技能就越强。劳动技能根据其表现状态可分为显现劳动技能和潜在劳动技能。显现劳动技能是指已经展现出来的技能；潜在劳动技能则是尚未展现出来的技能。潜在劳动技能是显现劳动技能的根基，潜在劳动技能越强，能够展现出来的显现劳动技能就可能越多，展现的质量也可能越高；而显现劳动技能展现得越多、越充分，也能够有效地促进潜在劳动技能的增长。劳动技能的形成与发挥受到多种因素的影响，既包括个体因素，也包括组织因素；既包括组织内部因素，也包括组织外部环境因素。

2. 实践能力

实践能力是指参与校内外的劳动实践活动，获得实践体验，如在卫生清洁、内务管理、勤工助学、志愿服务、创新创业、专业实践等活动中展现的能力。劳动实践活动是开展劳动教育的一条重要途径，学生将学习到的劳动知识运用到社会实践中，学会与生活紧密联系，这有助于学生拓宽学习领域，进一步发展个人兴趣和爱好，提供多样化的选择，并且有利于学生在社会实践中整合知识，发挥实践能力。

3. 创新能力

创新能力体现在学生如何有效地运用自身的创新和探究意识。苏霍姆林斯基特别推崇通过劳动来培养学生的实践和创新能力，他鼓励学生在持续的劳动实践中融入新元素，以此激发热情和兴趣，保持创造的渴望。他相信，劳动的真正价值在于激发兴趣，促进学生的全面发展，并增强他们克服困难的意志力。在新时代背景下，勇于创新成为具备劳动素养的重要特征，因此，创新能力被视为劳动能力的核心要素。

（二）劳动素养体系的重心：劳动观念

劳动观念是指学生在劳动活动中所形成的综合性认知，是学生劳动意识、劳动思想和劳动态度的表达。意识源于人对大脑内外所收获信息的觉察。劳动意识是学生个体关于劳动信息的主观性想法的表达，如自己的事情自己做、尊重他人劳动成果、安全劳动等意识。劳动意识是正确认识劳动创造价值的核心，并进一步影响学生的劳动态度与劳动行为。劳动思想是指学生要正确认识马克思主义劳动思想的具体内容，促进学生对"劳动最光荣、劳动最伟大"等思想认识的形成。劳动态度是学生对劳动活动系列内容的心理和行为倾向，常常外化为个体行为表现，如学生书桌整理、洗衣、做饭等主动承担的劳动行为，是积极劳动态度的表现。劳动观念构成了学生劳动素养体系的重心，是解决因家庭对劳动教育重视不足而产生的"啃老族"等社会现象的有效途径。通过培养劳动观念，学生能在动手操作和体力劳动中树立"劳动平等"和"劳动最光荣"的价值观念；在规范个人劳动行为、学习劳模精神和体验劳动的过程中，端正对劳动的态度；在参与社会公共劳动活动中，培养公共服务意识、劳动自立和自我实现的意识。劳动观念的培养是学生实现自我价值的隐性基石，它映射出个体内涵式发展的光辉，并为学生的全面发展提供了坚实的保障。

（三）劳动素养体系的核心：劳动精神

劳动精神是学生在面对劳动时所展现的精神风貌和人格特质，构成了学生劳动素养体系的核心。通常，劳动精神涵盖了劳动者在工作过程中所体现的精神状态、面貌和品质。它是个人思想、意识和思维方式的集中体现与提升，对个体的劳动行为具有指导和规范作用。青少年作为未来社会主义的继承者和中华优秀传统文化的传播者，劳动精神的培养应根植于中华民族的优秀传统文化，同时，要适应时代发展的需求和青少年的身心特点，确保能够塑造出适应新时代要求的合格人才。新时代的劳动教育致力于培养学生的奋斗、奉献、勤俭等劳动精神。这些精神品质是学生在日常劳动、生产和服务性活动中不可或缺的，也是培养学生持之以恒、勤俭节约等良好道德品质的关键。学生的劳动精神主要包括劳动奋斗、劳动奉献、劳动勤俭等基本精神特质。劳动精神是新时代社会对人才品德的期待，也是当代青少年学生应当追求和实现的个人品德标准。此外，劳动精神是引导学生形成劳动品质和劳动思想的关键力量，它激励学生在社会公益劳动、日常生活劳动和生产劳动中学会自立自强、勤奋坚韧、勇于克服困难和乐于奉献，对于提升社会公益活动的质量、塑造社会劳动风尚，以及推动学生超越自我劳动认知的界限，具有重要的促进作用。

（四）劳动素养体系的关键：劳动习惯和劳动品质

1. 劳动习惯

劳动习惯是个体在长期劳动实践训练中形成的稳定的行为模式。

新时代互联网的飞速发展、数字经济的到来、人工智能的崛起，在带给人类生活极大便利的同时，也在无形中滋长了部分人企图不劳而获、渴望一夜暴富、追求一夜成名的不良心理。"幸福不会从天而降，梦想不会自动成真""人世间的美好梦想，只有通过诚实劳动才能实现；发展中的各种难题，只有通过诚实劳动才能破解；生命中的一切辉煌，只有通过诚实劳动才能铸就"，实现奋斗目标，开创美好未来"必须依靠辛勤劳动、诚实劳动、创造性劳动"，正是对前述各种不良现象的有力纠偏。

学生要养成真抓实干、埋头苦干的生活方式。2018年5月2日，在北京大学师生座谈会上的讲话中，习近平总书记提出广大青年"要力行，知行合一，做实干家""不论学习还是工作，都要面向实际、深入实践，实践出真知；都要严谨务实，一分耕耘一分收获，苦干实干。"新时代高校劳动教育要回到全面的、本原的劳动观上，将劳动看成人类创造世界、改造世界的一切实践活动，是劳动、工作、做事、干事、奋斗的统称，让"真抓实干、埋头苦干"成为新时代大学生学习、工作、做人、做事的基本行为方式。

2. 劳动品质

劳动品质体现了劳动的伦理要求，是指人们在劳动过程中所表现出来的对他人和社会稳定的心理特征与倾向。辛勤劳动、诚实劳动、创造性劳动是习近平总书记对新时代劳动的基本要求。辛勤劳动、诚实劳动和创造性劳动是统一的。辛勤劳动是诚实劳动和创造性劳动的前提和基础。"一勤天下无难事""民生在勤，勤则不匮"这些中国人自古秉承的劳动信念在新时代依然熠熠生辉，"坚持艰苦奋斗，不贪图安逸，不惧怕困难，不怨天尤人，依靠勤劳和汗水开辟人生和事业前程"依然是新时代大学生需要发扬的美德。诚实劳动是辛勤劳动的表现，也是创造性劳动的前提。习近平总书记讴歌诚实劳动的价值，将其视为实现人世间的美好梦想、破解发展中的各种难题、创造生命里的一切辉煌的必由之路。创造性劳动是辛勤劳动、诚实劳动的发展，也是劳动的核心和本质要求。新时代是创新发展的时代，大学生是新时代创新发展的重要新生力量，要深刻理解新时代的劳动者"不仅有力量，还要有智慧、有技术、能发明、会创新"，以科学家、大国工匠和劳动模范为榜样，胸怀理想、脚踏实地、勤奋学习、锐意进取、敢为先锋、勇于创造，不断谱写新时代的劳动创造之歌。劳动品质是劳动素养的核心和方向标，传统的劳动品质主要凸显的是吃苦耐劳、诚实守信、勤俭节约、坚韧顽强、乐于奉献等特征，在新时代背景下，劳动品质增加了新的时代特征，更加凸显了为国争光、团结协作、开放融合、创新创造、精益求精、坚持专注、追求卓越等特征。

三、大学生劳动素养现状

劳动素养是指通过生活和教育活动所形成的与劳动相关的个人素质。它涵盖了劳动价值观（态度）、劳动知识与劳动技能等多个方面。一个具备良好劳动素养的个体，不仅对劳动的价值有正确的认识和积极的态度，还能熟练掌握劳动相关的知识和技能，并养成良好的劳动习惯。青年大学生群体通常充满活力和激情，对生活和学习持有积极乐观的态度。然而，物质条件的丰富往往意味着当代大学生缺乏艰苦环境的锻炼和艰难生活的磨砺，这导致了部分大学生在劳动素养方面存在不足。目前，大学生的劳动素养状况呈现出以下特点。

（一）劳动认知不足

积极的劳动认知能够引导大学生对劳动产生热爱、尊重，并积极投身其中；相反，若缺乏这种认知，大学生可能会对劳动持有消极甚至抗拒的态度。然而，受到社会环境、个人成长经历、应试教育等因素的长期影响，目前大学生对劳动的认知普遍不足。劳动不仅包括体力劳动，还包括脑力劳动，但许多大学生对劳动的理解过于简化，错误地将体力劳动等同于劳动的全部，并因此对劳动抱有抵触情绪。同时，也有一部分大学生轻视体力劳动，认为从事体力劳动是低人一等的，从而对体力劳动者缺乏应有的尊重。此外，一些大学生在毕业后，宁愿选择依赖家庭"啃老"，也不愿意到基层一线工作。还有些大学生未能理解国家开展劳动教育的重要意义和价值，对劳动教育作为"人生的第一教育"及"劳动教育是立德树人的关键途径"认识不足，认为当前开展劳动教育是多余的。

（二）劳动态度消极

对劳动认知的不足，导致了部分大学生劳动意识淡薄，劳动态度不够端正。例如，有些大学生认为随着经济社会的发展，艰苦奋斗的精神已不再必要，甚至将辛勤劳动视为愚蠢的行为。因此，他们依赖父母积累的物质财富和社会资本，不思进取，逐渐培养出逃避劳动的心理，形成了好逸恶劳的思想和懒散消极的习惯，成为所谓的"啃老族"。另外，少数大学生在劳动取向上表现出功利化倾向，参与志愿服务和社会实践活动时，并非以认识社会和提升能力为目的，而是关注这些活动是否能在综合测评中"加分"，是否有助于"评优评先"。他们一旦认为无法获得预期的回报，便选择逃避。在日常生活中对劳动的消极态度，影响着大学生对劳动及劳动人民的情感，并进一步影响他们的就业观。这表现为在就业时眼高手低，追求不切实际的薪酬待遇，随意毁约。

（三）劳动品质欠佳

社会主义劳动教育的核心目标是培育学生的劳动价值观，使学生认识到劳动的重要性、享受劳动过程，并尊重劳动成果。然而，由于对劳动认识的不足和消极的劳动态度，许多大学生未能形成良好的劳动品质，且缺乏劳动情感。例如，一些大学生追求安逸和享乐，渴望不劳而获，梦想一夜暴富；有的大学生劳动意志薄弱，无法承受辛苦，面对劳动任务时容易退缩；还有些大学生缺少艰苦奋斗的精神，生活不节俭，铺张浪费，喜欢攀比和享受；更有些大学生以自我为中心，不擅长团队合作。部分大学生宁愿将大部分时间用于娱乐消遣，也不愿意打扫宿舍，导致寝室环境脏乱。此外，还有一部分大学生缺乏劳动意识和自觉性，不仅不愿意亲自参与劳动，而且难以理解劳动过程的辛勤，不珍惜、不尊重他人的劳动成果，随手丢垃圾、随地吐痰等不文明行为时有发生。

（四）劳动能力欠缺

熟练的劳动技能需要通过长期的学习和实践来培养。然而，由于劳动观念的淡漠、劳动价值的不明确及劳动实践的缺乏，当前大学生普遍缺乏动手能力，缺少基本的劳动技能。有些大学生甚至连日常生活都无法自理，如不会烹饪、整理房间或清洗衣物，媒体报道中也不乏大学生将脏衣服邮寄回家清洗的情况。部分大学生不会正确使用劳动工具，如不会正确握扫把或拖把，甚至将它们当作玩具，劳动技能几乎为零。一些大学毕业生眼高手低，只擅长理论而无法胜任实际工作，也不愿意向经验丰富的前辈学习。过去，农村大学生对农活有所了解，并能参与简单的农务活动，但如今，即便是农村大学生也变得不愿吃苦耐劳，劳动技能大幅下降，甚至对基本农作物都不了解，更不用说对土地的情感了。此外，由于校内外实践资源的相对匮乏和实践环节的执行不到位，许多大学生很少参与劳动，缺乏实践锻炼，这导致他们对劳动的认识过于简单，眼高手低，无法承担重要任务，也不愿意从事琐碎的工作。当前国家提倡"大众创业、万众创新"，一些大学生仅凭一时的热情去创业，不仅创业失败，还可能遭受自信心的打击。由于平时努力不足，缺乏必要的培训，他们的知识、技能、经验和心态都不足以支撑其创业的热情。

四、大学生劳动素养问题的原因剖析

大学生劳动素养存在的问题，既有高等学校劳动教育不足的原因，又有社会、家庭和大学生自身的原因。

（1）高等学校劳动教育不足的原因。在大学期间，学生们很少参与体力劳动，诸如清洁卫生、植树种草等活动大多由保洁公司或物业管理公司负责。实际上，许多学生在大学期间甚至未曾参与过任何由学校组织的清洁、植树、花园除草等劳动活动。由于设施限制、资金不足等问题，教学计划中安排的试验和实习活动往往执行得不尽如人意。在某些情况下，大学生只能进行表面的参观，而无法真正参与实际的劳动。在寒假、暑假期间，许多大学生选择用休闲度过假期，没有利用这段时间通过打工或实习来锻炼自己。对于学校布置的暑期社会实践活动，不少大学生也只是草率应对，通过各种"关系"来获取实践单位的盖章证明。由于上述各种原因，许多学生在大学毕业时，并未做好参与社会劳动的思想准备、心理准备和技能准备。

（2）社会的原因。社会原因主要涵盖以下几个方面。第一，社会现实的影响。在过去的较长时间里，我国的经济和社会发展水平与发达国家之间存在较大差距。我国的产业水平处于全球产业链的低端，普通劳动者的收入水平偏低；社会保障制度不完善，社会保障水平有限；法制不完善，劳动者权利保障不足等。这些因素导致部分普通劳动者缺乏体面和光荣的体验。各种一夜暴富、一夜成名的故事频繁上演，对涉世未深的大学生产生了误导。一些大学生误以为无须经过长期努力来为自己的发展积累力量，只需要不择手段地投机取巧或追求名声，一旦走上捷径或者成名，财富就会随之而来。这种现象非常不利于大学生形成热爱劳动的思想观念。第二，传统观念的影响。几千年来，"劳心者治人，劳力者治于人"和"万般皆下品，唯有读书高"的思想深入人心，直到今天，许多社会成员仍然认为脑力劳动者比体力劳动者的地位更高。在过去国家尚未充分发展时，高等教育资源稀缺，考上大学如同"千军万马过独木桥"，大学生被视为"天之骄子"。尽管目前高等教育的入学率已接近50%，一些社会成员仍然习惯性地认为大学生不应是普通劳动者。许多大学生也认为体力劳动与自己的身份不符，他们渴望过上理想中的美好生活，却不愿意付出艰苦的劳动。第三，社会多元价值观的影响。劳动价值观是社会价值观的一部分。在当今社会，各种价值观相互激荡、激烈碰撞，对社会成员的思想观念产生了强烈冲击；与各种经济成分相适应，不同利益主体在价值认同上存在差异。一些社会成员不再以劳动贡献作为价值目标，而是单纯地将获得和拥有财富作为价值目标。在这些错误价值观的影响下，一些大学生形成了错误的劳动观念。

（3）家庭的原因。当前的在校大学生大多数从小生活在相对优越的环境中，鲜有经历过食物或衣物短缺的困境。即使是在经济条件有限的家庭中，父母也会竭尽所能为孩子提供优渥的教育和生活条件。一些家长过分溺爱孩子，生怕他们承受任何辛苦，宁愿自己忙碌劳累，也不愿意让孩子分担家务。而另一些家长则迫切希望孩子能够出人头地，因此尽可能地代劳一切，确保孩子能将全部时间和精力投入学习中，以考入更优秀的学校。结果是孩子们在家中很少有机会参与劳动，自然也就很少有机会获得劳动经验和技能的培养。这导致一些学生即使进入大学，也依然缺乏基本的生活自理能力。更令人担忧的是，少数学生还形成了自私自利、贪图安逸、厌恶劳动的思想，以及散漫和懒惰的不良习惯。

（4）大学生自身的原因。大多数大学生已经达到成年阶段，并且接受了超过十年的系统教育，理应拥有较为成熟的心理素质和优秀的思想品质。他们应当能够意识到自己即将肩负的社会责任，以及为了立足社会所需具备的劳动技能，并主动识别自身劳动技能与社会责任之间的差距。然而，根据过往经验，一些大学生在心智成熟度上仍有不足，缺乏提升个人劳动技能的紧迫感和自我驱动力，也缺少自我反省、积极探究、自我激励和自我锻炼的主动性与积极性。这些因素都是导致大学生劳动技能不足的内在原因。

五、大学生劳动素养的提升途径

劳动是人类社会发展进步永恒的主题，劳动素养是一个合格大学毕业生必备的基础素养。当代大学生的劳动素养如何，会左右他们对未来职业、岗位和人生道路的选择，影响他们人生价值的实现，进而在一定程度上影响国家和社会的未来。大学生劳动素养的提升途径包括以下三个方面。

1. 大学生要加强马克思主义劳动理论的学习

大学生要自主自发利用课堂和课余时间学习马克思主义劳动理论，深刻理解和领会马克思主义关于劳动创造人、劳动促进人的全面发展等观点，努力提高参加劳动实践、接受劳动锻炼的自觉性和主动性。

2. 大学生要加强自我劳动教育，锻造劳动精神

大学生应致力于提升个人修养，并保持积极主动的学习态度。坚持主动学习是获取知识、培养和提升自我的关键。自我反省、判断、学习和教育是自我提升的重要组成部分。在接受劳动教育的过程中，应充分认识到劳动素养对个人发展的重要性，并通过劳动实践来加深对劳动素养的理解，增强培养劳动素养的自觉性。除通过学校教育和家庭教育等途径了解劳动素养外，还可以通过自我服务和自我充实的方式进一步认识劳动素养，并加强自我劳动教育。

首先，大学生应自觉主动地学习，将学校教授的劳动知识内化为自己的理解和认知。其次，在学校中应积极认真地参与劳动教育课程，对不懂的问题主动思考和提问，尽最大努力实现自主学习、自我管理和独立思考，培养正确的劳动观念。再次，可以利用同伴关系，共同学习和讨论劳动知识，参与劳动实践，在集体学习中展现自我，深刻理解集体荣誉感所带来的责任感，并体验劳动带来的力量和磨炼。最后，不断学习我国国家荣誉称号获得者、劳动模范、改革先锋等人物的故事和精神，积极弘扬和践行劳动精神、劳模精神、工匠精神，不断积累和运用这些精神，这是提升劳动素养水平的根本途径。

3. 大学生要加强劳动实践锻炼，提升劳动能力

劳动是一个实践的过程，所以，提升劳动素养需要课堂学习与课外实践的有机统一。若课堂学习与课外实践脱节，大学生对劳动的认同感和敬畏心就难以真正建立。因此，大学生应加强实践体验，通过开展多种形式的劳动实践，切实感悟劳动的获得感和成就感。首先，加强校内劳动锻炼，主动参与校园卫生保洁和花木修剪，通过自己的劳动营造清洁美丽的校园环境，在"流自己的汗"的劳动实践中形成积极的劳动情怀。其次，参与校外劳动实践，如志愿服务、公益活动、社会实践、勤工助学、校外实习、假期打工等，发挥专业所长，在奉献社会的实践过程中增强与劳动人民的接触，加强对劳动人民的认识，培养热爱劳动人民的情感，培育劳动品质，训练劳动技能，提升劳动能力。最后，利用学校搭建的劳动教育实践基地及职业体验实践基地，在接地气、接生活的劳动体验课程中，积极进车间、下田野，通过学工、学农实践发展自己，通过各种形式的创新创业实践内植创新精神，创造财富，收获幸福。总之，通过劳动实践，充分感受劳动的乐趣，享受收获劳动成果的喜悦，养成吃苦耐劳的品质，以及独立担当的品格，进而形成尊重劳动、热爱劳动的真挚情感。大学生应在自己的生活实践中体会劳动素养提升与自身健康成长和全面发展的内在联系，积极运用校内外组织的劳动教育和劳动锻炼平台寻找劳动机会，在劳动过程中训练劳动技能，形成热爱劳动的良好品德，锻炼吃苦耐劳的意志品质，全面提高劳动素养。

🔊 扩展阅读

新时代如何做好劳动教育

党的十九届四中全会进一步明确了"培养德智体美劳全面发展的社会主义建设者和接班人"的教育培养目标。中央全面深化改革委员会第十一次会议审议通过的《关于全面加强新时代大中小学劳动教育的意见》，强调劳动教育是中国特色社会主义教育制度的重要内容，要全面贯彻党的教育方针，坚持立德树人，把劳动教育纳入人才培养全过程，贯通大中小学各学段，贯穿家庭、学校、社会各方面，把握育人导向，遵循教育规律，创新体制机制，注重教育实效，实现知行合一，促进学生形成正确的世界观、人生观、价值观。

新时代呼唤劳动教育，体现了对劳动教育本质认识的回归。它不仅受到马克思主义"教劳结合"思想的指导，还继承了"耕读传家久"的传统美德，同时具备鲜明的时代特色。新时代强调教育应与以科学技术为基础的劳动相结合，注重书本知识与实践经验的融合，致力于培养学生的专业精神、职业精神和劳动精神。

将劳动教育融入人才培养的整个过程，必须坚持以习近平新时代中国特色社会主义思想为指导，全面贯彻党的教育方针，从立德树人的高度来思考体系构建，突出其传承性、制度性、操作性和时代性。

（1）突出传承性，弘扬中华优秀传统劳动文化。中华民族始终将勤勉劳作视为国家的根本和社会生活的基础，崇尚"天道酬勤""民生在勤，勤则不匮"等理念。加强新时代的劳动教育，必须坚持在继承传统的基础上创新发展，推动中华优秀传统文化中劳动思想的现代转化，在劳动教育中融入社会主义核心价值观，培育敬业奉献精神。

（2）突出制度性，完善劳动教育的制度建构。"仁圣之本，在乎制度而已"。构建一个涵盖大中小幼教育阶段，以及职业教育与普通教育、校内教育与校外教育有机衔接的教育体系，强调制度的刚性，明确各方责任，建立包括评价、督导、激励在内的制度框架。教育行政管理部门作为劳动教育管理的核心，必须依法治教，依法监督、管理、规范劳动教育实施机构的教育活动；学校作为劳动教育实施的核心，必须在劳动教育课程设置、开展劳动教育评价、建立劳动教育档案等方面发挥主导作用；社会和家庭负有配合实施劳动教育的责任与义务，是配合学校劳动教育实施的关键主体；学生作为直接参与者，是接受劳动教育的核心，在不同年龄阶段必须接受相应的劳动教育。教育管理部门需要建立切实可行的评价机制，将学生的劳动素养纳入学校综合考评体系，并探索建立考评结果全方位使用的激励机制。

（3）突出操作性，建立系统科学的操作体系。可在国民教育体系的各个阶段中设置劳动教育科目和课程，针对大学、中学、小学、幼儿园不同阶段，制定科学的劳动教育大纲，编写切实可行的劳动教育教材，对家务劳动、班务劳动、校务劳动、公益劳动、简单生产劳动、技术性劳动、工艺劳动等劳动教育内容进行科学的编排。探索建立专职、兼职结合的劳动教育教师队伍，广开渠道，开门办学，聘请能工巧匠、专业技术人员担任兼职教师。设置劳动教育的专门教室或场所，配齐相关设备，并在校外设立综合实践基地。

（4）突出时代性，与时俱进推进劳动教育。积极与物联网、云计算、大数据、人工智能等新兴技术相结合，不断创新劳动教育的形式。利用人工智能技术构建网络空间和虚拟环境教育场景，激励学生运用跨学科知识，开展富有创造性的劳动活动。与新产业、新业态、新技术相协调，探索劳动教育的新内涵。将德育、智育、体育、美育相结合，通过劳动教育，实现劳力与劳心的统一，最终促进道德修养的提升、智慧的增进、体质的增强和美感的培养，从而更加凸显劳动教育的综合育人价值。

（资料来源：http://theory.gscn.com.cn/system/2020/03/06/012335013.shtml，有改动）

📖 躬身践行

大学生劳动素养现状调查

【劳动任务】

各班级以任课教师为指导教师，带领学生编制《大学生劳动素养调查问卷》，展开校园大调查，并撰写调研报告。

【劳动分组】

全班学生以 4～6 人为一组进行分组，各组选出组长并进行任务分工，将小组成员及分工情况填入表 6-1 中。

表 6-1　小组成员及分工情况

班级		组号		指导教师	
小组成员	姓名	学号		任务分工	
组长					
组员					

【调查方法与样本选择】

本调查采用问卷调查法对某市数所高校的学生进行调查，共计发放问卷 300 份，有效回收问卷 250 份，回收率为 83%。调查对象主要是本科大学生，包括不同年级、不同专业和不同性别的学生。

【调查内容】

（1）学生是否参与过劳动实践活动。

（2）学生参与劳动活动的频率和类型。

（3）学生对劳动的态度和意识。

（4）学生对劳动素养的认知和评价。

【劳动计划】

小组商议，制订出具体的工作计划，填入表 6-2 中。

表 6-2　工作计划

步骤	工作内容	时间安排	负责人
1			
2			
3			
4			
5			

【劳动实施】

按照劳动计划，将具体的实施情况记录在表 6-3 中。

表 6-3　实施情况

时间安排	实施步骤
	选择本组要调查的主题及对象
	讨论本组的方案
	活动过程中遇到的问题及解决方式
	调查结果分析
	整理素材，让同学们讨论调查建议

【劳动评价】

教师可参考表 6-4 对各小组的活动进行评价。

表 6-4 活动评价表

项目名称	评价内容	分值	评价分数		
			自评	互评	师评
素养评价 20%	分工合理，具备团队精神，能够积极与他人合作	10 分			
	积极、认真参加实践任务	10 分			
技能评价 30%	活动策划方案实用	10 分			
	活动实施效果佳	10 分			
	按时完成实践任务	10 分			
成果评价 50%	调查主题鲜明	20 分			
	调查心得	20 分			
	讨论话题有感染力	10 分			
合计		100 分			
总评	自评（20%）+ 互评（20%）+ 师评（60%）=	综合等级：	教师（签名）：		

任务二 培养劳动品质

一、劳动诚信

1. 劳动诚信的含义

劳动诚信是劳动者的内在道德要求。在中国传统文化中，"君子爱财，取之有道"强调以道获利。步入新时代，在经济全球化、信息化、网络化的市场经济环境中，在物质主义与利己主义涌现的社会背景下，以道获利的伦理规范正在接受挑战。在这个背景下，劳动诚信的理念和规范是新时代所必须倡导和落实的。在本质上，劳动诚信强调的是劳动者积极实干，而不是投机取巧。表现在社会关系上，即要求坚守公平正义，反对损公肥私、损人利己。在经济形态上，劳动诚信反对资本欺诈，反对违法乱纪，特别是在虚拟经济时代，反对网络诈骗。在人与自然的关系上，劳动诚信要求绿色发展，不以牺牲生态为代价换取经济发展。在社会文化培育上，劳动诚信意在实现"人人为我，我为人人"的文化形态，使每个劳动者都具备劳动自觉和劳动获得感。

2. 劳动诚信的意义

大学生应该崇尚劳动诚信、敬畏劳模，以诚信劳动的姿态积极投身社会主义建设。在追求人生价值的过程中，应该要勤恳踏实、甘于奉献，遇到难事、累活实事求是、言行一致；在生产生活中，遵守劳动纪律，干活知错必改；在实践中，践行劳模精神，争做新时代的奋进者。实践证明，唯有劳动诚信，才能赢得他人与社会的尊重，唯有劳动诚信，才能干出无愧于时代的业绩，唯有劳动诚信，才能真正挑起时代重任，在各自的岗位发挥作用、贡献正能量。劳动诚信创造了国家富强、民族振兴、人民幸福的坚实物质基础，诚信劳动者身上体现的可贵品质，感染并激励着广大劳动者书写更有意义的人生，共创民族更美好的未来。

3. 劳动诚信的实现途径

通过构建规范有序、公正合理、互利共赢、和谐稳定的劳动关系实现全社会的劳动诚信。具体做法如下。

（1）坚持以人为本，有效解决劳动者最关切、最需要的利益问题和最困难、最紧迫的现实问题。

（2）坚持共建共享，推动用工者和劳动者之间协商共事、互利共赢，使劳动成果公平地惠及所有劳动者，实现按劳分配，多劳多得、少劳少得。

（3）坚持改革创新，推动中国特色新型劳动关系的方法论创新，不断完善劳动政策，改善劳动环境。

（4）坚持依法构建，持续健全劳动保障的法律法规，履行法律义务，保障自身合法权益，加快落实信用体系联网，建立健全社会失信惩戒机制，最终实现全社会的劳动诚信。

通过培育劳动者"爱岗敬业、诚实守信、办事公道、服务群众、奉献社会"的职业道德，实现个体的劳动诚信。忠于职守、爱岗敬业就是要干一行、爱一行、精一行。在工厂车间，就要弘扬工匠精神精心打磨每个零部件；在田间地头，就要辛勤耕耘、施肥除草。

4. 树立诚实守信的良好品质

大学生在校学习期间应树立诚实守信的良好品质。一方面，大学生应对所从事劳动必备的知识、技能、技巧有正确认识，对自我劳动素质理性判断并作出合理的自我定位；另一方面，立足岗位踏实劳动，求真学问，练真本领。对于大学生而言，劳动诚信首先是合法劳动，大学生要遵纪守法，不投机取巧，不弄虚作假，不以权谋私，做到诚信立身，合法经营，勤劳致富。劳动诚信其次是合乎道德的劳动，大学生要崇尚劳动诚信观念，旗帜鲜明地反对一切不劳而获、贪图享乐、崇尚暴富的错误观念；要崇尚科学精神，实事求是、积极肯干，向劳动模范、道德模范、大国工匠学习；要崇尚互利互惠，主动与他人交流学习，合作共赢，着力营造和谐的新型劳动关系。积极弘扬劳动精神、劳模精神和诚信文化，依靠劳动诚信实现人生梦想。

📁 **劳动故事**

一家软件公司招聘程序员，待遇非常优厚，所以很多求职者都来应聘。陈某原来是一家网络公司的程序员，因公司多年效益不好导致其失业。陈某对自己的技术能力非常有信心，因此，应聘的笔试轻松过关。在面试环节时，主管技术的面试官突然发问："听说你原来就职的公司开发出了一项信息完全维护的软件模块，你是否参与过研发？"陈某愣了一下，但是依然诚实地回答说："是的。"面试官继续问："你能把这项技术的核心内容说一下吗？"他立刻站起来，告诉面试官："对不起，我不能回答这个问题，如果贵公司为此而让我获得这个工作机会，我宁愿放弃。"说完向面试官鞠了一躬，便离开了面试考场。随后他继续投简历，找工作。历经了近半个月的时间，他突然接到公司人事部门的电话，说他被录用了，他被告知："那只是一道面试题，你的行为已经交了一份很满意的答卷。"

【分析】作为一家企业的员工，要遵循基本的职业道德。不能为了自己的前途，毫无顾忌地出卖原公司的利益，这家公司对陈某的问题实际上是在考验他，因为作为程序员，如果把原公司的核心技术透露给第三方，那谁又能保证他们会不会把现有公司的技术机密透漏给其他人呢？诚实守信是一名员工必备的基本素质，对工作忠诚是一种高贵的道德品质。坚持原则，不改初心，无论世事沧海桑田，本色从不动摇，是一种职业道德。

二、劳动责任

（一）劳动责任的概念及特点

劳动责任也称为职业责任，主要是指从事某种职业的个人，对他人、集体（班组、部门、单位、行业）和社会所承担的责任。行业不同，责任不同，但忠于职守、尽心尽力、保质保量完成工作，是共同的职业责任要求。

劳动责任的特点主要是差异性、独立性、强制性。不同职业岗位的性质、功能、业务规范及技术要求均不同，因此，职业责任也互不相同，体现其差异性。不同岗位的职业权利有时相互独立，这种独立性决定了各自的职业责任具有排他性，不能受他人干预。职业责任一般通过具体的规章制度、岗位职责、条例等表现，体现其强制性。对于未来走入职场的大学毕业生而言，就业后一是要认真履行职责，做好本职工作；二是要尽快熟悉业务，与同事协同配合；三是处理好关系，将国家和集体的利益放在第一位，个人利益放在第二位，个人利益要服从国家和集体利益。

（二）劳动责任的内容

1. 肩负的职责和应尽的义务

（1）对个人的责任。从本质上讲，责任是一种固有的使命，它伴随着每个生命的始终，体现了生命的价值。一个人可以不伟大，也可以贫穷，但绝不能缺少责任感。承担起责任，即承担起信念，承担起生命的机制。个人的责任是自我产生的，意味着自己对自己负责，自己是自己的主宰，能够对自己进行评判，对自己及其行为负责。

（2）对集体的责任。对集体的责任体现了从业人员对其供职单位所肩负的职责与义务。不同职业或岗位所承担的责任各不相同，责任的轻重也存在差异。通常情况下，管理者的责任重于普通员工，职业责任与职业行为紧密相连。无论是管理者还是普通员工，在进行职业行为之前，都必须确立明确的责任意识，全心投入工作，这不仅是对集体的负责，也是勇于承担对集体责任的表现。在实际工作中，那些具备强烈职业责任感的人，不仅在工作中表现出严谨和细致，而且总是主动承担起工作中的失误。

（3）对社会的责任和义务。社会学家戴维斯说："放弃了自己对社会的责任，就意味着放弃了自己在这个社会中更好的生存机会。"每个人都是社会的一分子，都应当承担相应的社会责任。正是由于社会分工，各种职业被赋予了特定的责任。每位职业人士都应清晰地认识到自己职业与社会之间的联系，以及其中所蕴含的社会责任和义务。

2. 承担的后果和责任

责任是人天生的职责和使命，是永恒的职业精神。人们时刻都要对自己的行为负责，对家庭负责，对工作负责，对社会负责。一个缺乏责任感的人，或者一个不负责任的人，会失去自己的信誉和尊严，失去其他人对自己的信任和尊重，也得不到其他人对自己的认可。每种职业都有相关的法律、法规和职业道德规范来规定从业者的职业行为及其因此而承担的责任。职业责任的承担形式不同，主要有道德责任、纪律责任、行政责任、民事责任和刑事责任五种。

（1）道德责任。道德责任是指从业人员在履行职业职责时，若违背职业道德准则，可能会遭受同行的批评、社会舆论的非难或内心良知的责备。这是从业人员承担职业责任的最基本形式。

（2）纪律责任。纪律责任是指从业人员在履行职业职责时，若违反了职业规范和纪律，应承担的纪律性处罚。这类处罚通常包括警告、记过、记大过、降级、降职、撤职、开除等形式。

（3）行政责任。行政责任是指从业人员在履行职业职责时，若违反了行政法规，依法必须承担的责任。例如，律师可能面临包括警告、没收违法所得、暂停营业、吊销执业证书等不同形式的行政处罚。

（4）民事责任。民事责任是指从业人员在履行职业职责时，因故意或疏忽违反了相关法律、法规或职业纪律，构成民事侵权行为，导致债权债务关系产生，从而依法应承担的责任。

（5）刑事责任。刑事责任是指从业人员在履行职业职责过程中，因个人行为给国家、集体或个人造成损失或伤害，并违反了刑法的相关规定，从而依法应承担的责任。

（三）强化劳动责任意识

劳动责任意识是指对职责有清晰的认识，并能自觉、认真地履行职业职责和参与职业活动，将责任付诸行动的心理特质。具备强烈的责任意识，即使面对再危险的工作，也能有效降低风险；反之，缺乏责任意识，即使在最安全的岗位上也可能发生意外。职业责任意识的强弱，直接关系到能否克服重大困难；一个拥有强烈职业责任意识的人，会受到他人的尊敬和喜爱，让人感到放心。

强化劳动责任意识要从以下三个方面来践行。

1. 责任教育

责任教育可以从宏观和微观两个层面进行阐述。

（1）在宏观层面，旨在引导人们树立正确的世界观、人生观和价值观，将个人的前途命运与中国特色社会主义的伟大事业相结合；强调服务与奉献，鼓励人们为他人服务、为社会奉献，在此过程中实现个人的正当利益；弘扬爱国主义和集体主义，引导人们将国家、集体与个人的利益融合，坚持国家和集体利益优先于个人利益；强调职业道德和职业精神，鼓励人们将职业目标与远大理想相结合，在各自岗位上忠诚地履行对社会、国家和人民的责任，自觉将责任意识转化为"全心全意为人民服务"的实际行动。

（2）在微观层面，强调做好本职工作的重要性，每个人的尽责是对集体的贡献，每个集体的尽责是对社会的贡献。应在全社会范围内共同营造一种风气和氛围——负责任是光荣的，而不负责任是可耻的。

2. 培养勇于负责、敢于负责的精神

勇于承担责任是中华民族的优良传统。大禹治水"三过家门而不入"，诸葛亮任事"鞠躬尽瘁，死而后已"；范仲淹挥写"先天下之忧而忧，后天下之乐而乐"，文天祥高歌"人生自古谁无死，留取丹心照汗青"。不怕牺牲、尽忠职守、责在人先，是志士仁人薪火相传的思想标杆，是华夏子孙生生不息的精神动力。

3. 责任建设，以制为本

谈及责任，必须强调责任制；存在履行责任的要求，也必须有责任的追究。实施责任制，首先在于履行责任，其次在于追究责任。如果缺乏追究责任，责任制将变得空洞无物。追究责任应当贯穿履行责任制的整个过程。事前的追究是提醒，事中的追究是督促，事后的追究是警示。对于那些认真负责的个体，应当给予奖励和表彰；对于失职、渎职的行为，则必须追究责任并予以惩罚。只有将责任与责任制相统一，将履行责任与追究责任相结合，才能确立一种积极的责任导向，从而增强责任心、培育责任感、提升责任意识。

📁 **劳动故事**

公交司机突发脑出血，昏迷前 1 秒他的动作让人泪奔

2020 年 6 月 22 日中午 12 点左右，河南周口某路公交车司机宋安平驾车行驶在七一路五一广场站附近，这里人流量密集，正值中午通勤高峰期，来往车辆非常多。从当日的公交车公共视频显示，驾车行驶过程中，51 岁的宋安平感到身体不适，将车停稳打开车门后，他先是摘下眼镜往下拉了拉口罩，紧接着用右手拉起手刹，之后便倒在了自己的驾驶座椅上。在逐渐失去意识的过程中，他的右手始终没有离开手刹……随后，下车的乘客和路过的公交车司机赶忙打 120 急救电话，宋安平被送往医院急救。

经过 CT 扫描，宋安平被诊断为脑干出血，经过几天的治疗，最终于 6 月 27 日抢救无效去世。

宋安平是一名优秀的公交车司机。虽然突发疾病，失去意识，但他不忘拉住手刹，保护乘客的安全。这体现了宋安平崇高的职业道德。无论从事什么职业，都有相应的职业操守和职业道德，拥有良好的职业道德是作为成功职场人的重要体现。

躬身践行

植树护绿活动

【劳动任务】

植树护绿是爱护环境、保护环境的一种方式。号召学生开展"植树护绿"实践活动，目的在于帮助学生加深对植树与环保、植物的了解，增强环保意识、生态意识，培养学生的主人翁责任感和团队合作精神，促进师生之间的情感交流。在实践过程中，要体现学生的才能，发挥出学生的自觉与自律，向社会展示学校的风采，锻炼学生的动手操作能力与相互协作的能力，令学生体验成功的喜悦。

【劳动分组】

全班学生以 4～6 人为一组进行分组，各组选出组长并进行任务分工，将小组成员及分工情况填入表 6-5 中。

表 6-5　小组成员及分工情况

班级		组号		指导教师	
小组成员	姓名	学号		任务分工	
组长					
组员					

【劳动准备】

（1）选择学校附近的郊区或林区作为植树场地。

（2）进行实地调研，选择合适的树苗。

（3）由教师组织，让学生代表对参与活动的学生进行简单培训，向大家介绍植树与环保的知识，可邀请相关工作人员讲述植树的要领和日常维护树木的方法，使学生掌握植树的实际操作方法及后期的树苗成长管理方法。

（4）活动前由教师和学生代表前往市场购买树苗，并准备好植树工具。

【劳动计划】

小组商议，制订出具体的工作计划，填入表 6-6 中。

表 6-6　工作计划

步骤	工作内容	时间安排	负责人
1			
2			
3			

续表

步骤	工作内容	时间安排	负责人
4			
5			

【劳动实施】

按照劳动计划，将具体的实施情况记录在表6-7中。

表6-7　实施情况

时间安排	实施步骤
	以2～3人为一个小组，负责树苗种植
	在约定时间于指定位置集合，教师负责清点人数及组织签到
	从学校出发前往目的地。到达目的地后，教师清点人数，划分好场地，分发工具，并向学生说明相关事项，提醒要注意安全
	各小组拿好工具，前往植树地点，在划分好的场地植树
	完成植树后，教师对各小组的植树成果进行评比，为优秀的小组发放小礼品
	各小组做好树苗的备注，包括标注姓名和日期，也可添加自己的愿望，并与树苗合照留念，然后教师回收工具

【劳动评价】

教师可参考表 6-8 对各小组的活动进行评价。

表 6-8　活动评价表

项目名称	评价内容	分值	评价分数		
			自评	互评	师评
素养评价 20%	分工合理，具备团队精神，能够积极与他人合作	10 分			
	积极、认真参加实践任务	10 分			
技能评价 30%	活动策划方案实用	10 分			
	活动实施效果佳	10 分			
	按时完成实践任务	10 分			
成果评价 50%	对整个活动过程的评价	50 分			
合计		100 分			
总评	自评（20%）+ 互评（20%）+ 师评（60%）=	综合等级：	教师（签名）：		

任务三　劳动习惯

一、劳动习惯的认知

劳动习惯是通过经常性劳动而得以巩固下来的一种具有自动劳动需要的行为方式。当个人积极主动地为自己劳动，更为他人和社会劳动时，劳动习惯就形成了。新时代的大学生成长在自动化的社会环境中，一部分被父母溺爱。劳动意识和劳动习惯的缺乏导致部分大学生形成了懒散、浪费、拜金等不良的作风。新时代大学生劳动情怀的培育应重视劳动习惯的养成教育，让劳动成为自觉的行为。

大学阶段本是青年学生坚定理想信念、锤炼高尚品格、实现青春梦想的黄金期。然而，有些大学生精神状态慵懒懈怠、无所事事；或沉溺于虚拟世界寻求片刻满足而不可自拔；或"四体不勤，五谷不分"，不愿意整理寝室卫生，不会清洗衣被，不想参加体力劳动，只想宅在寝室叫外卖、玩游戏、睡懒觉。这些不正常的行为和现象对大学生劳动习惯的养成产生负面影响。

二、劳动习惯的养成

养成良好劳动习惯是开创良好生活方式的有效途径，勤奋劳动将创造美好生活，引导大学生自觉养成劳动习惯，培养良好的以劳动为基础的生活方式，树立用劳动创造美好生活的人生观和劳动观，促进全面发展。

劳动习惯的养成非常重要，有了爱劳动的好习惯，劳动就是一个快乐的过程，在劳动中可以享受到欢乐和幸福，有了事就会主动地、高兴地去做；没有好的劳动习惯，劳动就变成了痛苦和负担，有了任务能躲避就躲避，能不干就不干，能少干就少干，在工作中就缺乏主动性，缺少热情。

劳动能力的培养也很重要，很多能力和观念都是在劳动中养成的，如动手能力、独立生活能力、自理能力、劳动观念、细致耐心等。劳动能力强的人干什么都得心应手，遇到困难和问题都能从容应对、从容处理。劳动能力不强的人，干什么都缩手缩脚、无处下手、不敢下手。

三、自我管理的劳动习惯

1. 自我管理的含义及特征

自我管理是自我意识的一部分，是指个体为了达到预定的目标，以自身正在进行的实践活动过程为对象，不断地对其进行积极、自觉的计划、监察、评价、反馈、控制和调节的过程。自我管理具有以下几个特征。

（1）能动性。能动性即个体自主地、独立地、自觉地从事和管理自己的实践活动，其最终目的就是保证个体主观意志的实现。

（2）反馈性。自我管理是建立在信息反馈基础上的控制，而自我管理中反馈的水平更高。因为自我管理要求个体不断去获取关于自身实践活动系统各要素变化情况的有关信息，监察整个活动的过程与效果。而且，由于反馈的主体与客体为同一个体，因此自我管理中的反馈表现出很强的连续性和循环性。

（3）调节性。根据反馈的信息和预期的目的，修正、调整自身下一步的实践活动。

（4）迁移性。迁移性即从某一个领域获得的知识和技能可适用于另一领域的特征。个体对不同类型的实践活动进行管理、调节的实质是相同的，因此在任何一种活动中，自我管理都具有广泛迁移的潜在可能性。

（5）有效性。从某种意义上说，自我管理就是采取各种调控措施，使自己的实践过程达到最优化，因此，它具备有效性特征。自我管理的有效性除表现出对当时实践活动的即时效应外，还表现出一种长时效应。

2. 自我管理的内容

自我管理的内容包括社会公德、职业道德、家庭美德等做人的基本准则。同样，做事要有一定的行为规范，要知道哪些行为是正确的，哪些行为是错误的，这是自我管理的重要内容。概括地讲，自我管理的内容有以下四个方面。

（1）行为品德和行为素养管理。做个有责任心、有爱心的人，做到在家孝敬父母，在外尊老爱幼，在工作中爱岗敬业。

（2）行为规范管理。养成自觉遵守行为准则的习惯，包括遵纪守法、遵守社会公共秩序等。

（3）日常生活、工作习惯管理。职业院校学生在日常生活中应注重细节管理，如什么时间休息、什么时间学习、什么时间工作等。在管理过程中要牢记几个关键词，即时间、质量、效率和规律。

（4）自我能力管理。个人能力是人生存和发展的基石与支柱。自我能力管理的内容主要包括自己的长处和不足，要做到扬长避短，知道自己应该学习什么才能更有利于个人能力的提升和职业生涯的发展。

3. 进行自我管理所需的素质和能力

人们要管理好自己，需要具备一定的素质和能力。不仅要知道管什么、怎么管，还要知道具备什么素质和能力才能够管好。具体来讲，自我管理所需要的素质和能力主要包括以下三个方面。

（1）学习意识与学习能力。学习是永恒的话题，学会自我管理，首先要学会向书本学习、向实践学习、向典范学习。学习不能只停留在表面上，要变成自己的行动。另外，还要不断发现自己的优势，提升自己的正能量和内在动力，提升自我管理的自信心。

（2）敢于客观评价自己。自我管理是扬长避短的过程，只有克服自己的不足，才能管理好自己。首先要有敢于面对自己不足的勇气，能够接受批评和自我批评，常常反省，知错就改。其次还要善待自己，正确面对并解决生活中的不如意，摆脱浮躁，消除郁闷，保持一颗清净的心。客观评价自己的目的是完善自己、提升自己，切忌出现由于错误的自我评价而意志消沉的现象。

（3）将行动落到实处。落实行动可以从三个方面努力：一是培养执行意识，将立即行动转化为日常行为习惯；二是做事要有目标、有计划，注重工作细节，事后要反思总结，将计划变成自我管理的有效工具；三是学会自我激励，如总结优点、分析原因、不断发扬优点，从而增强自己的自信心。

4. 身体管理

在现代社会中，许多大学生尚未形成正确的锻炼习惯，生活中长期沉溺于对健康有害的行为和事物。身体是革命的本钱。大学生必须加强自我管理，生活质量和学习知识，这一切都建立在拥有健康身体的基础之上。因此，要想做好自我管理，首要任务是管理好自己的身体。身体锻炼可以通过多种方式实现，包括有氧运动（如跑步、2 000 米或绕操场5 圈）、静力抗阻力训练（如俯卧撑、平板撑）等。

5. 时间管理

时间管理涉及对时间的控制，其目的是提升时间的使用效率，通过合理的规划和运筹来管理时间。与管理其他资源不同，时间作为一种特殊的资源，无法被增加或减少。实际上，时间管理的核心并非直接管理时间，而是对那些使用时间的人进行管理。其本质在于帮助人们树立正确的时间价值观，增强时间意识，并提升规划、分配及监控时间利用的能力，以便在有限的时间内实现更多工作的目标。

时间管理就是克服时间浪费，为时间的消耗而设计一种系统程序，并选择一切可以利用的科学方法和手段，使结果向预期目标尽量靠拢。时间管理包括以下几项内容。

（1）在着手某项任务之前，先确定将投入的时间。

（2）通过分割任务和集中处理的方法来增加自由时间，并进行合理分配。

（3）回顾并总结时间的使用情况，识别并克服时间浪费的原因。

（4）采用定时定量的策略来管理时间。

6. 目标管理

随着大学生步入大学校园，减少了高考的紧迫感，他们开始出现痴迷手机游戏、追剧等行为。大学生应该合理制定目标，规划时间，帮助自己找回自信和责任感。制定的目标应有明确性、可实现性、针对性和时限性。目标可分为长期目标和短期目标。以长期目标指明方向，以短期目标指导实施。

7. 人际关系管理

人际关系就是人们在生产或生活活动过程中所建立的一种社会关系，属于社会学的范畴，中文常指人与人交往关系的总称，也被称为人际交往，包括亲属关系、朋友关系、学友（同学）关系、师生关系、雇佣关系、战友关系、同事关系、领导与被领导关系等。人是社会动物，每个个体均有其独特的思想、背景、态度、个性、行为模式及价值观，然而人际关系对每个人的情绪、生活、工作都有很大的影响，甚至对组织气氛、组织沟通、组织运作、组织效率及个人与组织的关系均有极大的影响。

📁 校园劳动实践

×× 职业技术学院

第十六周主题班会通知单

各系（院）：

为了认真贯彻落实 ×× 省学校安全专项整改工作专班会议精神和工作部署，扎实做好我校学生安全教育工作，请按照本周班会要求认真开展主题班会，并按相关要求做好记录上交材料。

一、班会主题

1.《冬季寒潮天气防寒防冻》安全教育主题班会

2.《养成良好的卫生习惯》主题班会

3. 劳动教育主题班会

二、主题内容

1. 通过班会，提高学生对冬季防寒防冻的预防意识。掌握防寒防冻等安全防范基本知识和技能，确保学生在冬季寒冷天气里的人身安全，安全应对恶劣天气。

2. 通过班会，让学生了解卫生习惯对健康的影响，让学生掌握正确的洗手方法等，通过培养正确的卫生习惯，保持身体的健康。

3. 本周完成宿舍彻底打扫，尤其是死角；督促学生宿舍垃圾自带；鼓励学生堂食，学校已协调每个食堂增加桌位。

三、参加班级

全体在校班级。

四、班会要求

1. 下周一（12 月 18 日）上午 11:00 前上交主题班会记录材料至学生处学生教育管理科。

2. 根据班会主题，在规定时间内开展班会并在黑板上或 PPT 中写明主题、参会班级、辅导员、地点、时间。

3. 班会记录双面打印，反面要求粘贴班会照片 3 张（一张全景照片，两张近景主题班会背景，能清晰显示主题班会名称、时间、地点）。

躬身践行

学生应具备的劳动品质

【劳动任务】

教师出示以下阅读材料，并提问：通过阅读以下材料，讨论各个职业人物身上有哪些优秀品质，这些品质对自己今后的职业生涯有何帮助？

（1）张师傅：建筑工人。

张师傅是一名建筑工人，他每天早早起床，背着沉重的工具，前往工地。他用双手扛起砂子、水泥和砖块，一块一块地搭建起高楼大厦。他虽然劳累，但他的笑容却始终挂在脸上，因为他知道，自己的努力能够为城市的美丽贡献一份力量。

（2）李大姐：清洁工。

李大姐是一名清洁工，她每天穿梭在大街小巷，清扫垃圾，拖地擦窗。她的工作看似简单，却是城市环境整洁的守护者。她用汗水和辛勤的劳动，让人们的生活更加舒适和干净。

（3）王师傅：厨师。

王师傅是一名厨师，他在厨房里烹饪出一道道美味佳肴。他精心准备每一道菜品，用自己的才华和努力，给顾客带来美食的享受。王师傅的努力和热情，让每一餐都成为一个美好的回忆。

（4）张医生：医生。

张医生是一名医生，他每天忙碌于诊室和手术室之间。他用自己的专业知识和技术，为患者治疗疾病，缓解他们的痛苦。他的责任感和敬业精神，让每一位患者都感受到医疗的温暖和关怀。

（5）李老师：教师。

李老师是一名教师，他每天站在讲台上，用知识和智慧点燃学生的求知欲望。他耐心教导学生，引导他们成长，成为有用的人才。李老师的教学精神和爱心，让每一个学生都受益终生。

【劳动分组】

全班学生以 4～6 人为一组进行分组，各组选出组长并进行任务分工，将小组成员及分工情况填入表 6-9 中。

表 6-9　小组成员及分工情况

班级		组号		指导教师	
小组成员	姓名	学号		任务分工	
组长					
组员					

【劳动准备】

（1）将学生分成每组 4～6 个人的活动小组，通过小组内部讨论形成小组观点。

（2）每个小组选出 1 名代表陈述本组观点。

（3）教师对各组观点进行分析、归纳、总结。

（4）教师根据各组在研讨过程中的表现，给予点评并赋分。

【劳动计划】

小组商议，制订出具体的工作计划，填入表 6-10 中。

表 6-10　工作计划

步骤	工作内容	时间安排	负责人
1			
2			
3			
4			
5			

【劳动实施】

按照劳动计划，将具体的实施情况记录在表 6-11 中。

表 6-11　实施情况

时间安排	实施步骤
	讨论本组的阅读心得
	活动过程中遇到的问题及解决方式

续表

时间安排	实施步骤
	讨论活动的实施效果
	同学们体会观后感

【劳动评价】

教师可参考表6-12对各小组的活动进行评价。

表6-12　活动评价表

项目名称	评价内容	分值	评价分数		
			自评	互评	师评
素养评价20%	分工合理，具备团队精神，能够积极与他人合作	10分			
	积极、认真参加实践任务	10分			
技能评价30%	活动策划方案实用	10分			
	活动实施效果佳	10分			
	按时完成实践任务	10分			
成果评价50%	对整个活动过程的评价	50分			
合计		100分			
总评	自评（20%）+互评（20%）+师评（60%）=	综合等级：	教师（签名）：		

项目七
劳动法规与劳动安全

任务一　劳动法律体系

一、劳动法的概念和调整对象

在我国，劳动法具有狭义和广义两种概念。狭义的劳动法是指一国劳动法体系中的劳动法典或劳动基本法，如我国施行的《中华人民共和国劳动法》；广义的劳动法是指我国法律体系中作为社会法法律部门的一个分支，是一类法律规范的总称。学界对此层面劳动法的概念有比较一致的解释：劳动法是调整劳动关系及与劳动关系密切联系的一些关系的法律。

从劳动法的概念可以获知，劳动法的调整对象主要包括两大类，一类是劳动关系；另一类是与劳动关系密切联系的其他社会关系。劳动法除调整劳动关系外，还承担着调整与劳动关系密切联系的其他关系的任务。这些关系本身不是劳动关系，但是与劳动关系有密切联系，有的是发生劳动关系的必要前提，有的是劳动关系的直接后果，有的是随着劳动关系而附带产生的关系。因为这些关系具有与劳动关系密切联系的特点，所以它们也被列入劳动法的调整范围。这些关系主要包括劳动行政关系、就业关系、劳动团体关系、劳动法制监督关系、劳动争议处理关系等，这些社会关系和劳动关系共同成为我国劳动法的调整对象，劳动法在这些领域也发挥着重要的作用。

二、我国劳动法律体系

（一）《中华人民共和国劳动法》

1.《中华人民共和国劳动法》的主要内容

《中华人民共和国劳动法》在1994年7月5日第八届全国人民代表大会常务委员会第八次会议上通过，在2009年8月27日第十一届全国人民代表大会常务委员会第十次会议上第一次修正，在2018年12月29日第十三届全国人民代表大会常务委员会第七次会议上第二次修正。《中华人民共和国劳动法》分为13章，具体包括总则、促进就业、劳动合同和集体合同、工作时间和休息休假、工资、劳动安全卫生、女职工和未成年工特殊保护、职业培训、社会保险和福利、劳动争议、监督检查、法律责任、附则。

2.《中华人民共和国劳动法》的基本原则

《中华人民共和国劳动法》主要包括以下三大基本原则。

（1）劳动既是权利又是义务的原则。对劳动者来说意味着劳动权，即劳动者有权依法选择适合自己特点的职业和用人单位，有权利用国家和社会所提供的各种就业保障条件，以提高就业能力和增加就业机会。对于企业来说，意味着平等录用符合条件的职工，加强提供失业保险、就业服务、职业培训等方面的职责；对于国家来说，应当为劳动者实现劳动权提供必要的保障。

劳动者一旦与用人单位产生劳动关系，就必须履行其应尽的义务，其中最主要的义务就是完成劳动生产任务。这是劳动关系范围内的法定义务，同时，也是强制性义务。

（2）保护劳动者合法权益的原则。

1）偏重保护和优先保护。《中华人民共和国劳动法》在为劳动关系双方提供保护的同时，更倾向于保护劳动者，适当强调劳动者的权利本位和用人单位的义务本位，优先确保劳动者的权益。

2）平等保护。全体劳动者的合法权益均受到《中华人民共和国劳动法》的平等保护。

3）全面保护。无论是在劳动关系缔结前、缔结后还是终结后，劳动者的合法权益都应纳入保护范围之内。

4）基本保护。对劳动者的最低限度保护，即对劳动者基本权益的保障。

（3）劳动力资源合理配置的原则。劳动力资源合理配置的原则包含三个方面内容，一是双重价值取向：评估配置合理性的标准在于是否能够同时考虑效率和公平两个核心价值。《中华人民共和国劳动法》的目标是规范劳动力资源在宏观和微观两个层面的配置。二是劳动力资源的宏观配置：指的是社会劳动力在不同用人单位之间的分配。三是劳动力资源的微观配置：关键在于平衡劳动者权益与劳动效率之间的关系。

(二)《中华人民共和国劳动合同法》

1.《中华人民共和国劳动合同法》的主要内容

《中华人民共和国劳动合同法》是为了完善劳动合同制度，明确劳动合同双方当事人的权利和义务，保护劳动者的合法权益，构建与发展和谐稳定的劳动关系制定的法律。该法律在 2007 年 6 月 29 日第十届全国人民代表大会常务委员会第二十八次会议上通过，在 2012 年 12 月 28 日第十一届全国人民代表大会常务委员会第三十次会议上修正。

《中华人民共和国劳动合同法》分 8 章 98 条，包括总则、劳动合同的订立、劳动合同的履行和变更、劳动合同的解除和终止、特别规定、监督检查、法律责任、附则。

2.《中华人民共和国劳动合同法》的基本原则

《中华人民共和国劳动合同法》的基本原则包括以下五个方面。

（1）合法原则。合法的劳动合同必须在形式和内容上都符合法律法规的规定。首先，关于劳动合同的形式，必须是合法的。例如，除全日制用工情况外，劳动合同应以书面形式订立，这符合《中华人民共和国劳动合同法》对劳动合同形式的具体要求。若采用口头形式，一旦发生争议，用人单位将面临未签订书面合同的法律后果。其次，劳动合同的内容也必须合法。

（2）公平原则。所谓公平，指的是劳动合同的内容应当公正且合理，即在遵守法律规定的框架内，合同双方应公正、合理地界定彼此的权利与义务。公平不仅是法律的价值取向，也是社会公德的反映。

（3）平等自愿原则。平等自愿原则涵盖以下两个核心方面：

1）平等原则强调在签订劳动合同时，劳动者与用人单位在法律地位上是等同的，不存在任何等级或从属关系，不应存在命令与服从、管理与被管理的差异。

2）自愿原则指出劳动合同的签订必须基于劳动者和用人单位双方的真实意愿，是通过双方协商一致而形成的，任何一方均不得将自己的意志强加给对方。依据自愿原则，任何组织或个人均不得强迫劳动者签订劳动合同。

（4）协商一致原则。协商一致原则要求用人单位与劳动者就劳动合同的内容达成共识。合同体现了双方意思表示的统一，而劳动合同作为合同的一种形式，同样受到基于自由意志的协商一致原则的约束。在签订劳动合同时，用人单位与劳动者均需仔细审视合同的每一项条款，进行充分的交流与协商，以解决任何分歧，并最终达成一致意见。

（5）诚实信用原则。诚实信用原则是我国民事法律原则中的"帝王条款"，它在理论和实践上都具有极其重要的指导意义。具体到劳动合同领域，简而言之，即要求在订立劳动合同时双方必须保持诚实和守信。根据《中华人民共和国劳动合同法》第八条的规定，用人单位在招聘劳动者时，必须如实向劳动者说明工作内容、工作条件、工作地点、职业危害、安全生产状况、劳动报酬以及其他劳动者有权了解的相关情况；同时，用人单位也有权了解劳动者与劳动合同直接相关的基本情况，劳动者应当如实提供信息。这些规定体现了诚实信用原则在劳动合同中的具体应用。

（三）劳动法律的表现形式

1.《中华人民共和国宪法》中有关劳动问题的规定

《中华人民共和国宪法》是我国的根本法，具有最高的法律权威和法律效力。一切法律、行政法规、地方性法规、规章等规范性法律文件都不得与《中华人民共和国宪法》抵触。《中华人民共和国宪法》是指导国家政治生活、经济生活、社会生活的最高准则，是制定一切法律规范的依据。《中华人民共和国宪法》中有关劳动问题的条文达二十余条，这些规定既是劳动立法的最高法律依据，构成全部劳动法律规范的立法基础，又是劳动法律规范的一种表现形式。例如，《中华人民共和国宪法》第四十二条规定："中华人民共和国公民有劳动的权利和义务。国家通过各种途径，创造劳动就业条件，加强劳动保护，改善劳动条件，并在发展生产的基础上，提高劳动报酬和福利待遇。劳动是一切有劳动能力的公民的光荣职责。国有企业和城乡集体经济组织的劳动者都应当以国家主人翁的态度对待自己的劳动。国家提倡社会主义劳动竞赛，奖励劳动模范和先进工作者。国家提倡公民从事义务劳动。国家对就业前的公民进行必要的劳动就业训练。"第四十三条规定："中华人民共和国劳动者有休息的权利。国家发展劳动者休息和休养的设施，规定职工的工作时间和休假制度。"

2. 全国人民代表大会及常务委员会制定的有关劳动的基本法

《中华人民共和国劳动法》是我国有关劳动问题的基本法，是调整劳动关系的准则。除此以外，《中华人民共和国工会法》《中华人民共和国劳动合同法》《中华人民共和国就业促进法》《中华人民共和国劳动争议调解仲裁法》都是劳动法领域的重要法律。另外，还有一些法律虽然其本身并不归属于劳动法领域，但是其中也包含了调整劳动关系及与劳动关系密切联系的其他社会关系的规范，也可以作为劳动法的渊源之一，如《中华人民共和国妇女权益保障法》等。

3. 国务院制定的劳动行政法规

国务院颁布了大量的劳动行政法规，是我国当前调整劳动关系的重要依据，如《女职工劳动保护特别规定》《劳动保障监察条例》《全国年节及纪念日放假办法》《职工带薪年休假条例》等都是劳动法的重要表现形式。

4. 国务院各部委制定的劳动部门规章

国务院所属各部委根据法律和行政法规，有权在本部门职权范围内发布部门规章，其中有关劳动关系的规章，也是劳动法的重要表现形式。这些有关劳动关系的规章绝大多数是劳动行政部门制定的，如《集体合同规定》《关于贯彻执行〈中华人民共和国劳动法〉若干问题的意见》《社会保险基金财务制度》《企业职工患病或非因工负伤医疗期规定》《社会保险登记管理暂行办法》《最低工资规定》等都是调整劳动关系的重要法律规范。

5. 地方性劳动法规

在我国，依据《中华人民共和国宪法》规定，由省、直辖市及国务院规定的较大的市的人民代表大会及其常务委员会在不同《中华人民共和国宪法》、法律、行政法规相抵触的前提下，可以制定地方性法规，报全国人民代表大会常务委员会备案。民族自治地方的人民代表大会有权依照当地民族的政治、经济和文化的特点，制定自治条例和单行条例，报全国人民代表大会常务委员会批准后生效。上述这些适用于本地区的地方性法规中的劳动法规，也都属于劳动法的表现形式，如《上海市劳动合同条例》《广东省企业集体合同条例》等。

6. 地方劳动规章

我国各省、自治区、直辖市及国务院规定的较大的市的人民政府制定了很多劳动法方面的地方政府规章。这些地方政府规章数量庞大，在各自行政区划内发生法律效力，对于调整本地区的劳动关系起到了重要作用，如《北京市工资支付规定》《湖南省集体合同规定》等。

7. 国际劳动立法

国际劳动立法是指国际组织或两个以上的国家就劳动关系问题制定的国际公约等规范性文件。国际劳动立法既有来源于国际劳工组织，也有来源于联合国和其他区域性组织的文件及有关的双边公约。国际劳工组织的公约和建议书是国际劳动立法最重要的来源。凡经我国批准的国际劳工公约，除我国声明保留的内容外，我国有义务在国内实施。这也属于我国劳动法的表现形式。

三、劳动合同制度

（一）劳动合同的订立

签订劳动合同即劳动法赋予合同当事人双方的义务，也是劳动合同对合同当事人双方具有法律约束力的主要表现。用人单位经过一系列甄选环节，筛选出符合岗位要求的求职者后，在征得求职者同意之后进行背景调查、体检等程序，然后作出是否录用的决策。拟录用者确定无异议后，用人单位可以与拟录用者签订劳动合同，约定试用期，开始进入彼此了解、考察的过程。经过一定时间的试用期，考核合格，录用者正式成为岗位的任职人员，招聘和雇用的工作基本完成。在雇佣的过程中，劳资双方一旦发生事实用工，其劳动关系建立，需要企业和劳动者共同遵守相关法规。

劳动合同的内容包括必备条款和约定条款两部分。《中华人民共和国劳动合同法》第十七条规定，劳动合同中应当具备以下必备条款：用人单位的名称、住所和法定代表人或者主要负责人；劳动者的姓名、住址和居民身份证或者其他有效身份证件号码；劳动合同期限；工作内容和工作地点；工作时间和休息休假；劳动报酬；社会保险；劳动保护、劳动条件和职业危害防护；法律、法规规定应当纳入劳动合同的其他事项。劳动合同除以上规定的必备条款外，用人单位与劳动者可以约定试用期、培训、保守秘密、补充保险和福利待遇等其他事项。

🔊 扩展阅读

哪些情形下的劳动属于事实劳动关系

（1）缺乏书面合同形式，通过口头协议替代书面劳动合同而形成的劳动关系。

（2）应签订而未签订的劳动合同。用人单位在招用劳动者后，未按规定订立劳动合同而形成的劳动关系。

（3）用人单位与劳动者之前签订过劳动合同，劳动合同到期后，用人单位同意劳动者继续在本单位工作，却没有及时与其续订劳动合同，从而形成的事实延续的劳动关系。

（4）以其他合同形式替代劳动合同，即在其他合同中规定了劳动者的权利、义务条款。

（5）劳动合同的构成要件或相关条款缺失或违法，实际上成为无效合同，但双方依照这一合同规定已经建立的劳动关系。

（二）劳动合同的维系

劳动合同的维系实际就是劳动者在企业工作，执行劳动合同的过程。这个过程中包括劳动合同履行、变更和续订。劳动合同的履行是指合同当事人双方履行劳动合同所规定义务的法律行为。劳动合同在履行过程中用人单位应当及时足额支付劳动报酬、严格执行劳动定额标准、保护劳动者生命安全和身体健康。如果用人单位未合法履行劳动合同，则劳动者有权对用人单位提出批评、检举和控告。

劳动合同的变更是指当事人双方或单方依法修改或补充劳动合同内容的法律行为，是在原合同基础上对部分条款进行修改、增加或删减，而不是签订新的劳动合同。客观情况发生变化或劳资双方通过协商形成合意，均可以变更劳动合同的内容。

为了提升工作的积极性，用人单位应在劳动合同期限届满前主动征询劳动者的意愿。对于那些有意愿续签劳动合同的劳动者，且用人单位也有相同意向的情况下，应提前向劳动者发出续签意向通知书。在续签劳动合同时，用人单位和劳动者应注意，无论劳动者的岗位是否有所变动，均不得再次设定试用期。若劳动者满足签订无固定期限劳动合同的条件，并提出了签订请求，用人单位则有义务与劳动者签订无固定期限劳动合同。否则，从应当签订无固定期限劳动合同之日起，用人单位需要向劳动者支付双倍工资作为赔偿。

（三）劳动合同的解除与终止

1. 劳动合同的解除

劳资双方协商一致解除劳动合同。只要不违背法律的强制性规定，不损害国家、社会和他人的合法权益，经劳动合同双方当事人协商一致，即可以解除劳动合同。

劳动者单方面终止劳动合同，也称为辞职。辞职可依据是否事先通知雇主分为预告辞职和即时辞职两种类型。预告辞职是劳动者单方面的决定，不受雇主限制且无须获得同意，这是依法享有的权利，但必须遵循一定的程序，即至少提前30天以书面形式通知雇主（试用期内则提前3天通知）。相对地，即时辞职允许劳动者在无须事先通知雇主的情况下，随时提出辞职。然而，行使这一权利通常受到限制，仅在雇主存在重大过失时，劳动者才有权立即辞职。

用人单位单方面终止劳动合同，也称为解雇。企业解雇员工可分为预告解雇和即时解雇两种方式。预告解雇适用于法律规定的特定情形，企业必须提前通知员工，以便终止劳动关系。预告解雇的形式包括提前30天以书面形式通知劳动者本人，或者选择额外支付劳动者一个月的工资。即时解雇指的是当劳动者犯有严重错误时，企业无须提前通知即可随时终止劳动合同，结束劳动关系。在用人单位采取解雇手段单方面解除劳动合同时，必须向劳动者支付相应的经济补偿。裁员是企业单方面解除劳动合同的一种特殊形式，通常是因为企业自身的原因，如经营状况恶化、调整内部结构以推出新产品或服务、确保人力资源质量等导致的集中辞退员工行为。

2. 劳动合同的终止

与民事合同不同，劳动合同中禁止约定条件。劳动合同的终止，只能是法律规定的情形导致的。这些情形包括：一是劳动合同到期，劳动双方劳动关系自动终止；二是劳动者退休或者开始领取社会养老保险。退休是劳动者因为年老或者因工、因病致残而完全丧失劳动能力，进而退出工作岗位；三是劳资双方有一方主体不存在了，劳动合同无法正常履行，如劳动者死亡，或人民法院宣告死亡或失踪；企业被依法宣告破产、被吊销营业执照、责任关闭、撤销或决定解散等。

🔊 **扩展阅读**

与工资有关的法律规定

工资形式是衡量劳动和支付薪酬的方式。在遵守国家法律规定的条件下，工资的具体形式属于雇主的薪酬分配权利，由雇主根据企业的经营状况、目标追求及员工的劳动差异等因素自主决定。目前，我国的工资形式主要包括计时工资和计件工资两种基础形式，以及奖金和津贴这两种辅助形式。此外，在一定范围内，年薪制也得到了实施。随着市场经济的进一步发展，企业工资形式趋向多样化，如年终奖金、年终双薪、绩效工资等。这些形式的薪酬具有浮动性和间接性，它们在劳动者总收入中所占的比重逐渐增加。

1. 计时工资

计时工资是根据单位时间工资率（也就是计时工资标准）和实际工作时间来支付给劳动者个人工资的一种方式。因此，单位时间工资率和工作时间是决定计时工资数额的两个关键因素。计时工资可以细分为月工资、周工资、日工资、小时工资等多种类型。计时工资以时间为计量单位，操作简便，易于确定，因此具有广泛的适用性，适用于各种用人单位和工种。然而，计时工资的报酬并不能完全反映劳动的数量和质量。

2. 计件工资

计件工资是一种根据劳动者完成的合格产品数量及预先设定的单价来计算工资的制度。其核心在于计件单价，即完成特定产品或单位工作应得的工资额。计件单价是事先确定的，而劳动者的不同工作成果将直接影响其工资的多少。通过以劳动成果为基础来计算工资，计件工资制能够将劳动成果与劳动报酬紧密联系起来，更准确地反映劳动贡献的差异，并且更好地体现按劳分配的原则，具有激励和促进劳动积极性的效果。然而，这种制度在统计数量和检验质量方面存在挑战，可能会导致过分追求产量而忽视产品质量，甚至可能影响到生产安全。因此，计件工资并不适用于所有企业或岗位，它更适合那些具备特定条件的环境。

3. 奖金

奖金是指支付给劳动者的超额劳动或增收节支实绩所获得的奖励性报酬，是对有效超额拉动的奖励。通过发挥其激励功能，奖金能够激发劳动者的生产积极性，更有效地体现按劳分配的原则。根据不同的分类标准，奖金可以分为多种类型：如月度奖金、季度奖金和年度奖金；经常性奖金和一次性奖金；集体奖金和个人奖金；以及综合奖金和单项奖金（如超产奖、安全奖、节约奖等）。当前，许多用人单位将奖金视为一种发放超额工资的方式，使用奖金时必须明确奖励的条件和标准。通常，奖金发放的条件由用人单位的内部劳动规则或集体合同规定，规则或合同中需明确劳动定额，只有超出定额的劳动者才有资格获得奖金；同时，奖励的标准也应明确、具体、可操作，并且需要对外公布。

4. 津贴和补贴

津贴是指对劳动者在特殊条件下进行额外劳动和承担额外生活费用的一种工资补充形式。其性质主要体现为对额外劳动和生活费用的补偿，在我国工资结构中起到补充作用。补贴是为了确保劳动者工资水平不受特定因素影响而提供的临时性劳动报酬，旨在保护劳动者免受生活成本波动的严重影响。

5. 年薪

年薪是指根据用人单位的生产经营规模和业绩来确定，以企业财务年度为时间单位所支付的工资收入。从我国开始在国有企业推行年薪制，到 2000 年 11 月，劳动和社会保障部发布《进一步深化企业内部分配制度改革指导意见》中进一步指出，要在具备条件的企业积极试行董事长、总经理年薪制。

⚙ 劳动案例

某矿业公司与王某签订了 5 年期的劳动合同，王某的工作岗位是法律事务。合同履行 2 年后，矿业公司以工作需要为由，将王某强行调离法律事务岗位，让其从事统计工作。为此，王某以矿业公司侵犯了其劳动权为由，要求劳动争议仲裁委员会予以仲裁。矿业公司在答辩中称王某是本单位职工，应听从调动，单位有权不征得王某同意变更工作岗位。另外，虽然变更了王某的工作岗位，但是王某的工资、待遇丝毫未变，王某的利益没有受到任何损失，单位没有侵犯其劳动权。

【分析】该矿业公司这样理解是错误的，王某从事法律事务多年，熟知法律，其工作经验丰富，而且非常热爱本职工作，从事法律事务工作是他根据自己的爱好、特长而选择的，他拥有自主择业权。该矿业公司变更王某的工作岗位不尊重劳动者的劳动权，不根据平等自愿、协商一致原则，没有考虑职工的意愿，这是对王某劳动权的严重侵犯。

📖 躬身践行

我是普法宣传员

【劳动任务】

查阅相关的法律书籍和网络上搜索，收集、整理在就业过程中自我保护和进行维权的相关知识。例如，实习期间的自我保护和维权，求职、就业期间的自我保护和维权等。以组织普法宣传活动的方式，使大学生了解并熟知就业的相关政策法规，增强大学生在就业中的自我保护和维权意识，从而使其在就业过程中权益免受侵犯，成功就业，更好地走向社会。

【劳动分组】

全班学生以 4～6 人为一组进行分组，各组选出组长并进行任务分工，将小组成员及分工情况填入表 7-1 中。

表 7-1　小组成员及分工情况

班级		组号		指导教师	
小组成员	姓名	学号	任务分工		
组长					
组员					

【劳动过程】

1.将学生分成每组 4～6 个人的活动小组，通过小组内部讨论形成小组观点。

2.每个小组成员陈述本组观点。

3.教师进行归纳分析，引导学生深刻认识学习劳动法的重要性。

【劳动计划】

小组商议，制订出具体的工作计划，填入表 7-2 中。

表 7-2　工作计划

步骤	工作内容	时间安排	负责人
1			
2			
3			
4			
5			

【劳动实施】

按照劳动计划，将具体的实施情况记录在表 7-3 中。

表 7-3　实施情况

时间安排	实施步骤
	选择本组普及的法律内容
	讨论确定本组的方案
	活动过程中遇到的问题及解决方式

【劳动评价】

教师可参考表 7-4 对各小组的活动进行评价。

表 7-4　活动评价表

项目名称	评价内容	分值	评价分数		
			自评	互评	师评
素养评价 20%	分工合理，具备团队精神，能够积极与他人合作	10 分			
	积极、认真参加实践任务	10 分			
技能评价 30%	活动策划方案实用	10 分			
	活动实施效果佳，给劳动者带来了感动	10 分			
	按时完成实践任务	10 分			
成果评价 50%	普法内容主题鲜明	20 分			
	确保内容的准确性和有效性	20 分			
	营造劳动法律法规宣传氛围	10 分			
合计		100 分			
总评	自评（20%）+ 互评（20%）+ 师评（60%）=	综合等级：	教师（签名）：		

任务二　劳动保障权益

一、社会保障制度的概念及调整对象

1. 社会保障法的概念

社会保障法是调整社会保障关系的法律规范的总称。社会保障法即国家为维护社会安定和经济稳步发展而制定的。在我国社会保障法具体包括社会保险法、社会救济法、社会福利法和优抚安置法等内容。

2. 社会保障法的调整对象

社会保障关系构成了社会保障法的调整对象。在任何国家的社会保障体系中，政府的参与都是不可或缺的，政府始终是社会保障关系中的关键主体。特别是在发展中国家，尤其是在那些经济转型的国家，如在我国，鉴于当前的国情和相对薄弱的财政基础，在"效率优先，兼顾公平"的原则指导下，国家无法承担全部或大部分的保障责任，必须将责任分散至社会和个人，构建一个多层次的社会保障体系。不能仅仅强调社会保障在稳定社会、实现社会平等方面的作用，还应重视其在促进经济发展、提高经济效率方面的功能。从我国目前实施的许多保障措施来看，无论是"国家、用人单位、劳动者三方共同负担"，还是"社会统筹与个人账户相结合"的模式，都体现了努力平衡经济发展和社会公平的原则，因此，社会和个人同样是社会保障制度的重要组成部分。

二、社会保障的功能

（1）社会保障充当着劳动力再生产的保护伞。其功能之一是在劳动力再生产过程中遇到障碍时，为劳动者及其家庭提供基本生活和生命保障，确保劳动力再生产的连续性，进而保障社会再生产的顺利进行。

（2）社会保障是社会发展的稳定器。通过社会保障实现社会财富的再分配，适度减少不同社会阶层成员之间的收入差异，防止贫富差距过大，确保社会成员的基本生活需求得到满足，从而协调社会关系，维护社会稳定。

（3）社会保障是经济发展的调节器。社会保障在经济发展中的调节作用主要体现在对社会总需求的自动调节上。在经济衰退期，一方面，由于失业率上升和收入下降，社会保障资金的积累相应减少；另一方面，因失业或收入减少而需要社会救助的人数增加，社会保障在失业救济和其他社会福利方面的支出相应增加。这导致社会保障的支出在短期内超过收入，从而刺激了消费需求和社会总需求。而在经济繁荣时期，其作用则相反。

（4）社会保障具有促进发展的功能。社会保障制度在初期可能主要展现了稳定和调节的作用。但随着发展，它已经显著地具备了推动发展的功能，这主要体现在以下四个方面：第一，它促进了社会成员之间及他们与整个社会的和谐发展，使社会生活进入良性循环；第二，它帮助那些经历特殊事件的社会成员更快地认识并适应不断变化的社会环境；第三，它提升了社会成员的物质和精神生活水平，此外，它还促进了政府社会政策的有效实施；第四，它推动了社会文明的进步。在经济领域，社会保障通过构建稳定的社会环境间接促进了经济的发展，并且通过社会保障基金的运作直接推动了特定产业的发展。

（5）社会保障具有互助的功能。本质上，社会保障体现了互惠互助的原则，其中包含了在互惠互助过程中的他助与自助。通过采用责任分担机制，社会保障成为一种以互助为基础，进而有效分散和化解风险的体系。

除以上几大功能外，社会保障还具有防控风险、资本积累等功能。此外，社会保障可以解除劳动力流动的后顾之忧，使劳动力流动渠道通畅，有利于调节和实现人力资源的高效配置。

三、社会保障的主要内容

1. 基本养老保险

基本养老保险是依据国家法律和法规建立的社会保险制度，旨在解决劳动者在达到法定退休年龄或因年老失去劳动能力而退出工作岗位后的生活保障问题。该制度以确保离退休人员基本生活需求为宗旨，具有强制性、互济性和社会性三大特点。其强制性表现在国家立法强制实施，要求企业和个人必须参与，不得违反；互济性体现在养老保险费用通常由国家、企业和个人三方共同承担，统一管理和支付，以保障企业职工的生活并实现社会范围内的互助；社会性反映在养老保险涉及面广、受益人数众多、保障时间长，以及费用支出巨大方面。社会保障卡如图7-1所示。

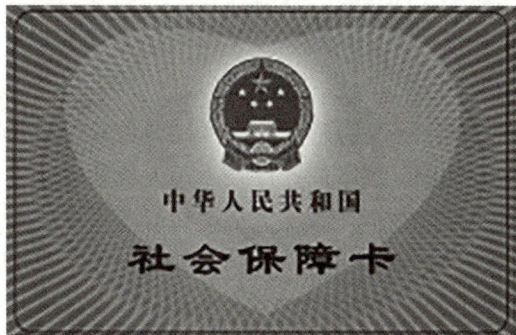

图 7-1　社会保障卡

通常，基本养老保险分为职工基本养老保险和城乡居民基本养老保险，参保人员不同，缴纳标准不同，领取的养老金也不同。具体情况见表7-5。

表 7-5　基本养老保险的主要内容

项目	职工基本养老保险	城乡居民基本养老保险
参保人员	城镇各类企业职工、个体工商业者和其他灵活就业人员（失业、辞职、自由职业等）	年满 16 周岁（不含在校学生），非国家机关和事业单位工作人员及不属于职工基本养老保险制度覆盖范围的城乡居民，可以在户籍地参加城乡居民养老保险
参保方式	用人单位及其从业人员必须依法参加社会保险。未在用人单位参加基本养老保险的非全日制从业人员，以及其他灵活就业人员自愿参保	自愿参保
缴费标准	社保费用由用人单位和职工共同承担，按月缴费，单位的缴费费率为核定缴费基数×16%，划入统筹账户；个人缴费费率为核定缴费基数×8%，划入个人账户 以灵活就业方式参保的人员由个人缴纳养老保险费，缴费基数在每年度本市社保缴费基数的上下限之间进行选择，按照选定缴费基数24%的比例缴纳养老保险费	城乡居民养老保险基金由个人缴费、政府补贴、集体补助构成。 个人缴费：目前分为每年 100 元、200 元、300 元、400 元、500 元、600 元、700 元、800 元、900 元、1 000 元、1 500 元、2 000 元、3 000 元 13 个档次 政府补贴：根据个人缴费分档补贴，最低 40 元／年
退休年龄	职工达到国家规定的按月领取基本养老金最低缴费年限，可以自愿选择弹性提前退休，提前时间距法定退休年龄最长不超过 3 年，且退休年龄不得低于女职工 50 周岁、55 周岁及男职工 60 周岁的原法定退休年龄	缴纳养老保险累计满 15 年并且也达到法定退休年龄，可按月领取养老金
退休待遇	根据缴费基数、缴费年限（含视同缴费年限）、个人账户累积额及退休时当地上年度职工月平均工资等计算	根据个人账户总额、缴费年限等因素计算

如果在多个城市工作过，并都交过社保，那么只需要在退休前办理好养老保险转移合并。参加城镇企业职工基本养老保险的所有人员，其基本养老保险关系可跨省跨地区转移合并。在转移个人账户储存额的同时，还转移部分单位缴费。参保人员在各地的缴费年限合并计算，个人账户储存额累计计算。

2. 医疗保险

基本医疗保险是为补偿劳动者因疾病风险造成的经济损失而建立的一项社会保险制度。我国现阶段建立了城镇职工基本医疗保险制度、新型农村合作医疗制度和城镇居民基本医疗保险制度。其中，城镇职工基本医疗保险由用人单位和职工按照国家规定共同缴纳基本医疗保险费，建立医疗保险基金，参保人员患病就诊发生医疗费用后，由医疗保险经办机构给予一定的经济补偿，以避免或减轻劳动者因患病、治疗等所带来的经济风险。新型农村合作医疗和城镇居民基本医疗保险实行个人缴费与政府补贴相结合，待遇标准按照国家规定执行。

基本医疗保险费的缴费政策各统筹地区并不统一。如北京市规定，劳动者按照缴费基数的 2% 缴纳，缴纳金额存入个人医疗保险账户；用人单位按照缴费基数的 9% 缴纳，缴纳金额部分存入社保医疗统筹基金账户，部分存入个人账户。职工自批准法定退休的次月起，个人不再缴纳基本医疗保险费。

基本医疗保险的权益主要受"两定点三目录"和"统筹基金支付三条线"的规制。一方面，符合基本医疗保险药品目录、诊疗项目、医疗服务设施标准及急诊、抢救的医疗费用，按照国家规定从基本医疗保险基金中支付；另一方面，参保人员医疗费用中应由基本医疗保险基金支付的部分，由社会保险经办机构与医疗机构、药品经营单位直接结算。

3. 生育保险

所谓生育保险，是指通过国家立法规定，在劳动者因生育子女而导致劳动力暂时中断时，由国家和社会及时给予物质帮助的意向社会保险制度。

（1）生育保险待遇的享受条件。用人单位已经缴纳生育保险费并达到最低时限，各地区政策不同，如北京市要求连续缴纳社保9个月，广州市要求累计缴纳社保1年，上海市要求在生产当月缴纳社保即可，并且符合国家和省、市人口与计划生育政策规定。

（2）生育保险的待遇。职工（含未就业配偶的）生育医疗费用包括女职工因怀孕、生育发生的检查费、接生费、手术费、住院费、药费和计划生育手术费等。女职工依法享受产假期间的生育津贴，按本企业上年度职工月平均工资计发，由生育保险基金支付。

4. 工伤保险

工伤保险是指劳动者在工作中或在规定的情形下因遭受意外伤害、罹患职业病而暂时或永久丧失劳动能力及死亡时，劳动者或其遗属从国家和社会获得物质帮助的一种社会保险制度。

（1）认定为工伤的7种情形。

1）在工作时间和工作场所内，因工作原因受到事故伤害的。

2）工作时间前后在工作场所内，从事与工作有关的预备性或者收尾性工作受到事故伤害的。

3）工作时间和工作场所内，因履行工作职责受到暴力等意外伤害等。

4）患职业病的。

5）因工外出期间，由于工作原因受到伤害或者发生事故下落不明的。

6）在上下班途中，受到非本人主要责任的交通事故或城市轨道交通、客运轮渡、火车事故伤害的。

7）法律、行政法规规定应当认定为工伤的其他情形。

（2）视同工伤的3种情形。

1）在工作时间和工作岗位，突发疾病死亡或者在48小时之内经抢救无效死亡的。

2）在抢险救灾等维护国家利益、公共利益活动中受到伤害的。

3）职工原在军队服役，因战、因公负伤致残，已取得革命伤残军人证，到用人单位后旧伤复发的。

（3）不得认定为工伤或视同工伤的3种情形。

1）故意犯罪的。

2）醉酒或吸毒的。

3）自残或自杀的。

5. 失业保险

失业保险是指国家通过立法强制实行的，由社会集中建立基金，对因失业而暂时中断生活来源的劳动者提供物质帮助进而保障失业人员失业期间的基本生活，促进其再就业的制度。

在我国，失业人员满足以下三个条件后，方可享受失业保险待遇：非因本人意愿中断就业；已办理失业登记，并有求职要求；按照规定参加失业保险，所在单位和本人已按照规定履行缴费义务满一年。

根据《失业保险条例》对失业保险费缴纳的规定，城镇企业事业单位应按照本单位工资总额的 1% ～ 1.5% 缴纳失业保险费。单位职工按照本人工资的 0.5% 缴纳失业保险费。城镇企业事业单位招用的农民合同制工人本人不缴纳失业保险费。

失业人员失业前用人单位和本人累计缴费满一年不足五年的，领取失业保险金的期限最长为十二个月；累计缴费满五年不足十年的，领取失业保险金的期限最长为十八个月；累计缴费十年以上的，领取失业保险金的期限最长为二十四个月。重新就业后，再次失业的，缴费时间重新计算，领取失业保险金的期限与前次失业应当领取而尚未领取的失业保险金的期限合并计算，最长不超过二十四个月。在实务中，各地区可根据失业者缴费时间的长短，在同一档次内适当拉开失业保险金的领取期限。

6. 住房公积金保障

住房公积金是指国家机关、国有企业、城镇集体企业、外商投资企业、城镇私营企业及其他城镇企业、事业单位、民办非企业单位、社会团体及其在职职工缴存的长期住房储金。建立住房公积金制度的单位，单位和职工个人都有缴存费用的义务。职工个人缴存部分由单位代扣后，连同单位缴存部分一并存到住房公积金个人账户内，属于职工个人所有，职工个人享有住房公积金存储利息。2016 年 2 月，中国人民银行、住房和城乡建设部、财政部颁布的《关于完善职工住房公积金账户存款利率形成机制的通知》规定，自 2016 年 2 月 21 日起，职工住房公积金账户存款利率调整为统一按一年期定期存款基准利率执行。

住房公积金由职工个人缴存和职工所在单位缴存两部分组成。职工住房公积金月缴存额为职工本人住房公积金缴存基数乘以职工住房公积金缴存比例，并由所在单位每月从其工资中代扣代缴。单位为职工缴存的住房公积金月缴存额为职工本人住房公积金缴存基数乘以单位缴存比例。住房公积金缴存基数按职工本人上一年度月平均工资计算。月平均工资按国家统计局规定列入工资总额统计的项目计算。按照最近政策，住房公积金缴存比例下限为 5%，上限由各地区按《住房公积金管理条例》规定的程序确定，最高不得超过 12%。

◀ 🔊 **扩展阅读**

劳动权益自我保护

大学毕业生必须学会相应的自我保护措施，培养维权意识和自我保护能力，保护自身的合法权益不被侵害。

（1）了解政策和法规。了解目前国家关于大学毕业生就业的相关方针、政策和规范及它们之间的关系，熟悉大学毕业生在就业过程中的权利和义务，是大学毕业生自我保护的重要手段。只有这样，大学毕业生才能发现就业过程中的不正当行为，从而依法维护自己的合法权益。

（2）做好预防措施。大学毕业生在就业过程中，应本着诚实、守信和平等的原则，凭自身实力参与竞争。同时，大学毕业生要有风险意识，对于一些用人单位使用欺骗手段招聘的做法，要有提防戒备心理，预防侵害自身合法权益行为的发生。

（3）掌握维护自身合法权益的工具和渠道。在就业过程中，大学毕业生如果遇到侵害自身合法权益的不公平现象，要敢于拿起法律武器据理力争，使自己处在与用人单位平等的地位。在实际维护自身合法权益的过程中，大学毕业生除利用个人的力量外，还可以采用向国家行政机关投诉、借助新闻媒体和寻求法律援助等方式。

四、劳动争议处理

（一）劳动争议的主体与范围

劳动争议是劳动者和用人单位之间，基于劳动关系而产生的对各自权利义务的争议。我国对于劳动争议的解决，采取的是重调解、保护劳动者利益，维持劳动关系和谐稳定的原则。为此构建了通过协商、调解、仲裁和诉讼途径解决劳动争议的争议解决机制。这其中协商和调解并非必须程序，但为解决纠纷起到了很好的分流和疏导作用，仲裁和诉讼成为解决劳动争议纠纷的必经程序，并且规定仲裁前置，形成了一裁二审的纠纷解决系统。

1. 劳动争议主体

劳动争议主体一般是指发生争议的用人单位和劳动者。用人单位包括企业（包括内资、外资、合资）、个体经济组织、民办非企业单位、会计师事务所、律师事务所等合伙组织和基金会；劳动者通常就是指与用人单位建立劳动关系的个人。

2. 劳动争议范围

根据《中华人民共和国劳动争议调解仲裁法》第二条规定，适用于我国相关劳动法律法规的争议包括以下六种。

（1）因确认劳动关系发生的争议。

（2）因订立、履行、变更、解除和终止劳动合同发生的争议。

（3）因除名、辞退和辞职、离职发生的争议。

（4）因工作时间、休息休假、社会保险、福利、培训及劳动保护发生的争议。

（5）因劳动报酬、工伤医疗费、经济补偿或者赔偿金等发生的争议。

（6）法律、法规规定的其他劳动争议。例如，机关、事业单位、社会团体与其建立劳动关系的劳动者之间，因确认劳动关系，订立、履行变更、解除和终止劳动合同，工作时间、休息休假、社会保险、福利、培训及劳动保护，劳动报酬、工伤医疗费、经济补偿或者赔偿金等发生的争议；劳动者退休后，与尚未参加社会保险统筹的原用人单位因追索养老金、医疗费、工伤保险待遇和其他社会保险费而发生的纠纷。

（二）劳动争议协商与调解

1. 劳动争议协商

劳动争议协商是指劳动者与用人单位为解决劳动争议，通过平等自愿、互谅互让的沟通商谈，在认清事实、明辨是非的情况下，化解矛盾达成共识的过程。双方当事人这种自主化解决争议的方式，是当事人解决争议的首要途径，并贯穿争议处理全过程。

2. 劳动争议调解

劳动争议调解是指在第三方主持下，依据法律规范和道德规范，劝说争议双方当事人，通过民主协商，互谅互让，达成协议，从而消除争议的一种方法与活动。

劳动争议调解制度是我国建立的社会主义新型劳动制度的一项重要内容，也是妥善处理劳动争议的一种有效途径，它与劳动争议仲裁制度、司法裁判制度相配合，及时、有效、稳妥地处理了大量的劳动争议，为稳定劳动关系、化解劳动矛盾、构筑和谐的劳动用工关系发挥了积极作用。

根据《中华人民共和国劳动争议调解仲裁法》的规定，当事人申请劳动争议调解本着自愿的原则，可以书面申请，也可以口头申请。口头申请的，调解组织应当当场记录申请人的基本情况、申请调解的争议事项、理由和时间。

《中华人民共和国劳动争议调解仲裁法》规定的常见的劳动争议调解机构有三类：企业劳动争议调解委员会；依法设立的基层人民调解组织；在乡镇、街道设立的具有劳动争议调解职能的组织。

申请人以书面或口头形式向企业劳动争议调解委员会提出申请后，调解委员会应当依法进行审查，然后根据不同情况，分别作出决定。《企业劳动争议协商调解规定》第二十二条规定："调解委员会接到调解申请后，对属于劳动争议受理范围且双方当事人同意调解的，应当在 3 个工作日内受理。对不属于劳动争议受理范围或者一方当事人不同意调解的，应当做好记录，并书面通知申请人。"

（三）劳动争议仲裁

仲裁是指由双方当事人协议将争议提交具有公认地位的第三者，由该第三者对争议的是非曲直进行评判并作出裁决的一种解决争议的方法。仲裁异于诉讼和审判，仲裁需要双方自愿，也异于强制调解，是一种特殊调解，是自愿型公断，区别于诉讼等强制型公断。仲裁活动和法院的审判活动相同，关乎当事人的实体权益，是解决民事争议的方式之一。

劳动争议仲裁是仲裁的一种，其仲裁的对象是当事人之间的劳动纠纷。劳动争议仲裁是指法律授权的专门机构，依法依据法律、法规的规定和劳动争议当事人的申请，以第三者的身份，对争议事项居中调解并作出判断和裁决的法律活动。

（四）劳动争议诉讼

劳动争议诉讼是争议当事人就争议事项向法院起诉，法院依据相关的法律、法规对争议进行审理作出判决的司法解决方式。

我国现行的"一裁两审"机制将仲裁前置，即经过仲裁审理的劳动人事争议案件，当事人不服裁决，才能向法院起诉，法院依法受理后，才真正进入诉讼程序。劳动争议当事人对仲裁裁决不服的，有权在收到裁决书之日起 15 日内向法院起诉，超过这个时限的，裁决书即发生法律效力，当事人无权再向人民法院起诉。

大学生劳动权益保护

🔩 劳动案例

南充市某大学的 10 多名毕业生，集体到深圳的一家民营企业做电子产品组装工作。该企业给学生的口头承诺是：月薪 5 000 元，外加年终分红；工作满 1 年的，分房；工作满 3 年的，直接配车。这些学生都觉得真是天上掉馅饼了，这么好的机会怎能错过呢？于是，他们没有多考虑就去了深圳。到了该企业之后，急于求成的学生们草率地签订了劳动合同。1 个月之后，所有人都大呼上当了。他们的月薪确实是 5 000 元，但是在工作中他们经常会违反合同上的"霸王条款"，如迟到一次罚款 500 元，工作时间上厕所超过 2 分钟罚款 200 元等。结果，1 个月高强度工作下来，扣掉各种罚款，大家实际拿到手里的只有不到 1 000 元。学生们集体反抗，说要辞职不干，但该企业拿出劳动合同，要求每个学生交 10 000 元的违约金。学生说，你们在学校和我们谈的时候可不是这么说的，该企业则表示"请拿出证据来"。众学生木然。

【分析】在签订劳动合同时，一定要认真看清楚合同里面的条款，这样才能有效地保护自身的合法权益。求职者一旦发觉上当受骗，要及时向用人单位所在地的劳动保障监察大队投诉或向派出所报案，寻求法律保护。

📖 躬身践行

地区医疗保险报销政策调查

【劳动任务】

（1）划分小组。全班同学划分为若干实践小组，每组 5 人左右，每组以一个地区的基本医疗保险制度为调研对象，深入了解当地基本医疗保险报销政策。

（2）制作调研记录表。每个小组结合实践教学或专题指导，设计基本医疗保险报销政策记录表。

（3）实施调研。组内明确分工，通过网络查询、电话咨询和现场访谈等形式，并以某个医院或某次就医行为为例辅助调查，深入调研当地基本医疗保险报销政策的有关内容，并填写调研记录表，聚焦"起付线""共付线"和"封顶线"在基本医疗保险报销中如何适用。

（4）撰写报告。根据调研结果，完成关于当地基本医疗保险报销政策的调研报告。

（5）成果展示。各小组根据调研报告制作 PPT，并派代表在班级进行汇报，展示本组调研成果，介绍当地基本医疗保险报销政策，全班同学作交流讨论。

【劳动分组】

全班学生以 4～6 人为一组进行分组，各组选出组长并进行任务分工，将小组成员及分工情况填入表 7-6 中。

表 7-6　小组成员及分工情况

班级		组号		指导教师	
小组成员	姓名	学号		任务分工	
组长					
组员					

【劳动过程】

（1）将学生分成每组 4～6 个人的活动小组，通过小组内部讨论形成小组观点。

（2）每个小组选出 1 名代表陈述本组观点。

（3）教师进行归纳分析，引导学生深刻认识保护劳动权益的重要性。

【劳动计划】

小组商议，制订出具体的工作计划，填入表 7-7 中。

表 7-7　工作计划

步骤	工作内容	时间安排	负责人
1			
2			
3			
4			
5			

【劳动实施】

按照劳动计划，将具体的实施情况记录在表 7-8 中。

表 7-8　实施情况

时间安排	实施步骤
	选择本组要调查的主题及对象
	讨论本组的方案
	活动过程中遇到的问题及解决方式
	调查结果分析
	整理素材，让同学们讨论调查建议

【劳动评价】

教师可参考表 7-9 对各小组的活动进行评价。

表 7-9　活动评价表

项目名称	评价内容	分值	评价分数		
			自评	互评	师评
素养评价 20%	分工合理，具备团队精神，能够积极与他人合作	10 分			
	积极、认真参加实践任务	10 分			
技能评价 30%	活动策划方案实用	10 分			
	活动实施效果佳，给劳动者带来了感动	10 分			
	按时完成实践任务	10 分			
成果评价 50%	分享主题鲜明	20 分			
	分享作品中的劳动者真实、自信	20 分			
	分享作品有感染力	10 分			
合计		100 分			
总评	自评（20%）+ 互评（20%）+ 师评（60%）=	综合等级：	教师（签名）：		

任务三　劳动安全

　　劳动安全是指为保护劳动者在生产劳动过程中的安全，防止或消除伤亡事故所采取的各种安全措施。劳动安全的目的是防止危及劳动者人身安全的事故发生，保障劳动者在生产劳动过程中的人身安全，免受职业伤害。我国基于此制定了劳动安全技术规程，包含机器设备的安全、电器设备的安全、锅炉压力等容器的安全、建筑工程的安全、交通道路的安全，要求企业必须按照劳动安全技术规程操作，保护劳动者的劳动安全。

一、认识安全标志

　　安全标志由安全色、几何图形和图形符号三部分构成，表达特定的安全信息。安全标志的作用是提醒工作人员预防危险，避免事故发生；当危险发生时，能够指示人们尽快逃离，或者采取正确的措施，对危害加以遏制。其中，安全色是指传递禁止、警告、指令、指示等安全信息含义的颜色，具体规定为红、黄、蓝、绿四种颜色，对比色是黑、白两种颜色。红色表示禁止、停止、危险及消防设备（图7-2）；黄色表示提醒注意、警告（图7-3）；蓝色表示必须遵守的指令（图7-4）；绿色表示允许、安全（图7-5）。对比色则是使安全色更加醒目的反衬色，如公路、交通等方面用红白相间条纹表示防护隔离（图7-6）；蓝白相间条纹表示指示性导向（图7-7）；黄黑相间条纹表示提醒人们特别注意（图7-8）；绿白相间条纹表示更为醒目（图7-9）。

　　安全标志可分为禁止标志、警告标志、指令标志和提示标志四大类。禁止标志表示不准或制止人们的某种行为。禁止标志的几何图形是带斜杠的圆环，其中圆环与斜杠相连，用红色；图形符号用黑色，背景用白色（图7-10）。警告标志表示使人们注意到可能会发生的危险。警告标志的几何图形为黑色的正三角形，图形符号用黑色，背景用黄色（图7-11）。指令标志表示必须遵守，用来强制或限制人们的行为。指令标志的几何图形是圆形，图形符号用白色，背景用蓝色（图7-12）。提示标志表示示意目标的地点或方向。提示标志的几何图形是方形，图形符号及文字用白色，背景用绿色（图7-13）。

图7-2　红色

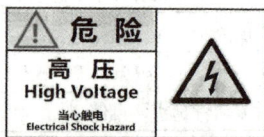

图7-3　黄色

图 7-4　蓝色　　　　　　图 7-5　绿色

图 7-6　红白相间　　　　　图 7-7　蓝白相间

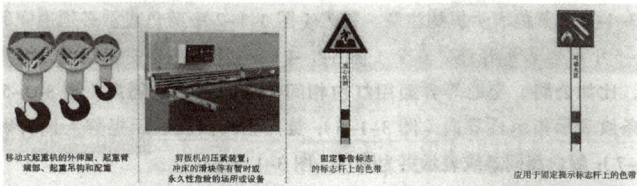

图 7-8　黄黑相间　　　　　图 7-9　绿白相间

图 7-10　禁止标志

图 7-11　警告标志

图 7-12　指令标志

143

补充标志是对禁止、警告、指令、提示四种标志的补充说明，可分为横写和竖写两种。横写的文字辅助标志写在标志的下方，可以和标志连在一起，也可以分开，用于禁止的标志用红底白字，用于警告的标志用白底黑字（图 7-14）；竖写的文字辅助标志写在标志杆的上部，均为白底黑字（图 7-15）。

图 7-13　提示标志

图 7-14　补充标志横写

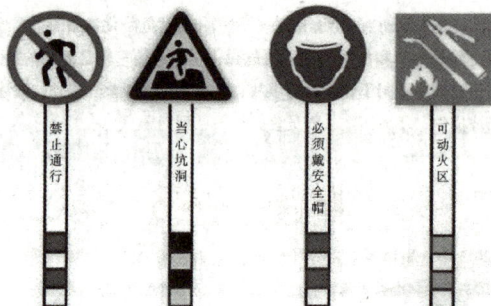

图 7-15　补充标志竖写

二、劳动中的职业安全

职业安全是指职业劳动过程中人员的人身安全问题。"安全第一、预防为主、综合治理"是无数充满血和泪的安全事故教训换来的安全理念。职业安全中的事故多表现为生产安全事故。要从多视角来认识职业活动中的事故类型，这些不同的事故类型的划分也分别从不同方面描述了事故的不同特点。

（一）职业安全中的事故类型

依据国家标准《企业职工伤亡事故分类》（GB 6441—1986），按致害原因事故类别主要有以下 20 种。

（1）物体打击。物体打击是指由失控物体的惯性力造成的人身伤亡事故。

（2）车辆伤害。车辆伤害是指企业内由机动车辆引起的机械伤害事故。

（3）机械伤害。机械伤害是指机械设备与工具引起的绞、碾、碰、割、戳、切等伤害。

（4）起重伤害。起重伤害是指从事起重作业时引起的机械伤害事故。

（5）触电。触电是指电流流经人体，造成生理伤害的事故。

（6）淹溺。淹溺是指大量的水经口、鼻进入人体肺部，造成呼吸道阻塞或发生急性缺氧而窒息死亡的事故。

（7）灼烫。灼烫是指火焰烧伤、高温物体烫伤、化学灼伤（酸、碱、盐、有机物引起的体内外灼伤）、物理灼伤（光、放射性物质引起的体内外灼伤），不包括电灼伤和火灾引起的烧伤。

（8）火灾。火灾是指在时间和空间上失去控制的燃烧所造成的灾害。

（9）高处坠落。高空坠落是指因人体所具有的危险重力势能引起的伤害事故。

（10）坍塌。坍塌是指建筑物、构筑物、堆置物倒塌及土石塌方引起的事故。

（11）冒顶片帮。冒顶片帮是指矿井作业面、巷道顶部和侧壁在矿山压力作用下变形，破坏而脱落的现象。

（12）透水。透水是指矿山、地下开采或其他坑道作业时，意外水源带来的伤亡事故。

（13）放炮。放炮是指施工时，放炮作业造成的伤亡事故。

（14）火药爆炸。火药爆炸是指火药与炸药生产过程中，如配料、运输、贮藏等发生的爆炸事故。

（15）瓦斯爆炸。瓦斯爆炸是指可燃气体瓦斯、煤尘与空气混合形成了浓度达到爆炸极限的混合物，接触明火时引起的化学爆炸事故。

（16）锅炉爆炸。锅炉爆炸是指锅炉发生的物理爆炸事故。

（17）容器爆炸。容器爆炸是指压力容器超压而发生的爆炸。

（18）其他爆炸。其他爆炸是指不属于火药爆炸、瓦斯爆炸、锅炉爆炸、容器爆炸的爆炸事故。

（19）中毒和窒息。中毒和窒息是指在生产条件下，有毒物进入人体引起危及生命的急性中毒，以及在缺氧条件下发生的窒息事故。

（20）其他伤害。其他伤害是指不属于前面各项的伤亡事故，如扭伤、跌伤、冻伤、动物咬伤，钉子扎伤脚等。

（二）事故等级

根据造成的人员伤亡或直接经济损失，事故一般可分为以下四个等级。

（1）特别重大事故。特别重大事故是指造成30人以上死亡，或者100人以上重伤（包括急性工业中毒，下同），或者1亿元以上直接经济损失的事故。

（2）重大事故。重大事故是指造成10人以上30人以下死亡，或者50人以上100人以下重伤，或者5 000万元以上1亿元以下直接经济损失的事故。

（3）较大事故。较大事故是指造成3人以上10人以下死亡，或者10人以上50人以下重伤，或者1 000万元以上5 000万元以下直接经济损失的事故。

（4）一般事故。一般事故是指造成3人以下死亡，或者10人以下重伤，或者1 000万元以下直接经济损失的事故。

这是大学生应该了解的事故等级划分标准，已列入国家统计局事故统计通用指标。此外，国务院应急管理部可以会同国务院有关部门，制定事故等级划分的补充性规定。

（三）职业病及其危害

职业病是指企业、事业单位和个体经济组织等用人单位的劳动者在职业活动中，因接触粉尘、放射性物质和其他有毒有害物质等因素引起的疾病。

职业病必须满足以下四个条件：一是患病主体为企业、事业单位或个体经济组织的劳动者；二是在从事职业活动的过程中产生的；三是因解除粉尘、放射性物质和其他有毒、有害物质等职业病危害因素引起的；四是在国家公布的《职业病分类和目录》里面。

1. 常见职业病分类

职业病的危害因素是指在生产过程中、劳动过程中、作业环境中存在的危害劳动者健康，可能导致职业病的各种因素，有以下六种。

（1）粉尘。劳动者工作过程中长时间接触粉尘可能会引起尘肺病。

（2）噪声。噪声可能会引发听力下降，引起噪声聋。工业上的噪声一般在85 dB以下，最高不超过115 dB。

（3）振动。劳动者使用手持电动工具，如操作挖掘机、空气锤等设备，对手臂产生的振动引发的手臂振动病属于法定的职业病。一旦患有手臂振动病，人的手臂会不停颤抖，失去功能。

（4）中暑。劳动者在高温环境下作业，可能引发中暑。中暑属于法定的职业病。

（5）辐射。辐射包括电离辐射和非电离辐射。一般人们经常提到的红外线、紫外线、微波和激光均属于非电离辐射；X射线、γ射线属于电离辐射。

（6）中毒。职业性化学中毒属于职业病，包括铅中毒、苯中毒、氯气中毒、氨中毒、汽油中毒、甲醛中毒和一氧化碳中毒等。

2. 职业病防护

（1）用人单位。用人单位作为劳动者的主要工作场所，对于职业病防护负有主要责任，表现在以下六个方面。

1）应当保障职业病防护所需的资金投入，保证工作场所职业病危害因素的强度或者浓度符合国家职业卫生标准。

2）新建、改建、扩建的工程建设项目和技术改造、技术引进项目可能产生职业病危害的，应当向安全生产监督管理部门申请备案、审核、审查和竣工验收。

3）用人单位工作场所存在职业病目录所列职业病的危害因素的，应当及时、如实向所在地安全生产监督管理部门申报职业病危害项目。

4）对工作场所采取以下职业卫生管理措施：第一，在醒目位置设置公告栏，公布有关职业病防护的规章制度、操作规程、职业病危害事故应急救援措施和工作场所职业病危害因素检测结果。对产生严重职业病危害的工作岗位，应当在其醒目位置设置警示标识和中文警示说明。第二，为劳动者提供符合国家职业卫生标准的职业病防护用品，并督促、指导劳动者按照使用规则正确佩戴、使用。第三，实施由专人负责的日常监测，确保监测系统处于正常工作状态，定期对工作场所进行职业病危害因素检测、评价。第四，将检测、评价结果存档，并向所在地安全生产监督管理部门报告，向劳动者公布。

5）对从事接触职业病危害的作业人员，应当按照规定组织上岗前、在岗期间和离岗时的职业健康检查，并将检查结果书面告知劳动者。职业健康检查费用由用人单位承担。用人单位应当为劳动者建立职业健康监护档案，并按照规定的期限妥善保存。劳动者离开用人单位时，有权索取本人职业健康监护档案复印件，用人单位应当如实、无偿提供，并在所提供的复印件上签章。

6）用人单位的主要负责人和职业卫生管理人员应当接受职业卫生培训，对劳动者也要进行上岗前和在岗期间的定期职业卫生培训。

（2）个人防护。个人防护设施是保护劳动者安全健康的一种预防性辅助设施。《中华人民共和国劳动法》规定，用人单位必须为劳动者提供符合国家规定的劳动安全卫生条件和必要的劳动防护用品。劳动防护用品按照防护部位可分为以下九类。

1）安全帽。安全帽是用于保护头部，防撞击、挤压伤害的护具，主要有塑料、橡胶、玻璃、胶纸、防寒和竹质、藤质安全帽。

2）呼吸护具。呼吸护具是预防尘肺等职业病的重要护品。呼吸护具按用途可分为防尘、防毒、供氧三类；按作用原理可分为过滤式、隔绝式两类。

3）眼防护具。眼防护具用以保护作业人员的眼部、面部，防止外来伤害。其可分为焊接用眼防护具、炉窑用眼护具、防冲击眼护具、微波防护具、激光防护镜，以及防X射线、防化学、防尘等眼护具。

4）听力护具。长期在90 dB（A）以上或短时在115 dB（A）以上的环境中工作时应使用听力护具。听力护具可分为耳塞、耳罩和帽盔三类。

5）防护鞋。防护鞋用于保护足部免受伤害，主要有防砸、绝缘、防静电、耐酸碱、耐油、防滑等功能。

6）防护手套。防护手套用于手部保护。其主要有耐酸碱手套、电工绝缘手套、电焊手套、防 X 射线手套、石棉手套等。

7）防护服。防护服用于保护职工免受劳动环境中的物理因素、化学因素的伤害。防护服可分为特殊防护服和一般作业服两类。

8）防坠落护具。防坠落护具用于防止坠落事故发生，主要有安全带、安全绳和安全网。

9）护肤用品。护肤用品用于外露皮肤的保护，可分为护肤膏和洗涤剂。

📢 扩展阅读

规避劳动禁忌

（1）体力劳动禁忌。

1）长期保持一个姿势。在工作时长期保持一个姿势，会导致个体身体器官或生物系统过度紧张而引起疾患。例如，长期从事站姿作业或坐姿作业，特别是站立负重作业，容易导致腰肌劳损；长期站立或行走作业，容易导致下肢静脉曲张；长期从事手指、手掌快速运动或前臂用力的工作，容易引发腱鞘炎；长期从事程序设计、精密仪器加工、焊接等工作，容易造成视觉疲劳、视力下降等。

2）不良劳动环境条件。高温、寒冷、潮湿、光线不足、空间狭窄等，会增加劳动者的劳动负荷、提高劳动强度，容易产生疲劳和造成损伤。

3）劳动组织和劳动制度安排不合理。劳动时间过长，劳动强度过大，休息时间不够，轮班制度不合理等，也容易形成过度疲劳，造成劳动者身体损伤。

（2）脑力劳动禁忌。过度脑力劳动会产生疲劳感，这种疲劳感表现为对工作的抵触。疲劳信号告诉人们，身体需要休息了，需要进行调整和恢复，应该停止工作。如果继续强迫大脑工作，则会进一步加重心理疲劳，造成脑细胞的损伤，或使脑功能发生障碍。在一般情况下，过度脑力劳动会对人体的身心健康造成较大的危害，主要包括以下两个方面。

1）生理健康失常。长期过度脑力劳动，会使大脑缺血、缺氧、神经衰弱，从而导致注意力不集中，记忆力下降，思维欠敏捷，反应迟钝；睡眠规律不正常，白天瞌睡，大脑昏昏沉沉，夜晚卧床后大脑却兴奋起来，难以入眠；醒后大脑疲劳不缓解，精神不振。

2）心理健康失常。上述生理功能的失衡，会造成心理活动失衡，出现忧虑、紧张、抑郁、烦躁、消极、敏感、多疑、易怒、自卑、自责等不良情绪，表面上强打精神，内心充满困惑、痛苦，继而对工作、学习丧失兴趣，产生厌倦感，甚至产生轻生念头。

⚙️ 劳动案例

一家公司登报招聘工人，员工前往应聘熟料冷却工岗位，并签订了 3 年期的劳动合同，但公司没有告知员工该工种的职业危害，劳动合同中也没有写明。员工上班后发现要接触煤矽尘、高温等职业危害因素，于是便以身体状况不适合为由要求换岗，但被拒绝。请问员工若解除合同可以主张哪些权益？

　　《中华人民共和国劳动法》规定，用人单位招用劳动者时，应当如实告知劳动者工作内容、职业危害等事项。《中华人民共和国职业病防治法》规定，用人单位与劳动者订立劳动合同时，应当将工作过程中可能产生的职业病危害及其后果、职业病防护措施和待遇等如实告知劳动者，并在劳动合同中写明，不得隐瞒或者欺骗；用人单位违反前述规定的，劳动者有权拒绝从事存在职业病危害的作业，用人单位不得因此解除与劳动者所订立的劳动合同。案例中的员工工作所接触的煤矽尘等已被列入《职业病危害因素分类目录》，公司对此并未告知，也未在劳动合同中写明，显然违反了法律的强制性规定。

　　根据上述规定，员工可以申请劳动争议仲裁机构确认该劳动合同无效，并要求公司赔偿员工因参加应聘和前往上班所发生的差旅费等损失。之后，员工可以依法解除该劳动合同，并要求公司依法向员工支付经济补偿金。

三、劳动中的应急

　　在日常生活中，无论在学校内还是学校外，大学生都有可能遇到一些突发情况，如果掌握现场急救知识，往往能为患者赢得宝贵时间并挽救患者的生命。另外，目前喜欢参加一些体育运动和野外活动的大学生越来越多，掌握一些关于包扎、止血、冻伤、溺水、中暑等的急救知识非常实用。

（一）一般急救常识

1. 心肺复苏

　　心肺复苏是挽救病人，使其恢复心跳和呼吸，避免脑损伤的一种急救技术。在日常生活中，人们难免会遇到各种疾病或意外事件。因此，学习掌握心肺复苏的操作和技能是很必要的。下面介绍心肺复苏的程序。

　　（1）判断伤者有无反应。轻摇伤者肩膀及在耳边叫唤，并大声问："你怎么啦？"测试伤者的神志是否清楚。若有回应，则表示气道仍然畅通；若伤者人事不省，应立即请旁人协助。

　　（2）呼救，拨打120急救电话。若呼唤无反应，则立即呼救，目的是叫人协助急救和通知医院与医疗急救部门，申请急救车服务。"120"是我国统一实施的医疗急救电话号码。如果在场目击者只有一人，伤者呼吸、心跳停止，应先进行心肺复苏1～2分钟，再尽快打电话呼救。如果现场有多人，呼救与抢救可同时进行。若伤病者只有独自一人，在神志清醒时，应尽快拨通急救电话，将自己的伤情、地点详细告诉对方，请求速来急救或呼救邻居速来协助。

　　（3）摆好伤者身体。为使复苏有效，患者必须仰卧在坚实而无弹性的平面上，头部与躯干呈水平位，身体无扭曲，两臂放在身旁，解开衣领，松开裤带。抢救者跪于患者的右侧，两腿自然分开，一只膝关节位于伤者肩部，另一只膝关节位于伤者腰部，抢救者双腿与肩同宽，并尽量贴近患者。

　　（4）清除伤者口腔异物。迅速清除其口、鼻、咽喉的异物，如凝血块、痰液、呕吐物等。一只手用拇指、食指拉出舌头，另一只手的食指伸入口腔和咽部，迅速将血块、异物取出。

（5）打开伤者气道。清理干净气道异物后，需要继续保持气道通畅。一只手放在患者前额上，手掌向后下方施力，使头向后仰；另一只手的食指及中指将下颌托起。此时，拉开颈部，尽量让头后倾。注意手指不要压向喉部，以免阻塞气道。

（6）判断伤者呼吸情况。将面颊贴近伤者口鼻部，眼睛朝向伤者胸部，判断伤者呼吸是否存在。同时默数 1001、1002、1003、1004、1005（5秒），若已无呼吸，应立即进行人工呼吸。

（7）对伤者进行人工呼吸。口对口进行人工呼吸是为患者肺部供应氧的首选快速有效的方法。使伤员仰卧，施救人员位于其头部一侧，捏住伤员的鼻孔，深吸气后，将自己的嘴紧贴伤员的嘴吹入气体。之后，离开伤员的嘴，放开鼻孔，一只手压伤员胸部，助其呼出体内气体。如此有节律地反复进行，每分钟进行 15 次。注意吹气时不要用力过度，以免造成伤员肺泡破裂。吹气时，应对伤员进行胸外心脏按压。一般吹一次气后，做 4 次胸外心脏按压。

（8）对伤者进行胸外心脏按压。胸外心脏按压是心肺复苏的主要方法，它通过压迫胸骨，对心脏给予间接按摩，使心脏排出血液，参与血液循环，以恢复心脏的自主跳动。具体操作方法如下。

1）让需要进行心脏按压的伤员仰卧在平整的地面或木板上。

2）施救人员位于伤员一侧，双手重叠放在伤员胸部两乳正中间处，用手向下挤压胸骨，使胸骨下陷 3～4 cm，然后迅速放松，放松时手不离开胸部。如此反复有节律地进行，按摩速度为每分钟 60～80 次。

2. 止血

止血是创伤现场应急救护首先要掌握的一项基本技术。其主要目的是阻止伤口持续性出血，防止伤者因失血过多而导致死亡，为伤者赢得宝贵的抢救时间，从而挽救伤者的生命。

（1）包扎法止血。通常，包扎法止血适用于没有明显动脉出血的情况。对于小伤口出血，在条件允许的情况下，应先用生理盐水清洗伤口，然后用消毒纱布覆盖，并用绷带或三角巾进行包扎。若条件有限，可以使用冷开水清洗伤口，再用干净的毛巾或其他柔软布料进行覆盖包扎。对于较大的伤口和大量出血，需要施加压力进行包扎以止血。包扎时的压力应适中，确保在止血的同时，又不阻碍肢体的血液循环。严禁在伤口上撒布泥土、面粉等不洁物质，以免造成伤口的进一步污染，并给后续的清创工作增加难度。

（2）指压法止血。指压法止血是一种在急救中用于处理剧烈动脉出血的简单而有效的临时止血技术。通过根据动脉的路径，用拇指对出血点上方（靠近心脏的一端）施加压力，从而压迫血管闭合，切断血流，迅速有效地实现止血。然而，这种方法的止血不仅效果难以持久，而且需要预先掌握正确的压迫位置才能确保效果。

（3）止血带法止血。在处理较大的肢体动脉出血时，为了便于运送伤员，建议使用止血带，如橡皮带、宽布条、三角巾或毛巾等。对于上肢出血，止血带应绑扎在上臂的上三分之一处，切勿绑扎在中段以防止损伤桡神经。下肢出血时，止血带应绑扎在大腿的中部。在绑扎止血带之前，应先将受伤的肢体抬高，促进静脉血回流，并在止血带下方垫上毛巾或其他布片、棉絮，然后绑上止血带，直至动脉脉搏刚好摸不到为止。止血带的松紧要适中，过紧可能会损伤神经，过松则无法有效止血。绑好止血带后，必须做好明显的标记，注明绑止血带的部位和时间，以防止忘记定时放松，导致肢体因长时间缺血而坏死。绑上止血带后，应每半小时至一小时放松一次，每次放松 3 ～ 5 分钟，再重新绑扎。放松止血带时，可以暂时用手指进行压迫止血。

3. 包扎

包扎是外伤急救时最常用的方法，具有保护伤口减少感染，加压止血，固定敷料和夹板及减轻疼痛等作用。一般可以用三角巾和无菌纱布包扎。在紧急情况下，也可用清洁的毛巾、被单等代替。

（1）简单螺旋包扎法（图 7-16）。先用绷带缠绕肢体两圈固定，然后由受伤部位的下方开始，由下而上包扎。包扎时应用力均匀，由内而外扎牢，每绕一圈时，遮盖前一圈绷带的 2/3，露出 1/3。包扎完成时应将盖在伤口上的敷料完全遮盖。

（2）人字形包扎法（图 7-17）。先用绷带在患者肢体关节中央处缠绕一圈做固定，然后绕一圈向下，再绕一圈向上，反复向下、向上缠绕。结束时，在关节的上方重复缠绕一圈固定。

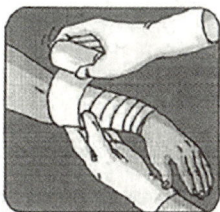

图 7-16　简单螺旋包扎法　　　　**图 7-17　人字形包扎法**

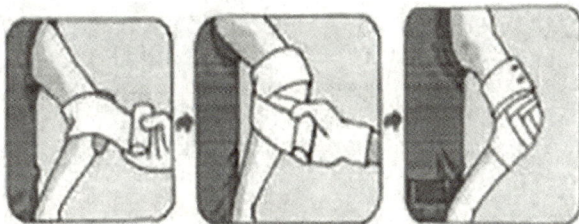

（3）三角巾头部包扎法（图 7-18）。协助患者坐稳，取下其眼镜和头饰，使用洁净的纱布垫或棉布垫压在头顶的伤口上，施加压力以止血大约 10 秒。将三角巾的底边折叠成约两指宽，边缘在患者前额齐眉处打结，确保布垫被完全覆盖，然后将顶角拉向后脑勺。接着，将三角巾的两个底角沿耳朵上方向后拉，至后部枕骨下方交叉并紧压顶角，之后绕回前额中央并打结。最后，将患者头后部的顶角拉紧并向上翻折，将顶角塞进两个底角交叉的地方。

图 7-18　三角巾头部包扎法

4.骨折的简易固定

当出现外伤后，局部组织有"红、肿、热、痛和功能障碍"时应考虑有骨折的可能。如前臂骨折是很多爱好体育的同学最容易出现的骨折类型。此时前臂出现皮肤发红、肿胀、发热和疼痛，前臂不能抬起功能障碍。固定是针对骨折的伤者所采用的一项急救措施。其目的是固定伤处，限制骨折部位的移动，避免骨折断端刺伤皮肤、血管、神经及重要脏器，减轻疼痛，便于运送。

（1）上臂和肘关节骨折（图7-19）。

1）当发生肱骨骨折（上臂骨折）且肘关节未受损伤时，肘部能够弯曲。固定方法如下。

①轻轻弯曲患者受伤侧的肘关节，将受伤侧的前臂置于胸前，掌心朝向胸壁。

②在受伤侧胸部和上臂之间垫上布垫，使用三角巾或绷带将受伤侧前臂悬挂固定。

③可以再用一条三角巾或绷带围绕患者胸部，将受伤的肢体扎紧加固。

图7-19 上臂骨折固定方法

2）若肘关节受损导致无法弯曲，固定方法如下。

①协助患者平躺，确保受伤的上肢与身体保持平行，掌心朝向身体，在受伤的上肢与胸部之间放置布垫。

②使用三角巾或绷带轻柔地环绕患者受伤的上肢和躯干，并在未受伤的一侧打结。务必确保三角巾或绷带不压迫到受伤部位。

（2）大腿骨折（图7-20）。大腿骨折，即股骨骨折。股骨是人体中最长的骨，十分坚硬，发生骨折常由于强大的外力撞击。大腿血液循环丰富，骨折时如有大血管损伤，血液会大量流入组织间隙，引起严重的内出血；由于肌肉的牵拉，伤侧大腿可能缩短或向外翻，受伤处肿胀；伤侧的膝盖和脚会歪向一侧；有严重出血时，患者会出现休克。固定的方法如下。

1）协助患者仰卧，将未受伤的腿与受伤的腿并拢，同时呼叫急救车。

2）在患者两腿之间，从膝关节以上至踝关节处垫上衣物或折叠后的毯子等物品。

3）使用三角巾或绷带、布条，以8字形缠绕固定患者的双足，确保双足底和脚大约呈90°。

4）用三角巾或宽布带缠绕患者双膝及骨折部位的上下方，以达到固定效果，并在健侧打结。

5）包扎完成后，尽量避免移动患者，直至急救车抵达。

图 7-20　大腿骨折固定方法

5. 搬运

（1）单人搬运。救护人站于伤者的一侧，使其身体略靠着救护人，一起行走；或者一人直接将伤者抱起行走；或者将伤者背起（图7-21）。如伤者卧于地上，救护人可先躺其一侧，一只手紧握伤者肩部，另一只手抱其腿，用力翻身，使伤者伏于救护人背上，然后慢慢起来行走。

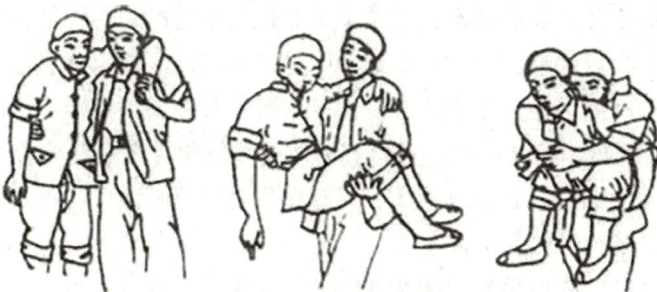

图 7-21　单人搬运方法

（2）双人搬运。一人站在伤者的头部，两手插入伤者腋下，抱入怀内，另一人站在伤者两腿中间，托起双腿，然后步调一致前行，或者急救者二人手臂交叉，呈座椅状（图7-22）。

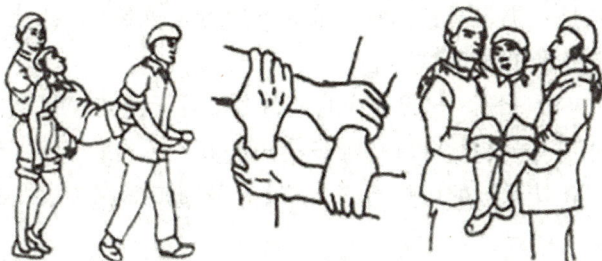

图 7-22　双人搬运方法

（二）常见疾病的急救

1. 猝死

猝死也称作突然死亡，指的是在外观健康或病情看似已稳定的患者，于极短的时间内发生意外的非创伤性死亡，通常情况下来不及进行救治，属于临床急症范畴。鉴于猝死的高发时段多集中在发病后的 1 小时内，心脏病专家将这一时间段内的死亡定义为猝死的标准。

（1）猝死的症状。在多数情况下，猝死发生前并没有明显的征兆。然而，部分患者可能会经历心绞痛的发作，且症状突然加剧，表现为脸色苍白、大量出汗、血压下降，尤其是频繁出现的室性早搏，这些往往是猝死的前兆。另外，一些患者可能会出现之前未曾有的症状，例如，显著的疲劳感、心悸、呼吸困难及精神状态的改变。随后，由于心跳骤停，面部可能出现意识丧失、严重紫绀、痉挛、瞳孔固定并扩大，或者出现几次喘息样呼吸，进入临床死亡状态。如果未能及时发现并进行心脏复苏抢救，或者抢救无效，患者可能在短短 4～6 分钟内迅速进入不可逆的生物学死亡状态。

（2）猝死的急救。通常情况下，猝死具有死亡发生迅速、出乎意料及属于自然或非暴力死亡三个显著特征。大多数患者在家中或在正常工作环境中突然发病。因此，迅速而有效的现场急救至关重要。当遇到有人突然失去意识而倒地时，应保持镇定，首先让患者平躺，轻拍其面颊并大声呼唤，同时检查颈动脉是否有搏动。如果患者无反应且颈动脉无搏动，救护者应在短时间内使用拳击法尝试恢复心跳：将拳头抬高至 20～30 厘米，快速捶击患者胸骨中下 1/3 处 1～2 次，随后检查心跳是否恢复。若患者未立即出现脉搏并开始自主呼吸，则必须立即进行心肺复苏术。只有在患者恢复呼吸和心跳后，才能采取适当措施将其安全送往医院继续接受治疗。

（3）猝死的预防。猝死虽然发病急骤，但并非无计可施。学生在日常生活中及参与体育活动时，应密切关注身体的任何变化，以预防猝死及其他意外事件的发生。

1）出现不适早检查。学生在运动前、运动中或运动后应留意胸闷、压迫感、极度疲劳等不适症状。若症状显著，应立即停止运动并进行彻底的健康检查。

2）运动强度要适宜。学生在体育锻炼时应该坚持循序渐进和因人而异的原则，运动前进行充分的准备活动，运动后进行整理活动，避免平时不运动，偶尔突然超负荷运动情况的出现。每位学生应根据自身身体状况采取不同的运动强度，防止出现过度训练和过度紧张，减少心律失常现象的出现和发生。

3）养成良好的生活习惯。养成良好的生活习惯对于预防猝死至关重要。学生应避免吸烟，减少摄入高脂肪食品和盐分，增加蔬菜和水果的摄入量，确保充足的睡眠时间和良好的睡眠质量，同时保持积极的思想情绪，避免精神过度紧张和过度的体力劳动。

2. 昏厥

昏厥又称为晕厥、虚脱、昏晕、昏倒，是由过性脑缺血（缺氧）引起的短暂的意识丧失。学生晕厥比较常见，严重地影响学习、生活和身体健康。因此，掌握必要的急救常识很有必要。

（1）引起昏厥的原因。引起昏厥的原因很多，如由恐惧、焦虑、急性感染、创伤、剧痛引起的血管迷走性昏厥，因低血压引起的体位性昏厥，由风心病、冠心病及严重心律失常、心力衰竭引起的心源性昏厥等。但发生在学生身上的昏厥又有自己的特点。这类昏厥的患者多为女生。部分女生平时很少运动，身体素质比较差，当出现疲劳、情绪低落、食欲差、能量补充不足等诸多不良因素时，容易出现意识丧失而突然晕倒。无论何种昏厥，发病多突然开始，有头晕、心慌、恶心呕吐、面色苍白、全身无力等症状，随之意识丧失，昏倒在地。

（2）昏厥的急救。一旦身边出现昏厥患者，应该抓紧时间进行急救。

1）使患者平卧，头放低，松解衣扣。见到病人前额出汗、脸色苍白或申诉头晕，或已昏厥，就应立即扶患者躺到床上，抬高下肢，不要用枕，解开领扣、腰带和其他紧身的衣物。如果现场环境无床或不允许患者躺下，可以让其坐下，头垂到双膝之间。如果患者不能躺下或坐下，可让其单腿跪下，俯伏上身，像系鞋带的姿势一样。这样，患者的头部就处在比心脏低的位置，同样能很快恢复。千万不要把昏倒在地的患者扶坐起来，而要让患者躺在地下，身子放平。

2）用手掐患者人中穴。妥善处置好患者的姿势后，急救者可用指甲掐患者的人中穴，迫使其很快清醒。患者一般在 5 分钟内便能恢复神志，否则应立即送往医院寻求专业急救。患者醒后至少仰卧 10 分钟，过早起身可使昏厥复发。患者意识恢复后，可饮少量水或茶。如果是原因不明的晕厥，应尽快将患者送医院诊治。

（三）户外急救

户外劳动或户外活动是学生走出教室，投身大自然的怀抱，接受阳光、空气，体验和感受野外生活乐趣的重要途径，不仅能锻炼学生克服困难的精神，提高适应自然环境的能力，而且能在集体活动中，增进同学之间的友谊，丰富社会生活。但是，其中也存在着一定的意外和危险，所以，学生掌握一定的户外急救技能很有必要。

1. 伤口处理

伤口暴露容易被病菌感染，特别是在野外卫生条件不好的情况下，更应该及时处理好伤口。

（1）小伤口的处理。首先要清洁伤口，先将碎片、泥土等杂物清除，并且除去已经坏死的组织，然后用碘酒及酒精迅速擦拭伤口，进行消毒，再将大小合适、干净的纱布轻轻盖在伤口表面，贴上胶布固定。

（2）动脉出血的处理。动脉出血应立即用止血带或手指压在伤口近心端的一方，使血管被压住，中断血流，不能压得太松或太紧，以血液不再流出为度。缚止血带的时间原则上不超过 1 小时，若需要较长时间缚止血带，则应每隔半小时松解止血带半分钟左右。在松解止血带的同时，应压住伤口，以免大量出血。同时，应争取时间送往医院处理。

2. 脱臼的急救

脱臼又称为关节脱位，是因外力或其他原因造成关节各骨的关节面失去正常的对合关系。其中，肩部尤其容易脱臼。如果发现肩部脱臼，急救人员应脱去鞋子，用脚撑在伤员腋下，拖动脱臼的臂部，使之复位。另一种可行但是更冒险的方法是屈肘 90°，用作杠杆，顶住关节窝使之复位，用吊索支持臂部，并用绷带使之与胸部固定，让伤员好好休息。

3. 骨折的急救

骨折是指由于外伤或病理等原因致使骨质部分或完全断裂的一种疾病。若在野外劳动或集体活动时发生骨折，应该首先固定伤肢，以避免搬动过程中骨折部位的软组织、血管、神经或内脏器官的进一步损伤。这时候需要用到的夹板应该就地取材，如树枝、木棍、木板、登山杖滑雪杖、折叠的报纸等都可以用来做夹板。

4. 冻僵的急救

冬天在野外劳动或活动时，因为天气的原因，有可能会被冻僵。冻僵是指人体遭受严寒侵袭，全身降温所造成的损伤。伤者表现为全身僵硬，感觉迟钝，四肢乏力，头晕，甚至神志不清，知觉丧失，最后因呼吸循环衰竭而死亡。

遭受冻僵的伤者已无法自行救助，救援人员应立即将其转移到温暖的室内环境，并在搬运过程中动作轻柔，以避免造成僵硬身体的进一步损伤。随后，迅速去除伤者身上的潮湿衣物和鞋袜，并为其盖上保暖的被子。使用布料或衣物包裹热水袋、水壶等，放置在伤者的腋下，以促进其腹股沟区域的快速升温，或者将伤者置于 38 ~ 42 ℃的温水中进行浸浴。如果衣物已经冻结在伤者的肢体上，切勿强行剥离，以免损伤皮肤，应连同衣物一起放入温水中，待其解冻后再小心取下。一旦伤者恢复规律呼吸，即可停止加温措施。伤者恢复意识后，可以适量饮用热饮料或少量酒精饮品。

5. 溺水的急救

游泳是不少青少年喜爱的体育锻炼项目之一，既可以解除夏季的炎热，又能够起到锻炼身体的作用。但是，如果不做好准备、缺少安全防范意识，遇到意外时慌乱无措，极易发生溺水伤亡事故。因此，掌握一定的溺水急救技能分外重要。

（1）溺水的预防。为了确保游泳安全，防止溺水事故的发生，必须做到以下五点。

1）选择安全的游泳场所。不要独自一人外出游泳，更不要到不知水情或比较危险且容易发生溺水伤亡事故的地方游泳。选择好的游泳场所，对场所的环境，如该水库、浴场是否卫生，水下是否平坦，有无暗礁、暗流、杂草，水域的深浅等情况要了解清楚。

2）要有专人带领。学生应在教师或熟悉水性者的陪同下游泳，以确保相互照应。若组织集体游泳活动，必须在下水前后清点人数，并指派救生员负责安全保护。

3）做好游泳前的准备。在下水前，务必了解自己的健康状况。对于那些平时容易四肢抽筋的人来说，游泳或进入深水区游泳并不适宜。在下水前，应做好充分的准备活动，例如，如果水温较低，应先在浅水区域用冷水淋洗身体，以适应水温后再开始游泳。此外，佩戴假牙的游泳者应事先取下假牙，以避免呛水时假牙误入食道或气管。

4）游泳时要谨慎。对自己的水性要有自知之明，下水后不能逞能，不要贸然跳水和潜泳，更不能互相打闹，以免呛水和溺水。不要在急流和漩涡处游泳，更不要酒后游泳。

5）遇到不适要早做防备。在游泳中如果突然觉得身体不舒服，如出现眩晕、恶心、心慌、气短等症状，要立即上岸休息或呼救。若小腿或脚部抽筋，不要惊慌，可用力蹬腿或做跳跃动作，或用力按摩、拉扯抽筋部位，同时呼叫同伴救助。

（2）溺水者的岸上急救。

1）打 120 急救电话。如果溺水者情况比较严重，首先应该在周围群众的帮助下拨打120 急救电话，待专业医生迅速赶到施以援救。在拨打 120 时一定要说清溺水的地点、人数及溺水者的大致状况，让医生做好准备。

2）清除溺水者口、鼻中的杂物。在急救人员到来之前，现场人员应该抓紧时间实施急救。将伤员抬出水面后，首先应立即清除口、鼻中的淤泥、杂草、泡沫和呕吐物，使上呼吸道保持畅通。如果发现溺水者喉部有阻塞物，则可将溺水者脸部转向下方，在其后背用力拍，将阻塞物拍出气管。如果溺水者牙关紧闭，口难张开，救生者可在其身后，用两手拇指顶住溺水者的下颌关节用力前推，同时用两只手的食指和中指向下扳其下颌骨，将口掰开。为防止已张开的口再闭上，可将小木棒放在溺水者上下牙床之间。

3）人工呼吸。对呼吸停止者应立即进行人工呼吸，一般以口对口吹气为最佳。急救者位于溺水者一侧，托起溺水者下颌，捏住溺水者鼻孔，深吸一口气后，往溺水者嘴里缓缓吹气，待其胸廓稍有抬起时，放松其鼻孔，并用一只手压其胸部以助呼气。反复并有节律地（每分钟吹 16～20 次）进行，直至恢复呼吸为止。

4）胸外心脏按压。将溺水者救上岸后，若发现溺水者的心跳已停或极其微弱，则应立即施行胸外心脏按压，通过间接挤压心脏使其收缩与舒张，恢复泵血功能。胸外心脏按压与人工呼吸的配合施行，是对尚未出现死亡现象的溺水者生命做最后的挽救，是使其恢复自主心跳与呼吸的重要手段。胸外心脏按压的正确操作步骤如下：首先让溺水者平躺，背部垫上一块硬板，并将头部稍微后仰。然后急救者应站在溺水者的一侧，面对溺水者，将右手掌平放在其胸骨下半部分，左手放在右手背上。通过急救者身体的重量，缓慢而稳定地施加压力，注意力度要适中，避免过于用力导致肋骨骨折。按压深度大约为 4 厘米，随后放松手腕（但手仍保持在胸骨上），让胸骨恢复原位。这一过程需要有节奏地重复进行，频率为每分钟 60～80 次，直至溺水者心跳恢复。

6. 中暑的急救

如果学生在夏季进行剧烈运动或长时间从事重体力劳动，如马拉松锻炼或军训，均有可能引发中暑。中暑俗称暑热，是由于体温调节中枢功能障碍、汗腺功能衰竭和水电解质丢失过多引的疾病。中暑常发生在气温超过 32 ℃和湿度大于 60%、无风的夏季。

（1）中暑的症状。中暑的程度可分为先兆中暑、轻度中暑和重度中暑三级。先兆中暑的患者通常会经历头痛、眩晕、口干舌燥、出汗、疲劳、注意力不集中，以及动作协调性下降等症状；轻度中暑的患者除表现出先兆中暑的症状外，还可能伴有肌肉痉挛性疼痛、直立性晕厥、体温轻微升高、面色潮红、皮肤发热、脉搏加速、呼吸急促及血压下降等脱

水症状；重度中暑又称为热射病或日射病，其特征是高热、昏迷、惊厥及多器官衰竭。重度中暑是一种具有极高致命性的急性病症，其死亡率非常高，患者常因呼吸或循环系统衰竭，或急性肾衰竭而死亡。

（2）中暑的现场急救。中暑后体温升高的程度及持续时间与病死率直接相关。因此，发现中暑患者，应迅速采取以下急救措施，减少或防止悲剧性事件的发生。

1）将患者转移到阴凉通风处。对中暑者，要及时使其脱离高温环境，可将患者转移到阴凉通风处休息，使其平卧，头部抬高，松解衣扣。

2）补充体液。如果中暑者意识清醒且未出现恶心或呕吐症状，建议给他们饮用含盐的清凉饮料、茶水或绿豆汤等，这有助于降低体温并补充血容量。对于意识模糊的患者，不应强行喂水，以免引起误吸。在有条件的情况下，可以考虑通过静脉注射 5% 的葡萄糖生理盐水或复方氯化钠溶液。

3）人工散热，物理降温。有条件时，可用电扇通风或空调降温，促进散热，但不能直接对着病人吹风，防止造成感冒。物理降温方法同样适用，例如，可以将冷水或冰袋放置于病人的头部、颈部、腋下和腹股沟等部位，或者用酒精擦拭这些区域，以迅速降低体温。若患者没有出现低血压或休克症状，可将患者身体浸入 27 ～ 30 ℃的水中 15 ～ 30 分钟，以实现快速降温。对于血压不稳定的患者，可以采用蒸发散热降温法，如使用 23 ℃的冷水反复擦拭皮肤，并利用电风扇或空调来促进散热。

4）拨打急救电话。对于重度中暑患者，在实施上述措施的同时，应立即拨打 120 急救电话，并迅速将患者送往具备相应条件的大医院急诊科接受治疗。

（3）中暑的预防。

1）注意饮食。在饮食方面，首要的是注意及时补充水分。由于夏季人体水分蒸发较快，不应等到口渴时才饮水，因为那时身体可能已经处于缺水状态。此外，随着水分的蒸发，身体中的一些微量元素也可能被带走，因此适当饮用一些含盐的水分是有益的。在食物选择上，应确保摄入充足的蛋白质，如鱼类、肉类、蛋类、奶制品及豆类等；同时，应增加摄入新鲜果蔬，这些食物有助于预防中暑，如西红柿、西瓜、苦瓜、桃子、乌梅和黄瓜等。

2）做好防晒工作。在外出时，务必采取防晒措施，包括佩戴太阳镜、遮阳帽或使用遮阳伞，并穿着浅色、透气、宽松的棉、麻或丝质服装，以便汗液蒸发，有助于散热。在烈日下长时间骑车时，建议穿着长袖衬衫或使用披肩，并佩戴遮阳帽。中午至下午 2 时，阳光最为强烈，应尽量避免在户外逗留，如果有条件，可以安排午休时间。曾经中暑的患者在恢复后的数周内应避免在户外进行剧烈运动或长时间暴露于烈日之下。

3）随身携带防暑药品。进行长时间户外运动时，要准备好防暑药品，如藿香正气水、十滴水、仁丹等都是常用的解暑药物。在大量出汗时，应多饮用含有盐分和多种水溶性维生素的清凉饮料，以维持水分和盐分的代谢平衡。

7. 咬伤与蜇伤的急救

学生在户外活动时，经常会遇到各种各样的动物咬伤、叮伤或蜇伤，很多人因为受伤后处理不当而造成不必要的感染或病情加重。现将一些常见的动物咬伤、蜇伤的紧急处理办法介绍如下。

（1）蜂类蜇伤的急救。被蜜蜂蜇伤后，其毒针可能会留在皮肤中，此时必须使用消毒针具仔细剔除皮肤内的断刺。接着，应紧紧掐住被蜇伤的部位，并用嘴反复吸吮，以吸出毒素。如果手边没有药物，可以使用肥皂水彻底清洗受伤区域，之后涂抹食醋或柠檬汁以减轻症状。若伤者出现休克状况，在联系急救中心或前往医院的途中，应确保伤者呼吸畅通，并进行人工呼吸和心脏按压等紧急救助措施。

（2）猫狗咬伤的急救。狂犬病是一种由狗、猫等动物咬伤后感染狂犬病毒引起的急性传染病。该病毒能在狗或猫的唾液腺内繁殖，并通过咬伤后伤口处残留的唾液传播给人类。值得注意的是，即使某些狗或猫未表现出狂犬病的症状，它们仍可能携带病毒，并能通过咬伤将狂犬病毒传染给人，导致狂犬病的发生。鉴于目前尚无针对狂犬病的特效治疗方法，且其死亡率高达100%，因此，一旦被狗或猫等动物咬伤，必须立即寻求医疗救治。

1）挤血排毒。如果伤口出血，在出血量不大的情况下，无须急于止血，因为流出的血液有助于将残留在伤口中的猫狗唾液一同清除。对于渗血的伤口，应尽量从近心端（伤口靠近心脏的一侧）挤压，以促进血液流出，从而排除残留的唾液。

2）冲洗伤口。冲洗伤口应迅速而彻底。首先，时间至关重要，必须以最快的速度清除伤口上的狂犬病毒。其次，冲洗过程需要彻底，因为狗或猫的咬伤通常外口小而内里深。因此，在冲洗时应尽量扩大伤口，确保其充分暴露，并用力挤压伤口周围的软组织。冲洗水量要大，水流要急，最佳方式是直接使用自来水龙头进行急水冲洗。最后，伤口不应包扎。除非伤口较大且伤及血管需要止血，一般情况下不应使用任何药物或进行包扎，因为狂犬病毒在缺氧环境下会大量繁殖。

3）注射狂犬疫苗。在伤口经过反复冲洗后，应立即将伤者送往医院进行更深入的伤口处理，并随后接种狂犬疫苗。特别需要注意的是，在遭受狗或猫的咬伤后，切勿直接在伤口上涂抹红药水并包扎纱布。避免长途跋涉前往大型医院寻求治疗，而应立即就地彻底清洗伤口，并在24小时内前往医院接种狂犬疫苗。

（3）毒蛇咬伤的急救。毒蛇的种类很多，有的甚至含有剧毒，被毒蛇咬伤后如不及时抢救会危及生命。因此，在有蛇出没的地区活动，应掌握毒蛇咬伤后的急救措施。

1）防止毒液扩散和吸收。在遭受毒蛇咬伤后，切勿惊慌失措或奔跑走动，因为这会加速毒液在体内的扩散。伤者应立即坐下或躺下，并寻求他人帮助或自行采取措施。应迅速使用手边的鞋带、裤带等绳索类物品，对伤口的近心端进行绑扎。若手指被咬，绑扎应在指根部；手掌或前臂被咬，绑扎应在肘关节上方；脚趾被咬，绑扎应在趾根部；足部或小腿被咬，绑扎应在膝关节下方；大腿被咬，绑扎应在大腿根部。绑扎时不宜过紧，应保持在能略微减弱被绑扎部位动脉搏动的程度。绑扎后，每隔大约30分钟应松解一次，每次持续1～2分钟，以防止血液循环受阻，避免组织坏死。

2）迅速排除毒液。立即用凉开水、泉水、肥皂水或1∶5 000高锰酸钾溶液彻底冲洗伤口及其周围皮肤，以去除伤口表面的毒液。若伤口内有残留的毒牙，应迅速使用小刀或碎玻璃片等尖锐物品（使用前最好经过火烧消毒）将其剔除。以牙痕为中心进行十字形切开，深度达到皮下组织，接着用手从肢体的近心端向伤口方向及周围反复挤压，以促使毒液从切开的伤口排出体外。在挤压的同时，用清水冲洗伤口，整个冲洗和挤压排毒过程应持续 20～30 分钟。之后，如果随身携带了茶杯，可以对伤口进行拔火罐处理：在茶杯内点燃一小团纸，迅速将杯口扣在伤口上，确保杯口紧贴伤口周围的皮肤，利用杯内产生的负压吸出毒液。如果没有茶杯，也可以用嘴吮吸伤口排毒，但吮吸者的口腔和嘴唇必须完好无损、无龋齿，否则存在中毒的风险。吸出的毒液应立即吐出，并用清水漱口。

3）排毒之后要治疗。由于毒液具有极高的毒性，即便是微量也可能致命，因此切不可因恐惧疼痛而拒绝进行伤口切开排毒。如果手头有蛇药，应立即服用以中和体内毒素。对于感到口渴的伤者，应提供充足的清水饮用，但必须避免饮用含酒精的饮料，以防止毒素扩散加速。经过切开排毒处理的伤员应迅速使用担架或车辆送往医院，接受进一步治疗，以免耽误治疗的最佳时机。

4）在转运送过程中要消除伤者的紧张心理，使其保持安静。

另外，被蜈蚣、蝎子、蜂、毒蜘蛛等毒虫咬、蜇伤时，人也会像被毒蛇咬伤那样引起中毒以致死亡。所以，也要及时自救或及时送往医院救治。其救护措施与被毒蛇咬伤的救护措施类似。被昆虫叮咬或蜇伤时，可先用冰块或凉水冷敷，然后在伤口处涂抹氨水。如果被蜜蜂蜇了，应先用镊子将刺拔出，然后再抹氨水或牛奶。

📁 劳动故事

中石化劳模王守庆的一天：平凡的岗位，不平凡的人生

32 年工龄、1 017 项问题整改，超 500 小时义务奉献。"中国石化劳动模范""中国石化优秀共产党员"、中科炼化"五星班长"，闪耀的数字和荣誉的光环背后，是数十年如一日的坚守初心，是日积月累的不懈追求，从外操见习"小白"到主管技师，他用坚持点燃梦想不断攀登技能高峰。他，就是中科炼化炼油一部催化一班的班长王守庆。

一、自律，是他的人生信条，也是他的工作态度

清晨六点，天空尚无曙光，人们还沉浸在甜蜜的梦乡里，伴随着闹钟铃声，王守庆的一天开始了。他早早来到操场开始了晨练。

"运动是唤醒身体的方式，能让我以更加饱满的热情投入一天的工作。"这是王守庆的跑步哲学，也是他的人生信条，不管处于什么样的境遇里，他总能以最饱满的热情投入工作中。

早上八点，在交接班完成后，王守庆看着徒弟发的排班表，根据当天的现场作业，开始了一天的工作安排。

"张德均接班前去沉降器监护。第一棒巡检完去接替以此类推。李超、王朝利、岳志荣、王守庆、黄小松接班后演练液氨换 401 调节阀泄漏。"早上九点，王守庆到达催化机柜间，开始了液氨换 401 调节阀泄露的演练。演练前，王守庆向员工详细讲解了演练的目

的、步骤和安全注意事项。

"我们要重视重视每一次的安全演练，真当事故发生，我们才能保证自身的安全。"演练过程中，王守庆仔细观察参与应急演练的每一名班员的行动。演练结束后，他结合演练存在的问题组织班员进行复盘，组织班组将进一步完善应急处置方案，切实提高班组人员的事故应变和快速处置能力，严防死守安全底线。

中午十二点，王守庆巡检回来，仍然心系工作，心系班员。看着机柜间中还未打开的饭盒，便会马上用对讲机询问班员的情况。如果在午饭时间发生了紧急情况，他总是亲力亲为，只为让班员们能舒心地吃一顿午餐。

二、严谨，是他的工作守则，更是他的肩上责任

"中控中控，沉降器有泄漏。现在启动沉降器泄漏紧急预案处理！"下午一点三十分左右，王守庆巡检至沉降器，一缕缕黑烟从沉降器飘出，浓烈刺鼻的味道扑面而来，沉降器泄漏了！

催化一班快速响应，紧急处置险情，阻止了泄露进一步扩大，为安全防护抢占了先机。"沉降器发生泄漏严重威胁装置的安全平稳运行，一旦泄漏点扩大，装置将面临降量停工的风险。小林，你要把'战场'当作一次实战课堂，好好学习。"现场是战场，也是催化一班的课堂。

晚上八点，忙完一天的工作，王守庆看了看手环上的步数，大约在 20 000 步。暮春时分，微风和煦，夕阳下，平台上，王守庆的身影被照得悠长深邃。

王守庆一天的工作，是众多石油化工行业从业者的缩影。多年来，王守庆始终把责任扛在肩上，几乎把所有的精力倾注在事业上，在平凡的岗位认真续写着石油化工人不平凡的奋斗故事。

（资料来源：湛江新闻网）

躬身践行

"生命至上，安全发展"宣传活动

【劳动任务】

围绕"生命至上，安全发展"主题，以相关法律、法规、防灾减灾、消防安全知识、技能、应急知识为基础，结合单位专业行业特点，凝练特色，制作一起安全宣传展板，通过实物展板或微信公众号展示。

【劳动内容】

（1）主持人通过PPT案例与理论知识科普等方式，向同学们介绍了职业安全中的事故和预防的措施。

（2）通过消防安全知识讲解，大家了解了火灾的危害、常见的火灾隐患，如电线老化、违规用火等。

（3）活动现场设置的地震逃生、消防安全知识培训、火灾隐患找找看等项目，吸引了学生参与。

（4）教师进行归纳分析，引导学生深刻认识劳动安全的重要性。

【劳动分组】

全班学生以 4～6 人为一组进行分组，各组选出组长并进行任务分工，将小组成员及分工情况填入表 7-10 中。

表 7-10　小组成员及分工情况

班级		组号		指导教师	
小组成员	姓名	学号		任务分工	
组长					
组员					

【劳动过程】

（1）将学生分成每组 4～6 个人的活动小组，通过小组内部讨论形成小组观点。

（2）每个小组选出 1 名代表陈述本组观点。

（3）教师进行归纳分析，引导学生深刻认识劳动安全教育的重要性。

【劳动计划】

小组商议，制订出具体的工作计划，填入表 7-11 中。

表 7-11　工作计划

步骤	工作内容	时间安排	负责人
1			
2			
3			
4			
5			

【劳动实施】

按照劳动计划，将具体的实施情况记录在表 7-12 中。

表 7-12 实施情况

时间安排	实施步骤
	选择本组要宣传的核心主题
	讨论本组的宣传方案
	活动过程中遇到的问题及解决方式
	宣传活动的实施效果
	整理素材，让同学们体会学习心得

【劳动评价】

教师可参考表 7-13 对各小组的活动进行评价。

表 7-13 活动评价表

项目名称	评价内容	分值	评价分数		
			自评	互评	师评
素养评价 20%	分工合理，具备团队精神，能够积极与他人合作	10分			
	积极、认真参加实践任务	10分			
技能评价 30%	活动策划方案实用	10分			
	活动实施效果佳，给劳动者带来了感动	10分			
	按时完成实践任务	10分			
成果评价 50%	宣传主题鲜明	20分			
	宣传作品中的劳动者真实、自信	20分			
	宣传作品有感染力	10分			
合计		100分			
总评	自评（20%）+ 互评（20%）+ 师评（60%）=	综合等级：	教师（签名）：		

项目八
劳动实践

学习目标

学习目标

1. 了解生活性劳动的定义与分类；熟悉大学生正确的生活性劳动观念。
2. 熟悉家务劳动、宿舍卫生维护与整理、垃圾分类与校园绿化维护。
3. 了解生产性劳动概念，熟悉实习实训、社会实践、创新创业。
4. 了解服务性劳动实践，熟悉公益性服务、志愿服务、勤工助学。

素质目标

1. 积极参与劳动实践活动，锻炼身体和意志，提高解决实际问题的能力。
2. 鼓励创新思维，勇于尝试新的方法和思路，提高劳动效率和质量。
3. 关注行业发展趋势，学习新技术、新方法，推动劳动实践的创新发展。

任务一　生活性劳动实践

一、生活性劳动概述

（一）生活性劳动的概念与分类

生活性劳动是指可以直接满足生活需求的劳动。生活性劳动是在具备生活条件的基础上对生活条件进行再改造，并直接服务于人的劳动。生活性劳动可分为技能性生活劳动和审美性生活劳动两类。

1. 技能性生活劳动

技能性生活劳动是通过操作性技术技能改造生活资料（或者生活条件）以满足生活需要的劳动形式，如做饭、洗衣服、打扫房间卫生等。现代科技的发展解放了人的双手，体力技能性生活劳动大大减少，尤其是一些智能、智慧型家用电器的广泛使用，极大改变了人们的生活性劳动方式，各种劳动中对于体力的需求减少。

2. 审美性生活劳动

审美性生活劳动是在技能性生活劳动的基础上进行创造、加工的劳动类型，如缝补衣服就是技能性生活劳动。设计出一个精美图案，或者改造一件衣服，不仅是技能性生活劳动，更是创造美、创造幸福的劳动过程，这就是审美性生活劳动。

（二）树立大学生正确的生活性劳动观念

1. 巩固日常生活性劳动能力

劳动创造了人，劳动创造了生活。生活性劳动能力即自我服务能力，即使未来社会不需要人们从事基本生产活动，人们也必须具备生活性劳动能力。未来的生活性劳动是动脑与动手结合起来的，因此，可以说在信息化时代，对人们生活性劳动能力的要求不仅没有削弱，反而在加强，体能要求下降了，但是智能要求越来越高了。

实用缝补针法

2. 日常生活性劳动成就自我

当代生活性劳动的方式、工具、空间、环境、内容在变化，日常生活性劳动是人的基本能力，人们从日常生活性劳动中创造属于自己的幸福生活，创造生活之美，成就自我，劳动创造幸福、劳动成就事业。

二、家务劳动

（一）衣服清洗及收纳

家务劳动

1. 洗衣必备常识

（1）区分衣物，衣物要分类洗涤。洗衣服时，不仅要按颜色分类，还要看衣服的材质、种类。衣物按颜色可分为纯白色、浅色（包括带白色条纹的衣物）、深色（黑、蓝、褐等）、艳色（红、黄、橙等）四类进行清洗；材质方面，要将毛绒多的衣物（毛巾、毛衣、灯芯绒衣物等）和容易起球的衣服分开洗，防止把衣服洗坏；贴身衣物与外衣要分开洗，内裤、秋衣裤等要单独洗涤。另外，成人与儿童的衣物要分开；病人和健康人的衣物要分开。

（2）辨别衣物面料。常见衣物面料包括纺织纤维和皮革两种。纺织纤维包括天然纤维和化学纤维，其中天然纤维包括植物纤维（如棉、麻等）和动物纤维（如羊毛、兔毛等），化学纤维包括人造纤维和合成纤维；皮革包括天然皮革、再生革和人造革。不同的面料具有不同的特点，因此应采用不同的洗涤方法。皮革通常用皮革专用油来保养，不能洗涤。对于需要洗涤的纺织纤维类衣物，应掌握其面料的辨别方法。

（3）检查衣服表面及口袋。检查衣服表面是否有特殊污垢，如有发现，应在洗涤前处理。检查衣服口袋是否有纸币、钱包、手机等物品，若有，洗涤前要及时拿出，然后抖尽口袋里的灰尘、碎屑等。

（4）选择洗涤方式。查看衣物的洗涤标识，衣物的洗涤标识通常由文字和图形两部分组成，也有的衣物采用中文和外文两种洗涤标识。文字尽管有差异，但图形相对一致，可以通过图形来判断所洗衣物适合哪种洗涤方式。

（5）选配洗涤用品。不同面料的衣物由于性能的差异，与不同的洗涤用品相混会产生不同的效果。

洗涤用品种类繁多，成分、性能各异，必须多加了解，正确选用，才能取得理想的洗涤效果。

2. 洗涤方法

洗涤方法要根据衣物的面料、质地和洗涤标识而定。一般来说，可水洗的衣物在洗涤前要稍加浸泡，这样更容易洗涤干净。洗涤的方法包括手洗和机洗两种。

（1）手洗。

1）手洗衣物的范围及洗涤用品的选择。毛料衣物、丝麻织品、人造棉、人造毛、人造丝、羽绒制品等适宜手洗。另外，对于可机洗的衣物，若领口、袖口等部位污垢严重，可先手洗再机洗。洗涤棉麻、合成纤维类衣物时，可选择使用高泡洗衣粉、碱性液体洗涤剂或肥皂；洗涤丝毛类衣物时，可选择中性液体洗涤剂或皂片。

2）手洗衣物的要求。要勤洗勤换，对领口、袖口等容易脏的地方可先用洗衣液涂抹；根据衣物的面料合理浸泡，但不可浸泡时间过长，洗涤完成后要注意冲洗干净。

3）手洗衣物的基本方法。常见的衣物手洗方法有搓洗、刷洗、拎洗、揉洗四种。

4）不同面料衣物的洗涤要求。

①毛料衣服的洗涤要求。纯毛衣服的面料一般是羊毛纤维，具有缩溶性、可塑性。洗涤时要注意将水温控制在 30 ～ 40 ℃，使用弱碱性或中性洗涤剂，不能直接用肥皂或洗衣粉搓洗。洗涤时间不宜过长，否则会导致羊毛织物缩水变形。洗好后的衣物要将其反面向外放在阴凉通风处自然晾干，不能在阳光下暴晒。

②丝绸制品的洗涤要求。丝绸制品最好用冷水洗涤，且在冷水中浸泡的时间不宜过长，应随浸随洗。洗涤时要轻轻揉洗，不能使用搓衣板搓洗，也不能用力过猛，切忌拧绞。洗好后要置于阴凉通风干燥处晾干，切勿在太阳下暴晒。高级丝绸制品最好干洗。

③亚麻类衣物的洗涤要求。洗涤亚麻类衣物时，水温宜控制在 40 ℃以下。洗涤时，动作要轻柔，选用优质洗涤液，采用"拎洗"或"揉洗"的方式洗涤，忌在搓衣板上揉搓，也不能用硬毛刷刷洗。漂洗时要先用温水漂洗两次，再用冷水漂洗一次，然后甩干并及时晾干。

④人造纤维类衣物的洗涤要求。洗涤人造毛、人造棉、人造丝等人造纤维类衣物时水温应控制在 30 ～ 40 ℃。人造棉和人造丝类衣物可用手轻轻搓洗或揉洗，人造毛类衣物适合刷洗。

⑤羽绒服的洗涤要求。先将羽绒服放在冷水中浸泡 15 分钟左右，将中性洗涤剂倒入温水中搅匀，将浸泡过的羽绒服取出平压去除水分后放入兑好的洗涤液中再次浸泡 10 分钟。10 分钟后，将羽绒服取出，平铺于干净的平板上，用软毛刷蘸取洗涤液轻轻洗刷，

先刷干净的地方，后刷脏的地方，越脏的地方越要最后刷。刷洗干净后，将衣服放在原洗涤液中上下拎涮几下，然后用 30 ℃的温水漂洗两次，再放入冷水中漂洗三次。洗涤时切勿揉搓，以免羽绒堆积。将漂洗干净的羽绒服轻轻压干水分，放在日光下晾晒或在通风干燥处晾干。晾晒时要勤翻动，干后用光滑的小木棒或衣架轻轻拍打羽绒服正反面，使羽绒恢复蓬松柔软。

（2）机洗。使用全自动洗衣机洗衣服时，可按洗涤菜单进行操作，根据不同的衣物选择合适的洗涤程序即可。洗完后进行晾晒。

用洗衣机洗衣物时，要注意洗衣机不能塞太满，这样不但容易洗不干净，还会缩短洗衣机的使用寿命。所洗衣物体积最多只占洗衣机滚筒体积的 2/3。

（3）熨烫。熨烫指的是通过加热熨斗烫平衣料。一般使用熨斗熨烫衣物，以使衣物平整，古称"熨斗"，也称"火斗""金斗"，一般由金属制成，古时多用炭火加热后熨烫衣料。不同布料衣服的熨烫方法如下。

1）毛衣。毛衣和针织质料的衣物，若直接使用普通熨斗可能会损害其弹性组织。在这种情况下，推荐使用蒸汽熨斗对准褶皱处喷水。如果衣物的褶皱不严重，也可以将其挂起，直接在褶皱处喷水，待衣物自然风干后，褶皱会变得平滑。此外，将衣物悬挂在浴室中，利用洗澡时产生的热蒸汽，也能使衣物恢复平整。需要注意的是，针织衣物容易变形，因此，在熨烫时不宜施加过重的压力，轻轻按压即可。

2）天鹅绒。在处理天鹅绒这种长毛布料时，应遵循一个基本原则：不损害其固有特性。因此，将其内侧翻转至外侧作为表面使用，让毛绒相互覆盖，发挥类似烫垫的作用。接着，从内侧用蒸汽熨斗轻轻熨烫，这样可以进一步凸显其独特的质感。

3）毛绒类棉质服装。毛绒类棉质服装的面料主要包括灯芯绒、平绒等材质。在熨烫这类衣物时，应先将含水率为 80% ～ 90% 的湿布覆盖在衣物的正面，将熨斗温度设定为200 ～ 230 ℃，直接在湿布上进行熨烫。待湿布的含水率降至 10% ～ 20% 时，移除湿布，并使用毛刷将绒毛梳理顺滑。接下来，将熨斗温度调低至 185 ～ 200 ℃，直接在衣物的反面熨烫，直至衣物完全干燥。在熨烫过程中，需要注意熨斗移动要均匀，避免用力过猛，以防止产生亮光。

4）羽绒服。羽绒服不宜使用电熨斗熨烫，若出现皱褶，可以使用一只大号搪瓷茶缸盛满开水，在羽绒服上垫一块湿布后进行熨烫。这种方法不会损伤面料，同时也能避免衣服表面出现不雅观的光痕。

5）毛料衣物。毛料衣物穿过后留下的压痕往往难以恢复，这主要是由于纯毛纤维的特性所致。利用热蒸汽可以使衣物恢复原状。将蒸汽熨斗悬挂在距离毛料衣物约 1 厘米的高度，毛料纤维吸收足够的热蒸汽后，会重新"站立"起来。在压痕消除后，若希望衣物更加美观，记得将熨斗温度调至中温，并且在熨烫时加盖一块衬布。

6）皮革服装。皮革服装在熨烫时应避免温度过高，控制在 80 ℃以下。使用干净的薄棉布作为熨烫的保护层，确保熨斗在皮革上均匀移动，避免用力过猛。同时，要防止熨斗直接与皮革接触，以免造成损伤。

7）绒面皮服装。经过清洗去污的绒面皮服装，需要进行定型熨烫。对于经过水洗的绒面皮服装，由于遇水后收缩导致皮板紧绷，建议使用硬毛刷对衣服整体进行一次刷理，这将有助于使衣服变得更加柔软，之后再进行熨烫。

8）西装。深色西装在穿着一段时间后，肘部、膝盖、臀部等部位常会出现反光现象，尤其在冬季更为明显。要消除这种反光，可以准备一盆温水并加入少量洗涤剂，用毛巾蘸取溶液轻轻擦拭反光部位，然后在上面垫上一层布料，用熨斗轻轻熨烫，反光现象便会自然消退。

9）衬衫。在熨烫衬衫时，应从袖子开始，接着依次处理领子、垫肩、背部和前襟。首先轻轻喷湿衣物，然后用手指理顺衣服上的花边、袖口、领口等缝线部位，并将衣物上下拉扯平整，确保衣物沿着布料纹理和缝线保持正确的形状。

3. 衣服折叠操作

（1）折叠衬衣（T恤衫）（图8-1）。系上纽扣→前身朝下、后背朝上抚平对正→以纽扣为中心，等距离将衣身两边向中间对折抚平→袖子折叠回来向下转，使袖子和刚刚折叠的部分对齐→下摆向上折翻过来使衬衣正面朝上→整理抚平。

（2）折叠西裤（图8-2）。拉上拉链、扣上扣子→从裤脚处将四条裤缝对齐→两条中线对齐→用手抚平，从裤脚至裤腰对折再对折。

（3）折叠无中缝的休闲裤。拉上拉链、扣上扣子→从裤裆处将两条裤腿对折抚平→从裤腿到裤腰依次对折两次。

（4）折叠秋衣裤。折叠各类睡衣、背心、内衣裤的方法可参照衬衣、裤子的折叠方法。

（5）折叠羽绒服。拉上拉链、扣上扣子→平摊、抚平→左右衣袖平行交叠于胸前→从下方将衣身向上折叠至所需要的大小→双手慢慢挤压出羽绒服内的空气。

（6）折叠棉被、毛毯。首先将棉被、毛毯沿长度上下对折三次，然后从一端卷向另一端。卷时要用力，避免松散。

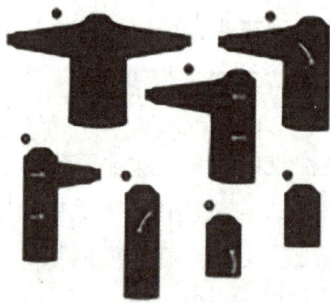

图8-1　衬衣的折叠方法　　　　图8-2　裤子的折叠方法

📁 **劳动故事**

专业洗衣修护，倾注匠心服务——陈爱华

入行 21 年，身为"70 后"的陈爱华是洗衣行业内屈指可数的双工种高级技师，被誉为上海最年轻的洗衣技能大师，在陈爱华的一双妙手之下，成百上千的衣物"重获新生"。让一件旧衣焕然一新，仿佛已经变成一种刻印在她骨血之中与生俱来的超能力。她带领的十几名徒弟参加全国技能大赛均获得金、银、铜奖，晋升至技师和高级技师，4 人获全国技术能手称号；她提出的干洗冷凝水循环节能法为企业节省资源并在行业内推广。"洗衣和中医一样，讲究望闻问切。"陈爱华的修衣技巧，正是从这四个字中得到真传。她的工作室里堆满了来自各处"患有疑难杂症"的衣物，凭借着多年丰富的经验，近百种高超技巧，陈爱华将它们一一修护。对于这个高阶技能大师，修包、补衣的工作已经不算高难度挑战，她还曾修补过某文物单位所珍藏的古壁挂毯，"分类去污""技能保色""平整画面"三招妙手回春，将挂毯上的污渍、渗色、破损修复一新，令外国友人啧啧称奇。

从不轻易说"不"是陈爱华身体力行的工匠精神，面对落后技术，她研究出干洗冷凝水循环节能法为企业节省成本。面对现实困难，她所发明的 40 多种针对特殊面料去渍去污的洗涤溶剂，打造了"中国洗涤"响亮的名牌。每件衣物在她手中都是宝贵的艺术品，将工作做出艺术品般的精致与精彩，也是陈爱华作为优秀工匠一片最动人的匠心。

（资料来源：搜狐网，https://www.sohu.com/a/354153300_100014570）

（二）烹饪

烹饪是指膳食的艺术，是一种复杂且有序的过程，将食材转化为美味的食物。这一过程涉及对食材的精细加工处理，旨在使食物更加美味、外观吸引人、香气扑鼻。一道美味佳肴必然色、香、味、意、形、养俱佳，不仅让人在食用时感到满足，而且能让食物的营养更容易被人体吸收。

做饭这样的"小事"，对于即将迈入社会的大学生，常常也是考验独立生活能力的"大事"。从"家常菜"到"营养均衡、色味俱佳的佳肴"，做饭不仅是一项生活技能，更能让人们享受烹饪的乐趣，用美食调剂生活。

1. 烹饪常识

（1）食材。用于烹饪的食材可分为蔬菜、水产品、畜禽、粮食作物和果品五类。

1）蔬菜。蔬菜主要为人体提供维生素、矿物质和膳食纤维。

2）水产品。水产品富含蛋白质、脂肪、矿物质和维生素。

3）畜禽。畜禽是人体所需优质蛋白质、脂溶性维生素和 B 族维生素的主要来源。

4）粮食作物。粮食作物包括谷类作物、薯类作物和豆类作物三大类。谷类作物的主要作用是提供生命活动中所需的淀粉、植物蛋白、维生素等；薯类作物内含淀粉、维生素等；豆类作物主要为人体提供蛋白质和脂肪。

5）果品。果品可为人体提供维生素、矿物质和人体所需的微量元素。

（2）调料。调料是人们用来制作食品的辅助用品。它包括各种酱油、食盐、酱味等单一调味料，以及鸡精等复合调味料。

1）咸味调料。咸味自古以来就被列为五味之一。在烹饪应用中，咸味通常是主要的味道，也是构成大多数复合味的基础，被誉为百味之王。大多数菜肴都需要适量的咸味来提升其风味，使其更加浓郁和适口。人类对咸味的认识和利用有着悠久的历史。据文献记载，中国最早开始制取和利用食盐是在大约 5 000 年前的黄帝时期。咸味调料包括酱油、食盐、酱味调料等多种。

2）甜味调料。甜味，古时称为甘，是五味之一。在烹饪艺术中，甜味不仅能够独立使用来制作甜点，还能与其他多种风味融合，创造出层次丰富的复合味型，从而提升食品的甜美口感。此外，甜味在改善食品风味方面也扮演着重要角色，例如，它可以中和苦味、消除腥味，并具有一定的去腻作用。在中餐烹饪传统中，南方地区特别偏好使用甜味，尤其是江苏的无锡菜，以其独特的甜味而闻名遐迩，常有"甜出头，咸收口，浓油赤酱"的美誉。自然界中的天然甜味剂，如蜂蜜，很早就被人类所利用。考古发现，早在殷墟出土的甲骨文中，就已经有了"蜜"字的记载；根据史料记载，在东汉时期，人们已经开始制作甜味调料，包括蜂蜜、蔗糖、饴糖等。

3）酸味调料。酸味，作为五种基本味道之一，在烹饪中扮演着至关重要的角色，尽管它通常不会单独使用。酸味具有收敛和固涩的特性，有助于促进肠胃消化，去除鱼腥味，减少油腻感，同时能够提升食物的风味和鲜味，激发香气，改善色泽，刺激食欲，尤其适合春季食用。常见的酸味调料包括醋、番茄酱等。

4）辣味调料。辣味实际上是一种触觉痛感，而非纯粹的味觉体验。然而，由于习惯，人们通常也将其视为一种味道。其作用在于增强食物的口感紧张度和刺激食欲。常见的辣味调料包括花椒、辣椒、姜、葱和蒜等。

5）鲜味调料。鲜味是人们在饮食中努力追求的一种美味，它能使人产生一种舒服愉快的感受。

2. 烹饪技术

我国饮食文化源远流长，历史悠久。古人云"食不厌精，脍不厌细"，人们对食物烹饪方法也极为讲究：或炒或蒸，或煎或炸，根据不同食材、不同时令制作不同的美食。下面介绍几种常用的烹饪方法。

（1）蒸：是以蒸汽加热使经过调味的原料成熟或酥烂入味的烹调方法。其方式主要包括三种：一是旺火沸水速蒸，适用于质地较嫩的原料，水开以后蒸 10～15 分钟即可；二是旺火沸水长时间蒸，凡是原料体大、质老需蒸熟烂的采用此方法，一般需要蒸 1～2 小时；三是中小火沸水慢慢蒸，适用于原料质嫩或经过精细加工要求保持鲜嫩的菜肴。

（2）炒：是将切配后的丁、丝、片等小型原料用中油量或少油量以旺火或中火快速烹制成菜的烹调方法。根据工艺、特点和成菜风味，炒可分为滑炒、生炒、熟炒、清炒、爆炒等。

（3）炖：是将经过加工处理的原料放入炖锅或其他陶制器皿中，添足水用小火长时间烹制，使原料熟软酥烂的烹调方法。炖制菜肴具有汤多味鲜、原汁原味、形态完整、酥而不碎的特点。

汤清且不加配料炖制的称为清炖，汤浓而有配料的称为浑炖。

（4）煎：是锅中加少量油，加热，放入经刀工处理成扁平状的原料，用小火煎至两面呈金黄色，酥脆成菜的烹调方法。

（5）煮：是将经初步熟处理的半成品切配后放入汤汁中，先用旺火烧沸，再用中火或小火煮熟成菜的烹调方法。煮菜具有汤宽汁浓、汤菜合一、口味清鲜的特点。

（6）炸：是将经过加工处理的原料用调味品拌渍，再经拍粉或挂糊，放入较大油量的油锅中加热成熟的烹调方法。其成品外香酥、里鲜嫩。

3. 烹饪安全

（1）用火安全。在利用燃气灶等明火烹饪食物时，应注意以下四点。

1）烹饪过程中不要远离厨房，以防汤水溢出浇灭燃气灶火苗造成燃气泄漏事故。

2）厨房内禁止存放酒精、汽油等易燃危险物品，以免引起意外失火。

3）保持燃气灶周围空气流通。

4）若闻到煤气味，怀疑燃气泄漏，应立即关闭燃气阀门和附近的火源，同时打开门窗进行通风，注意不要开关任何电器，包括手机。若煤气味道强烈，则应立即外出打电话报警，并通知邻居疏散。

（2）用电安全。在用电饭煲、电磁炉等电器烹饪食物时，应注意以下两点。

1）湿手不得接触电器及电器装置，以防止触电。

2）电器使用完毕后应关掉开关并拔下插头，防止电器因长时间通电而损坏。

（3）烹饪工具使用安全。在使用烹饪工具的过程中，应注意以下三点。

1）玻璃器皿、瓷器不能摆放在台面边缘，以免摔破伤人。

2）在使用刀具前，应检查其是否存在裂纹、松柄、锈蚀等现象，避免在使用过程中发生意外。

3）刀具在使用完毕后应插入刀套或刀架内，不得放在操作台边缘及过高处，以免坠落伤人。

（4）其他注意事项。除上述注意事项外，在烹饪时，还应注意以下三点。

1）烧制饭菜时，锅内的液体不宜过多，以免溢出引发意外。

2）在拿刚蒸好或烤好的食物时，应佩戴隔热手套。若没有隔热手套，可用干毛巾代替。

3）为减少烹饪过程中高温油飞溅，应提前滤干食材的水分。

📂 **劳动故事**

全国劳动模范刘波平：三尺厨房成就百味人生

"烟火之处，情味人间，三尺厨房，百味人生，一食一餐有故事，一厨一味暖人间。"

这是刘波平对自己 35 年厨师生涯的一个总结。51 岁的刘波平将川菜烹饪艺术发扬至全国乃至全世界，因此获评 2020 年全国劳动模范。在刘波平看来，烹饪是一门科学，厨师不仅要有绝佳的手艺，还要有文化。他一直坚持科学烹饪实践，收各家之长，集名厨之大成，还曾远赴日本、法国吸取西餐营养，了解烹调技艺，在扩增川菜菜谱上，实现了对 286 个菜品的改良和创新，使之更适合现代人的口味，并出版《面塑与菜肴》等专著，把自己多年的实践经验理论化。

坚持用心学习，精心打磨美食。正是这份坚持，最终让他成为中国厨艺高级技能研修讲师、上海 FHC 国际烹饪大赛裁判、中餐世界锦标赛裁判。

（资料来源：工人日报，2020 年 11 月 27 日）

（三）家政

1. 房间整理

（1）衣物。把睡衣、拖鞋和准备洗涤的衣物分别放在指定位置。

（2）台面。把梳妆台、卧室柜、床头柜上的物品按使用功能归回原位，清理时要收好贵重物品。

（3）床被。将需要折叠好的床被折叠整齐后放入卧室柜，需要铺开的床被以四面对称的方式铺平。

（4）枕头。将枕头按生活习惯整齐地摆放在床头或放入卧室柜。

（5）床罩。将床罩铺开，四面对称铺平。

2. 书房清洁

（1）字画。根据字画物品的不同质地，分别用鸡毛掸或软布轻轻拂去表面灰尘，不可用湿布或化学制剂擦拭，以防止损坏作品。

（2）书橱。用抹布将书橱表面擦拭干净。

（3）计算机。计算机关闭后才可清洁，以防止信息丢失。用软布或软刷清扫灰尘，可用抹布蘸酒精擦拭后用干布擦干。鼠标表面的灰尘用软布擦拭或用专门清洁剂擦拭，严禁用水擦洗。

（4）写字台。先整理好写字台台面上的文件、纸张，再用鸡毛掸清扫写字台、椅子等表面的浮尘，然后用抹布擦拭干净。擦拭高级台面时，应避免尖锐物品划伤台面。

（5）其他物品。

1）台灯。先关闭电源，再用软布擦去表面尘土，油渍处可蘸清洁剂或醋擦拭，灯口处要保持干燥。

2）工艺品。对于玻璃制品或陶瓷制品，可直接用湿抹布擦拭，小物件可直接用水冲洗，然后用干抹布擦净。切记轻拿轻放，以防止损坏。

3）金属饰品。一般用软布擦去灰尘。如果特别脏，可用湿布蘸少量洗涤剂擦拭；如果有锈迹，可用细砂纸轻轻磨去锈迹再进行清洗。

🔊 **扩展阅读**

收纳原则

（1）以我为中心。判断一个物品是否需要舍弃，要看这个物品是否在用而不是是否还可以用。例如，家里有个眼镜，"这个眼镜可以用，可以留着"就是以物品为中心，"这个眼镜我是不是在用"就是以我为中心，如果没有用，就要"舍"，将之丢弃。

（2）时间轴放在当下。只挑选现在对自己而言必要的东西。先从怎么看都要扔的东西下手，再对剩下的物品进行筛选，慢慢从需不需要变成合不合适、舒不舒服。

（3）三分法。把物品分成三类，不仅限于桌面，物品进橱柜、抽屉里保管时也都分为三类，不设置严格死板的规则，均以"三分法"这种宽松的思路执行。

（4）七五一收纳原则。看不见的收纳空间只放满七成，看得见的收纳空间只放五成，装饰用的收纳空间只放一成。例如，利用这种收纳原则，在收拾看得见的收纳空间时只选择最喜欢的 5 样东西，通过这个过程，练习精挑细选。

（5）一个动作原则。不要过分收纳，要使物品用简单的一个动作就能收起来和取出来。

3. 电器清洁

（1）电视。液晶屏是液晶电视的核心部分，自然也是清洁的重点。使用柔软的布蘸少许玻璃清洁剂轻轻地擦拭（擦拭时力度要轻，否则屏幕会因此而短路损坏），不要使用酒精一类的化学溶液，不要用硬质毛巾擦洗屏幕表面，以免将屏幕表面擦起毛而影响显示效果，也不能用粗糙的布或纸类物品，因为这类物质易产生刮痕。当不打开电视时，关闭显示屏（不要仅限于遥控器的关闭状态），以防止灰尘堆积。不要用指尖（经常对屏幕指指点点）或尖物在屏幕上滑动，以免划伤表面。另外，要保持使用环境的干燥，远离一些化学药品。

（2）电冰箱。电冰箱需要安排单独电源线路和使用专用插座，不能与多个其他电器合用同一插座，否则容易造成事故。正确安放电冰箱，不能距离火炉、暖气片等热源过近，同时应避免阳光的直接照射，这样有利于散热；应摆放在不潮湿且通风良好的地方。电冰箱背部应离墙 10 厘米以上，顶部应有 30 厘米以上的高度空间，四周不应该放置过多的杂物；电冰箱应摆放在地面平稳的地方，否则当压缩机启动时会产生振动并发出很大的噪声，长期如此会缩短电冰箱的使用寿命；电冰箱上面不应该摆放重物或过多杂物，特别是不能摆放其他电器。

（3）洗衣机。一般新买的洗衣机在使用半年后，每隔 3 个月都应用洗衣机专用洗洁剂清洗一次。清洁洗衣机时，可先往一条干毛巾上倒上 200 毫升的米醋；然后把蘸满米醋的毛巾放到洗衣机里；盖上洗衣机的盖子，按下电源键，调成甩干，再按下启动键。一会儿，桶的内部会均匀地涂上米醋，保留 1 个小时，这样可以软化污垢；倒半袋小苏打，往小苏打里倒入适量的清水，把小苏打溶解；往洗衣机内加满水，把小苏打液倒进洗衣机里，泡 2 个小时；2 个小时以后，盖上洗衣机盖子漂洗两次。另外，要注意：平时不用洗衣机的时候，最好经常打开洗衣机的盖子，让洗衣机内部保持干燥状态。洗完的衣服应立

刻拿出来晾晒，千万不要闷在里面。

（4）空调。空调使用有两忌：一是忌与其他电器共用插座；二是忌在运行中改变热泵型空调的运行状态。空调清洗时可用柔软的布蘸少量的中性洗涤剂擦拭空调器，而且清洗时水温应低于 40 ℃，以免引起外壳、面板的收缩或变形；室内通风过滤网应每隔 20 天清洗一次，室外机组也应定期除尘。

（四）家庭护理

1. 生命体征测量

生命体征包括体温、脉搏、呼吸、血压，是标志生命活动存在与质量的重要征象，是评估身体的重要项目之一。以下是基础的生命体征测量方法。

（1）测量体温。协助被测者解开衣物，有汗应擦干腋下，将体温计水银端放置于其腋窝深处贴紧皮肤，屈臂过胸夹紧，过 10 分钟以后取出体温计。

（2）测量脉搏。协助被测者放松手臂，要求其手臂向上，然后将自己的食指、中指、无名指的指端放在其桡动脉表面，计数 30 秒。正常成人为 60 ～ 100 次 / 分，老年人可慢至 55 ～ 75 次 / 分。

（3）测量呼吸。可测量脉搏后仍然把手按在被测家人的手腕上，观察其腹部或胸部的起伏，一呼一吸为 1 次，计数为 30 秒。

2. 换药

换药是指对经过创伤手术以后的伤口及其他伤口进行敷料更换，促使伤口愈合和防止并发症的方法。其主要目的是清除或引流伤口分泌物，除去坏死组织，促进伤口愈合。换药的步骤如下。

（1）要进行无菌操作，原则上要戴口罩、帽子，用肥皂及流水洗净双手。

（2）区分所需换药伤口的种类，准备所用物品。

（3）采取合适的体位，铺治疗巾。

（4）去除伤口原有的敷料。撕胶布时要由外向内，顺着毛发的生长方向；外层敷料揭去后，内层用无菌镊顺着伤口的长轴方向除去。

（5）伤口清洁、消毒、处理后，根据伤口的种类使用不同的换药方法。

（6）敷料覆盖伤口后再视情况进行包扎。

3. 家庭常备药品

根据家庭成员的构成，家庭药箱应主要覆盖内服药、外用药、特殊人群用药和辅助用品四大类别。

（1）内服药。内服药常见的有感冒药、解热镇痛药、止咳化痰药、止泻药、通便药、抗过敏药、助消化药七大类。一般不推荐储备抗菌类药物。

（2）外用药。外用药主要有外用消毒药，如 75% 乙醇（酒精）、碘伏等；其他外用药如云南白药、风油精等。另外，创可贴、灭菌医用棉签、纱布、绷带等卫生材料也要备齐。

（3）特殊人群用药。特殊人群用药是根据家庭成员实际需求准备的药。

（4）辅助用品。辅助用品主要包括小药箱、方便小药盒、定时药盒、切药器、研磨器等。

🔊 **扩展阅读**

海姆立克急救法

　　海姆立克急救法也称为海姆立克腹部冲击法，又名海氏手技，是一种应对急性呼吸道异物堵塞的有效手段。在日常生活中，由于气道被异物阻塞，患者可能无法呼吸，进而因缺氧面临意外死亡的风险。海姆立克急救法由美国医生亨利·海姆立克发明。1974年，海姆立克首次使用该技术成功救治了一名因食物导致呼吸道堵塞而窒息的患者，自此该方法在全球范围内得到广泛应用，并挽救了无数生命，包括美国前总统罗纳德·里根、纽约前市长埃德·科赫、著名女演员伊丽莎白·泰勒等。因此，该急救法被誉为"生命的拥抱"。

一、适应征

1. 呼吸道异物

用于排除呼吸道异物，主要适用于抢救呼吸道完全或严重堵塞的患者。

2. 溺水患者

用于抢救溺水患者，以清除其呼吸道中的液体。

二、操作方法

　　急救者首先采取前腿弓、后腿蹬的姿势站稳，让患者坐在自己弓起的大腿上，并使其身体稍微前倾。接着，急救者将双臂分别从患者两腋下前伸并环抱患者。左手握拳，右手从前方握住左手手腕，使左拳虎口贴在患者胸部下方、肚脐上方的上腹部中央，形成"合围"之势。随后，急救者突然用力收紧双臂，用左拳虎口向患者上腹部内上方猛烈施压，迫使其上腹部下陷。这种腹部下陷导致腹腔内容物上移，进而挤压膈肌上升，压迫肺及支气管。每次冲击可以为气道提供一定的气量，有助于将异物从气管内冲出。施压完毕后立即放松手臂，然后重复上述操作，直到异物被成功排出（图8-3）。

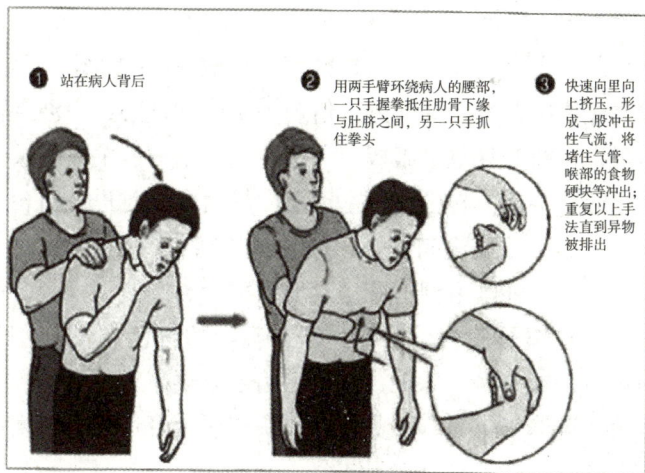

图8-3　海姆立克急救法示意

在遭遇急性呼吸道异物阻塞且周围无人的情况下，患者同样可以自行进行腹部冲击法自救，操作手法保持一致，或者将上腹部压向任何坚硬且凸出的物体，并且持续重复这一动作。

对于极度肥胖或处于怀孕后期的患者，若出现呼吸道异物堵塞，应采取胸部冲击法进行急救。在操作时，保持患者姿势不变，仅需将左手的虎口置于患者胸骨下端，同时注意确保手部位置不偏离胸骨，以避免造成肋骨骨折。

对于意识不清的患者，急救人员应首先让患者采取仰卧位。随后，急救人员可以骑跨在患者大腿上或站在患者两侧，将双手掌根重叠放置于患者肚脐上方，并向前下方施加突然的压力，重复此动作。若患者出现心搏停止情况，急救人员应立即按照心肺复苏的标准程序进行操作，直至专业医务人员到达现场。

三、宿舍卫生维护与整理

宿舍是大学生学习与生活的重要场所。大学生的大部分课余时间是在宿舍度过的，包括休息娱乐、谈心交友、课余阅读等活动。一个环境明亮整洁、物品成列有序、空气清新怡人的宿舍，不仅能为大学生提供舒适温馨的居住环境，而且能成为大学生陶冶情操、栖息心灵的港湾；不仅能体现大学生良好的个人习惯和文明的生活方式，而且能反映大学生的精神面貌和品德修养。因此，大学生要清洁美化宿舍。

要想把宿舍打造成一个学习与生活的温馨栖息地，就需要宿舍里的每个成员都行动起来，投身到宿舍清洁美化劳动中，维护宿舍环境文明。清洁美化宿舍应该贯彻以下三条原则。

（1）低碳。低碳不仅是当下流行的概念，也是人们所践行的简约生活方式。大学生宿舍一般容纳 4～6 人，空间有限，大学生可充分利用易拉罐、饮料瓶、废纸盒、旧衣服等废旧物品，做成较为实用的生活用品，践行低碳、环保的生活理念。

（2）舒适。宿舍是大学生休息放松的地方，大学生宿舍清洁美化要考虑实际情况，以简约为主，突出舒适、怡人的特点。

（3）特色。宿舍的特色是指本宿舍明显区别于其他宿舍的风格和形式，主要体现在宿舍文化方面。宿舍文化以宿舍成员共同的价值观为基础和核心，由涉及宿舍生活各个方面的价值准则、群体意识、行为规范等组成，包括物质、精神、关系等层面的文化，对于宿舍成员具有潜移默化的影响。大学生可以基于不同的宿舍文化进行宿舍清洁美化，形成自己宿舍独特的风格特点，体现宿舍特色。第一，全体宿舍成员共同参与，商议宿舍特色，为清洁美化宿舍确定方向，如学习型宿舍、运动型宿舍、友爱型宿舍、创业型宿舍、互助型宿舍、阳光型宿舍、追梦型宿舍。第二，根据确定的特色方向，选购或动手制作清洁美化宿舍所需要的物品，如书籍、球拍、绿植、墙纸、桌布、收纳箱、挂衣杆、贴画。第三，全体宿舍成员动手清洁美化，有人负责墙面，有人负责地面，有人负责桌面，有人负责门窗，有人负责床铺等，分工与合作相结合。

产生寝室问题的主要原因

1. 对寝室内务管理认识不足

培根曾在《习惯论》中提道："认知决定思维，思维决定行为。"对寝室内务管理的认知偏差，让部分学生产生了片面、错误的观点和判断，如大多数学生认为整理寝室仅仅是为了应付宿舍管理人员的检查、避免受到批评，因而大部分学生只会在寝室管理员检查之前被动地开展内务整理，这样的观点使学生缺少主动整理寝室的动力，不会主动地维护寝室的安全和保持寝室的卫生。

2. 生活自理能力较差

生活自理能力是指人们在生活中独立照顾自我的一种行为能力，包括打扫卫生、处理关系、承受压力等方面。部分学生专注学习知识、提高成绩，没有意识到提升生活自理能力的重要性；或是家里的家务更多由长辈承担，父母无微不至的照顾使孩子缺少对生活自理能力的锻炼。因此，多数学生缺乏基本的生活自理意识，当学生开始独立生活时，难以独自处理好生活琐事，逐渐展现出惰性，无法养成良好的生活习惯和培养生活自理能力。

3. 缺乏集体荣誉感

集体荣誉感是指一种热爱集体、关心集体，自觉地为集体尽义务、作贡献、争荣誉的道德情感，是一种能够激励人们奋发进取的积极心理品质。由于现在较多学生从小备受长辈的宠爱和呵护，习惯独来独往，自我意识较强，而有的家长溺爱自己的孩子，导致他们不关心他人、不关心集体，缺乏集体荣誉感。因此，部分学生认为寝室内务管理属于个人管辖范畴，是否整理完全取决于个人意愿，而忽视了自身行为对于寝室的影响，忽视集体荣誉。

崇尚劳动、尊重劳动是中华民族的传统美德，也是培养德、智、体、美、劳全面发展的社会主义建设者和接班人的必然要求。新时代大学生应学会尊重劳动、热爱劳动，而热爱劳动应从热爱寝室做起。为解决寝室内务管理中出现的问题，学校应积极开展"打造最美寝室"等相关实践活动，让学生亲身参与到实践中，共同构建整洁、温馨、和谐的寝室环境，培养定期打扫卫生、按规定整理内务的好习惯，保障当代青年学生身心健康和个人安全，帮助他们树立正确的劳动观念，学习必要的劳动技能，提升生活自理能力，以营造劳动光荣、共同进步的良好氛围，形成积极向上的寝室文化，切实弘扬新时代劳动精神。

文明宿舍展示

四、垃圾分类与校园绿化维护

（一）垃圾分类

人类社会物质生产进步，同时也产生了许多难降解、高污染、有毒的垃圾。要拥有良好的人居环境，实现可持续发展，必须科学、有效地处理垃圾。填埋、焚烧相对简单，但由此带来的土壤污染、地下水污染、空气质量恶化不可逆转。到目前为止，处理垃圾最有效的办法是分类管理，这样可以最大限度地实现垃圾的回收利用，做到无害化、减害化处理。习惯的养成需要久久为功，基础设施的完善也并非是一朝一夕能够实现的，因此垃圾分类被称为"最难推广的简单工作"。简单到举手之劳即可完成；难做，是因为要深化认识、掌握相应知识，形成正确投放习惯。日本通过严格针对投放垃圾收费让人们重视垃圾的处理。瑞典在培养国民垃圾分类意识上足足花了一代人的时间。

垃圾分类，从我做起

习近平总书记十分关心垃圾分类这件事。他强调，实行垃圾分类，关系广大人民群众生活环境，关系节约使用资源，也是社会文明水平的一个重要体现。

2019 年起，全国地级及以上城市全面启动生活垃圾分类工作，垃圾分类投放逐步成为居民的"新时尚"。

一方面要自觉按垃圾分类要求投放垃圾，保护环境；另一方面要做环境保护的卫士，通过宣讲发动更多人参与到垃圾分类中来。更进一步，可以为垃圾分类出谋划策，设计方便人们进行垃圾分类的产品或办法，为社会文明进步贡献力量。

1. 可回收垃圾

可回收垃圾主要包括废纸、塑料、玻璃、金属和布料五大类。

（1）废纸：涵盖报纸、期刊、图书及各类包装纸等。然而，需要注意的是，纸巾和卫生纸水溶性高，不适宜回收利用。

（2）塑料：包括各类塑料袋、塑料泡沫、塑料包装材料（如快递包装纸属于其他垃圾／干垃圾）、一次性塑料餐盒和餐具、硬质塑料、塑料牙刷、塑料杯子、矿泉水瓶等。

（3）玻璃：主要指各种玻璃瓶、碎玻璃片、暖瓶等（镜子归类为其他垃圾／干垃圾）。

（4）金属：主要涉及易拉罐、罐头盒等。

（5）布料：包括废弃衣物、桌布、洗脸巾、书包、鞋子等。

这些垃圾通过综合处理、回收利用，可以减少污染，节省资源。如每回收 1 吨废纸可造纸 850 千克，节省木材 300 千克，比等量生产减少污染 74%；每回收 1 吨塑料饮料瓶可获得 0.7 吨二级原料；每回收 1 吨废钢铁可炼钢 0.9 吨，比用矿石冶炼节约成本 47%，减少空气污染 75%，减少 97% 的水污染和固体废物。

2. 其他垃圾

其他垃圾（上海称为干垃圾）涵盖了除可回收垃圾、厨余垃圾、有害垃圾外的废弃物，如砖瓦陶瓷、渣土、卫生间废纸、纸巾等难以回收的物品，以及尘土、食品袋（盒）。通过卫生填埋的方式，可以有效地减少这些垃圾对地下水、地表水、土壤和空气的污染。

大棒骨因"难以腐蚀"被归类为"其他垃圾"。而玉米核、坚果壳、果核、鸡骨等则属于厨余垃圾。

卫生纸：厕纸和卫生纸在遇水后会迅速溶解，因此不属于可回收的"纸张"类别。烟盒等也具有类似的特性。

餐厨垃圾装袋：通常使用的塑料袋，即便是可降解的，其降解速度也远不及餐厨垃圾。此外，塑料袋本身属于可回收垃圾。正确的处理方法是将厨余垃圾倒入"厨余垃圾"桶中，而塑料袋则应另行投放至"可回收垃圾"桶内。

果壳：在垃圾分类体系中，"果壳瓜皮"这一类别确实包括花生壳，它被归类为厨余垃圾。同样，家庭中剩余的废弃食用油也被划分为"厨余垃圾"。

尘土：在垃圾分类的规定中，尘土被归入"其他垃圾"类别；然而，残枝落叶则属于"厨余垃圾"，这同样适用于家中凋谢的鲜花等有机物。

3. 厨余垃圾

厨余垃圾（上海称为湿垃圾）涵盖了剩菜剩饭、骨头、菜根菜叶、果皮等食品类废弃物。通过生物技术进行就地处理后堆肥，每吨厨余垃圾可转化为 0.6 ～ 0.7 吨的有机肥料。

4. 有害垃圾

有害垃圾含有对人体健康有害的重金属、有毒物质，或者可能对环境造成直接或潜在危害的废弃物。这些包括电池、荧光灯管、灯泡、水银温度计、油漆桶、某些家电产品、过期药品与其容器，以及过期化妆品等。这类垃圾通常需要单独回收或进行填埋处理。

（二）共建绿色校园

学校是大学生学习、生活、成长的地方，是大学生共同的家园。校园环境直接影响着大学生的学习、生活与身心健康。校园环境在很大程度上体现了一所学校的文明程度。校园保洁美化是指校园里各楼宇、运动场地、广场、草坪、道路、桥梁、沟渠等的保洁及美化。"校园是我家，保洁美化靠大家"，校园保洁美化是每个大学生的责任与义务。大学生参与校园保洁美化劳动，可以使校园环境干净、整洁、美丽，为大家营造一个舒适的学习与生活环境，可以促进学习效率的提升，有利于身体健康，有利于良好卫生习惯的养成，有利于劳动技能的掌握，有利于集体主义精神和合作精神的培养。校园保洁美化劳动主要包括查看现场情况、校园室内保洁、校园室外保洁和校园环境美化等内容。

（1）查看现场情况。进入保洁场所开始保洁工作前，先要查看保洁场所的现场情况，如课桌椅凳、门窗玻璃、试验设备、运动器材等物品有无损坏，楼宇、道路、桥梁、沟渠、草坪等处是否存在异常。发现损坏、异常等情况要做好记录，并及时向学校有关部门报告。

（2）校园室内保洁。保洁场所包括教室、实验室、办公室、会议室、图书馆、资料室、机房、库房、礼堂、食堂等。保洁对象包括顶棚、墙面、地面、桌椅、黑板、讲台、柜子、书架、门窗、玻璃、灯具、电扇、沙发、空调、碗碟、水杯等。保洁方法包括扫、拖、擦抹、洗刷、整理、清理、更换等。保洁要求包括室内干净无尘、空气清新、桌椅物品摆放整齐等。

（3）校园室外保洁。保洁场所包括户外场地、沟渠、池塘等。保洁对象包括走廊、台阶、指示牌、宣传栏、运动场、停车场、亭台、桥梁、花草树木等。保洁内容包括台阶清洗、杂草清除、沟渠清理、垃圾清运、道路修整、亭台擦抹、树枝修剪等。保洁要求包括地面干净无污迹、墙面干净无贴画、沟渠畅通无臭气、绿地绿化无杂草、树木修整无枯枝、亭台清洁无灰尘等。

（4）校园环境美化。美化校园环境就是美化生活，校园环境美化的基本要求主要有以下四点：第一，参与。人人参与美化校园环境的劳动，使之成为大学生自觉的行动。第二，环保。大学生应该增加环保意识，在美化校园环境的时候，充分考虑和利用现有条件，不铺张浪费。分类回收垃圾，创建无烟校园，讲求实用，体现低碳、绿色、环保的生活方式。第三，美丽。校园的环境设施会对学生产生潜移默化的影响，美丽校园既是每所学校所追求的目标，也是校园建设的一项重要内容。第四，特色。每所学校的地理位置、办学历史、发展定位、精神风貌、文化底蕴各有特色，在美化校园环境时，要充分考虑这些特色。

当代大学生应该积极行动，增强劳动意识，积极投身到美化环境的劳动中，在劳动中培养集体主义精神、协作和进取的意识，逐渐养成爱劳动的良好习惯。

勤工助学是组织实施劳动教育的具体实践活动，不仅是实施劳动实践的重要平台，而且是实现劳动教育目标的重要途径之一。勤工助学实践内含树立大学生的劳动价值观念、培养其劳动知识素养、涵养其劳动精神品德等育人功能。因此，做好高校勤工助学工作，对探索新时代大学生教育的有效路径和完善新时代资助育人体系建设具有重要的作用。

勤工助学是指学生在学校的组织下利用课余时间，通过自己的劳动取得合法报酬，用于改善学习和生活条件的社会实践活动。完整的保障型国家资助体系如下。

（1）国家奖学金。国家奖学金的奖励对象是普通高校全日制本专科二年级及二年级以上优秀在校学生，奖励标准为每生每年 8 000 元。同一学年内，获得国家奖学金的家庭经济困难的学生可以同时申请并获得国家助学金，但不能同时获得国家励志奖学金。

（2）国家励志奖学金。国家励志奖学金旨在奖励品学兼优且家庭经济困难的二年级及二年级以上普通高校全日制本专科在校生，其奖励标准为每生每年 5 000 元。在同一个学年内，获得国家励志奖学金的学生若属于家庭经济困难者，可以申请并获得国家助学金，但不得同时获得国家奖学金。

（3）国家助学金。国家助学金主要面向家庭经济困难的全日制普通高校本专科学生（包括预科生），平均资助标准为每生每年 3 300 元。各高校可在每生每年 2 000 ～ 4 500 元的范围内自行设定具体资助金额，并可将其分为 2 ～ 3 个不同的档次。全日制在校退役士兵学生全部享受本专科生国家助学金，资助标准为每生每年 3 300 元。

（4）国家助学贷款。国家助学贷款的贷款对象是家庭经济困难的普通高校全日制本专科生（含预科生）。贷款金额原则上本专科生每生每年最高申请金额不超过 12 000 元。

2020 年 1 月 1 日起，新签订的助学贷款合同利率按照同期同档次贷款市场报价利率 LPRSY-30 个基点（LPRSY-0.3%）执行。贷款学生在校学习期间的国家助学贷款利息全部由财政补贴，贷款学生毕业后的前五年内可只需偿还利息不需还本金，自毕业第六年起开始偿还本金和利息。

助学贷款年限按学制加 15 年，最长不超过 22 年、最短 6 年确定。大学新生和在校生可在开学前向户籍所在地县级学生资助管理部门申请生源地信用助学贷款，已申请过生源地信用助学贷款的学生可直接在网上申请续贷。

国家助学贷款
助你圆梦

（5）高校学生服兵役的国家教育资助。高校学生服兵役的国家教育资助的补助对象是应征入伍服义务兵役的高校在校生、毕业生及退役后复学的原高校在校生和直接招收为士官的高校学生。国家对应征入伍服义务兵役和直接招收为士官的高校学生在校期间缴纳的学费实行补偿，对在校期间获得的国家助学贷款（含校园助学贷款和生源地信用助学贷款）实行代偿，退役后复学的原高校在校生实行学费减免。学费补偿、国家助学贷款代偿和学费减免的补助标准为本专科生每生每年不超过 12 000 元。

（6）基层就业学费补偿（贷款补偿）。基层就业学费补偿（贷款补偿）的补助对象是高校毕业生，即指全日制本专科的应届毕业生（含高职、第二学士学位）、研究生应届毕业生。高校毕业生到中西部地区和艰苦边远地区基层单位就业、服务期在 3 年以上（含 3 年）的，其学费由国家实行补偿。在校学习期间获得用于学费的国家助学贷款的，代偿的学费优先用于偿还国家助学贷款本金及其全部偿还之前产生的利息。

（7）新生入学资助。国家对经济困难的学生予以适当补助。以广东省的政策为例，资助对象是当年考入全日制普通高校、广东省户籍的家庭经济困难本专科一年级新生，每人最高不超过 6 000 元。考入省高校的广东新生可以在开学时向学校申请，考入省外高校的新生向户籍所在地县级教育部门申请。

🔊 **扩展阅读**

勤工助学的由来

1912 年，李石曾、吴稚晖等在北京成立了留法俭学会和留法预备学校，培养了首批赴法留学的学生。早期的勤工俭学活动与爱国救国运动紧密相连，爱国人士致力于通过引入西方的科学与文化来改变中国的弱势地位。1915 年 6 月，蔡元培、李石曾、吴玉章等人在法国创立了留法学生俭学会，为有志青年赴法留学开辟了新的途径。随着参与勤工俭学的人数迅速增长，1916 年 6 月 22 日，留法学生俭学会与法国教育界协商后，正式成立了华法教育会。随着勤工活动的参与者从留学学生扩展到国内的大多数学生，勤工俭学逐渐成熟。社会和学校推广"生活节俭，课余勤工"的理念，并通过国家助学金帮助学生安心学习。这一理念主要针对那些经济困难但希望通过勤工来继续求学的学生。勤工活动促进了众多学校成立勤工组织，对大量学生继续求学起到了重要作用。随着生活水平的快速提升和国家实力的显著增强，社会逐渐从"勤工者未必俭学者"的观念转变。勤工俭学继承了其原有的内涵，同时突破了旧有的体制和形式，实现了与实际相结合的改进。随着需求的增长，大多数高校都设立了专门管理勤工助学的部门，并提供了直接面向贫困生的勤工助学岗位。学生们不仅希望改善生活条件，还期望通过实践获得锻炼，提高实践能力、磨炼思想，并增强对社会的理解。对于勤工助学及勤工俭学活动的报酬，财政部和教育部也制定了原则性规定，以确保学生的利益和安全。勤工助学逐渐发展成为一种社会实践形式，并将"俭学"的传统内涵完全更新为"助学"。

躬身践行

学习烹饪技术

【劳动任务】

积极参与美食烹饪活动，如班级农家院、校园美食节、志愿服务活动等，给自己和身边的人烹饪美食；主动承担家庭其他家务劳动，如洗碗、洗衣服、消毒灭菌、农活等，积极参与校内外实践活动。

【劳动分组】

全班学生以 4～6 人为一组进行分组，各组选出组长并进行任务分工，将小组成员及分工情况填入表 8-1 中。

表 8-1　小组成员及分工情况

班级		组号		指导教师	
小组成员	姓名	学号		任务分工	
组长					
组员					

【劳动计划】

小组商议，制订出具体的工作计划，填入表 8-2 中。

表 8-2　工作计划

步骤	工作内容	时间安排	负责人
1			
2			
3			
4			
5			

【劳动实施】

按照劳动计划，将具体的实施情况记录在表8-3中。

表8-3　实施情况

时间安排	实施步骤
	咨询家人喜欢的菜式和口味
	设计菜单，要求荤素搭配，色香味全，安全营养，节约食材
	整理所需食材及配料，并完成采摘或挑选
	利用互联网等渠道，了解菜肴的烹饪方法和步骤
	完成原材料的洗切等准备工作并拍照
	在保障安全的情况下尽量独自完成烹饪，如有人搭档，则他人只能进行指导或辅助；对烹饪过程进行拍照记录（需本人入镜）
	烹饪完成后拍照留念
	用餐完成后，做好厨具、餐具的回收与清洗
	回顾整个过程，撰写劳动总结

【劳动评价】

教师可参考表8-4对各小组的活动进行评价。

表8-4　活动评价表

项目名称	评价内容	分值	评价分数		
			自评	互评	师评
素养评价20%	分工合理，具备团队精神，能够积极与他人合作	10分			
	积极、认真参加实践任务	10分			
技能评价30%	活动策划方案实用	10分			
	活动实施效果佳，给劳动者带来了感动	10分			
	按时完成实践任务	10分			
成果评价50%	劳动态度	20分			
	劳动内容、形式的创新性	20分			
	劳动过程完整性	10分			
合计			100分		
总评	自评（20%）+互评（20%）+师评（60%）=		综合等级：	教师（签名）：	

任务二　生产性劳动实践

一、生产性劳动概述

（一）生产性劳动的定义

生产性劳动主要指向人与物之间的关系，是以直接创造生产、生活必需品，满足国家、社会和个人物质需求与财富积累为目的的活动。生产性劳动体现的是物质生产领域的劳动，大学生在参与工农业生产性劳动的过程中，可以掌握相关技术，感受劳动创造价值，增强产品质量意识，体会平凡劳动中的伟大。

总之，生产性劳动就是为生产各类产品而进行的劳动，目的是改变物的使用价值，在这个过程中劳动被固化，因而创造价值。正是因为有了生产性劳动，商品的使用价值才会提高，商品交换才会变得有意义。因此，生产性劳动是构成其他劳动形式的前提，具有基础性的意义。

（二）生产性劳动的意义

生产性劳动对于培养大学生的劳动观念、引导大学生继承和发扬艰苦奋斗的优良传统、加深大学生对国情和民情的认识、激发大学生的爱国情感、帮助大学生树立坚定的理想信念、增强大学生的社会责任感、提高大学生的综合素质，从而促进其全面发展具有重要的意义。

1. 有助于培养大学生的艰苦奋斗精神

劳动是人类社会生存和发展的基石，也是社会生活中的一项道德准则。由于多种原因，一些大学生从小缺乏参与劳动的机会，导致他们对劳动的认识较为淡薄。对于大学生而言，缺乏劳动锻炼将难以领悟劳动的深远意义，无法培养出正确的劳动习惯和观念，这将阻碍他们全面成长，并影响其为国家的经济建设和社会发展作出贡献。因此，劳动是大学生融入社会、服务社会、实现个人价值的关键前提。通过参与社会调查、生产性劳动、志愿服务、公益活动、科技发明和勤工助学等社会实践活动，大学生能够有效提升自己的劳动技能，改变劳动观念，同时，这些活动也是对意志品质的磨砺。通过这些社会实践活动，大学生能够深刻体会到个人价值的实现源于通过劳动对社会和他人的贡献，从而真正理解劳动的本质和深远意义，并培养出坚韧不拔、吃苦耐劳的精神品质。

2. 有利于激发大学生的爱国情感

对于大学生而言，爱国首先体现在认真对待自己的学业上：珍惜来之不易的学习机会，充分利用学校的各种学习资源，不断提高自身的专业素养和服务社会的本领等。然而，有少数大学生学习态度不端正、学习目的不明确，有时甚至沉迷于网络游戏、虚度光阴。通过参与社会生产、勤工助学、顶岗实习等社会实践，大学生能够真正理解社会的发展要求他们具备扎实的专业知识和过硬的专业技能，这些都依赖于平时的努力与积累，远非考前临时抱佛脚、突击复习通过考试那么简单。在社会实践活动中，大学生能够亲身感受到国家的发展和社会的进步，切身体会到改革开放带来的中国经济的飞跃发展和人民生活水平的显著提高，同时，也更加直观地感受到社会发展进程中不尽如人意的地方，以及作为当代大学生应该肩负起的历史使命。这有助于大学生了解国情、锻炼能力、奉献社会、增长才干，激发他们对于祖国和人民的热爱，将原本"停留在口头上"的爱国主义转化为实实在在的爱国行为。

3. 有助于坚定大学生的理想信念

通过参与社会实践活动，大学生深化了对中国共产党领导、中国特色社会主义道路及中华民族伟大复兴中国梦的认识，从情感和思想上深刻认同"没有共产党就没有新中国"和"只有中国特色社会主义才能发展中国"的核心理念。虽然课堂学习可能带来初步的理解，但是亲身参与社会实践能让学生深刻感受到我国在经济、政治、文化、教育、社会和民生等多个领域取得的辉煌成就。这些成就的实现，离不开中国共产党的正确领导和中国特色社会主义制度与道路的指引。"中国梦"不仅承载着民族的复兴与富强，也是每个中华儿女追求幸福生活的梦想，它将国家梦、民族梦和人民梦融为一体，与每个人的日常生活紧密相连。实现"中国梦"更需要广大青年大学生的积极参与和不懈努力。"四个全面"战略布局的提出，为实现"两个一百年"奋斗目标绘制了更为明确的蓝图，进一步增强了当代大学生对中国特色社会主义的道路自信、理论自信、制度自信和文化自信。因此，社会实践活动显著提升了大学生的政治觉悟，加深了他们对中国共产党的信任、对社会主义的信念及对实现中华民族伟大复兴中国梦的坚定信念。

4. 有助于增强大学生的社会责任感

全面了解社会和正确认识国情是大学生参与社会实践的核心意义，也是他们思考国家未来发展和个人选择的基础。然而，一些大学生对中国的历史和现状缺乏全面了解，对当今世界和国家的实际情况认识不足。尽管他们充满激情，却常常陷入空想和幻想，愿望与现实之间存在较大差距。要改变这种状况，仅依赖校内教育是不够的。必须通过社会实践和亲身体验来获得直接的感性认识，将理论与实践相结合，才能将书本知识与社会实际紧密联系起来，使个人的主观认识和理论知识建立在社会现实的基础之上。这样，才能真正理解社会、国家和世界的情况，认识到党的方针政策是基于中国国情制定的，清晰地了解社会发展对大学生的要求和期望。只有这样，大学生才能恰当地认识和评价自己，找到社会要求与个人实际之间的差距，从而合理规划和提升自我。同样，只有这样，才能准确地定位自己，端正人生态度，明确责任担当，并确立正确的价值取向和奋斗目标。

二、实习实训

1. 实习的内涵

学生实习是指依据专业培养目标和人才培养方案的要求，由学校组织或经批准后学生自行前往企业、事业单位等进行的专业技能实践性教育活动。学生参与生产性劳动实习，主要涉及校内外的工业、农业等劳动实践。

通过参与各种适宜的生产性劳动，学生能够获得多方面的锻炼。在实习训练的过程中，学生通过这种循序渐进的反复训练，不仅掌握了相关的专业操作技能，还在潜移默化中培养了耐心专注、追求卓越、坚持不懈地提升产品质量和技能的优秀品质。

2. 实习的形式

实习涵盖了认识实习（见习）、跟岗实习和顶岗实习等多种形式。认识实习涉及学生前往实习单位进行参观、观摩和体验，旨在帮助学生对实习单位及其相关岗位形成初步了解。跟岗实习则是为那些尚未具备独立操作能力、无法完全满足实习岗位要求的学生设计的，学校会安排相应的岗位和指导老师，以便学生熟悉岗位职责。顶岗实习则面向那些已经具备一定独立工作能力的学生，他们将在实习岗位上相对独立地参与实际工作。

3. 实习的渠道

各学校应围绕专业特色，探索和开辟学生参加生产性劳动的多种渠道，积极打造"专业＋劳动实践"。

（1）增强劳动教育的时代感，使之与新兴产业、新业态、新技术相契合，探索劳动教育的新内容，强化网络劳动教育，引导学生全面、客观、科学地处理网络劳动问题，并遵守相关的数字劳动法律法规。

（2）各专业根据专业实习教学的实际情况，每年安排一定数量的学时用于生产性劳动实践。依托校内外的专业实践教育基地，组织学生前往高新技术企业，体验在现代工农业科技条件下的劳动实践新形态和新方式。通过参与实习实训和专业服务，学生能够运用新知识、新技术、新工艺和新方法，从而提升在生产实践中发现和创造性解决问题的能力。

（3）有组织地开展农业生产性劳动。参与乡村振兴工作，每学年利用暑假或寒假"三下乡"，采取以集体劳动为主的方式，组织学生到田间地头开展农业生产性劳动。

◀)) 扩展阅读

如何成为优秀的实习生？

1. 让领导做选择题，而非解答题

如果领导要求策划一场宣传活动，最好不要让领导做解答题，活动的具体细节等琐碎事项不要麻烦领导来确定。应提前做好活动的多个预案，向领导汇报各个预案的优点、缺点，让领导来选择执行哪一个。

2. 不要找各种借口

刚开始实习时，因为不熟悉业务难免会出问题。但要注意，出现问题时不能找各种借口推脱责任。如果说完成不了工作是能力问题，那么找各种借口来推脱责任就是态度问题了。这样会给人留下一个特别糟糕的印象。

3. 多做事，少说话

要时刻提醒自己来实习的主要目的是提升自我，明白公司招聘员工的目的是希望员工为公司作出一定贡献，做到在工作期间把精力放在做事上。

4. 提高工作的主动性

对于实习生，公司一般不会安排太多事情。在完成自己的工作后，要主动观察或开口询问周围的人是否需要帮助，这样，才能在实习中真正有所学、有所悟、有所提高。

三、社会实践

1. 社会实践的内涵

社会实践是培养学生创新精神和实践能力、提升学生综合素质的良好载体，也是实施素质教育的一种良好形式。哲学上的社会实践是人类认识世界、改造世界的各种活动的总和，即全人类、大多数人从事的各种活动，包括认识世界、利用世界、享受世界和改造世界等。社会实践是学生走向社会的一个很重要的锻炼环节，也是教育与实践相结合的具体体现。学生参加实践活动，对于德、智、体本身来说是课堂教育的延续。社会实践是教育教学内容的重要组成部分，主要以学生个人主动参与及体验为主，是巩固所学知识、吸收新知识、发展智能的重要途径。它不受教学大纲的限制，学生可以在这个课堂里自由驰骋，发挥自己的才能。

2. 社会实践的意义

（1）提高个人能力。大学生社会实践是在校大学生利用课余时间，步入社会进行社会实践，提高个人能力，触发创作灵感，完成课题研究，发挥自己的聪明才智以求和社会有更大的接触，对社会作出贡献的活动。他们通过参与、动手、思考、解决问题等过程，将所学的书本知识内化为自己的能力，全面提升自身的思想素质、求真精神和务实的品质；同时，也培养了他们积极向上、珍爱美好生活的优良心理品质。

（2）激发对社会问题的思考。社会实践活动有助于大学生接触群众，了解社会；大学生在社会实践过程中，通过融入社会、贴近自然、感触生活，增加对社会的认识与理解、体验与感悟，并能够在此基础上反思社会现象，发展批评思考能力，从而增强自己的社会责任意识，这是一个长期积累的过程。同时，大学生在参与实践活动的过程中，会对一些问题加以思考，并站在自身的角度上探寻解决的办法，加深对社会的认识。

（3）促进个人成长。社会实践活动能够有效地锻炼大学生的能力，提高大学生的综合素质，增强大学生的社会生活能力。在这一过程中，也会存在一些困难，如社会实践活动的时间安排问题、教师的跟进问题，甚至活动的一些经费问题等。但在活动过程中，只要用心发掘资源，就一定能够找到合适的方式与方法，也一定能够对大学生自身的成长起到积极的作用。

3. 社会实践的类型

（1）以校内服务为主的岗位实践活动。社会实践活动应当首先从与大学生学习生活紧密相关的校内生活着手。在具体开发过程中，学校应充分利用学生的潜力，信任学生，并允许他们承担校内岗位的锻炼机会，以提升他们的能力。这些锻炼机会包括参与校园迎宾活动、监督校园卫生值日、维护纪律、在家长会上提供服务导引，以及在大型活动中协助维持秩序等。此外，大学生还可以协助教师完成一些辅助性工作，例如，帮助图书馆整理和登记图书、协助试验教师整理试验仪器，以及协助计算机教师进行计算机系统的维护。大学生还可以参与校园公益劳动，如进行公益性的卫生打扫或在食堂帮忙准备食物等。通过参与这些活动，大学生不仅锻炼了自己的能力，还增进了对校园生活的了解，以及对教师工作的认识。这促使他们更加珍惜活动中的劳动成果，并对教师的工作表示尊重。

（2）以调查研究为主的社会实践。在教师的指导下，大学生针对特定社会现象进行深入研究，包括资料收集、专家访谈和实地考察，进而分析现象产生的原因、当前状况及提出解决方案，最终撰写出自己的考察报告。在这一系列过程中，从选题、调查到报告撰写，大学生都需要进行细致的思考，他们不仅需要积极动脑，运用所学知识，还能够全面提升资料收集、问题分析、观察、人际交往和写作等多方面的能力。

在这类实践中，教师需要对学生进行细致的指导，精心挑选适合学生实际情况、通过努力可以解决且具有一定挑战性的课题。例如，调查水污染、学生心理状况、课间教室关灯与资源节约等都是大学生可以参与的社会实践活动。

4. 以社区服务为主的社会实践

在教师的指导下，大学生走出教室，深入实际社会环境，亲身参与并体验各种社会生活活动。他们致力于开展社区服务、公益项目及体验式学习与实践，旨在积累直接经验，提升实践技能，并加强他们的社会责任感。例如，他们可能会针对自己居住的社区，通过参与垃圾分类、清除非法广告、协助孤残老人和儿童、慰问军属烈属等多种形式的活动，来更深入地了解社会，同时增强自身的社会责任感。

5. 以公益宣传为主的社会活动

大学生可以利用假期时间走上街头，开展公益宣传活动，以提升公众对特定社会现象的关注度，并增强公众的科学素养，助力构建一个环保节约型社会。这些活动包括环保、交通安全、节约水资源、法律知识、禁烟等方面的宣传。此类宣传活动相对容易组织，只需结合特定节日（如世界水日）即可。然而，在进行宣传时，大学生应确保活动内容与自己的生活实际相结合，这样不仅能够提高公众的意识，同时还能促进自身意识和能力的提升。

6. 以参观为主的实践活动

大学生可以在学校组织下参与各类参观活动，这些活动主要可分为两大类：一类是探访本地的现代化企业；另一类是游览本地的人文自然景观。通过探访现代化企业，大学生能够亲身体验企业文化与管理，以及现代科技的先进性。而通过游览本地的人文自然景观，如历史博物馆、科技馆、地质博物馆及各种遗址，他们能够深入了解本地的自然与人文环境，从而增强对本地区域文化的认识。

📁 劳动故事

平凡的工作，伟大的价值

"能让更多的人在节日期间顺利出行，有些付出是值得的。再说，我们出租车行业本就是为大家提供便利服务的嘛。"新春佳节，当家人围坐在一起，共享团聚的喜悦时，出租车司机依然穿梭于大街小巷，使广大市民的出行更加便利，衡水市区爱心出租车队队长沈殿青就是他们中的一位。

沈殿青从1999年起就从事出租车营运工作，每年从年头忙到年尾，每天十二三个小时都在路上。这个春节，他本来计划大年三十、初一给自己放两天假，专心陪伴家人。因为孩子正上高三，学习紧张，一家人聚少离多，他想趁着这两天好好与孩子聚一聚、谈谈心。但是计划很快被搅乱了。

大年初一上午8时左右，他接到一位乘客打来的电话，这位乘客表示想乘他的车。起初沈殿青委婉地拒绝了。9时左右，这位乘客又打来电话，当得知对方一个多小时还没有打到车时，沈殿青坐不住了，急忙开车出了门。原来，对方是要带儿女去火葬场祭奠丈夫，从8时许就开始在路上打车，即使多付车费，很多出租车司机也都因为春节忌讳而拒载了。无奈，她只好再次求助沈殿青。回来时，她为表示感谢，50多元的车费非要给100元，沈殿青婉言谢绝，只收了50元。感激不已的乘客让儿子给沈殿青拜年致谢。

对此，沈殿青表示，出租车行业就是服务大众的行业，司机的行为代表的是整个行业，开车决不能只为了一己私利，而应以为大众提供便利为责任。他说，虽然工作很辛苦，但是很知足，因为在春节期间出车方便了许多没有私家车的人。

对于节假日、雨雪天随意涨价、拒载等行为，沈殿青持坚决否定态度。他说，越到特殊的时候越能体现这个行业的文明程度。春节将至时出租车最忙，虽然生意多了，但是路也更堵了，根本赚不着钱。可这不能成为涨价或拒载的理由，而应用更加尽心的服务来赢得乘客的满意。

从业15年来，沈殿青从未遭到过一次顾客的投诉或监管部门的处罚。相反，他收到了不计其数的表扬和锦旗。他发起成立的爱心车队，矢志不渝地为乘客和弱势群体奉献真情，给无数的人带去了温暖和感动。他满腔热忱地为广大乘客服务，始终把工作标准定在"一切为了乘客方便"这一目标上，同时积极参加各类社会爱心活动。

对于未来，沈殿青希望爱心车队能够传递更多正能量，带动整个出租车行业规范经营、文明服务，让每个市民都能顺利、愉快出行。

四、创新创业

1. 创新

在当今世界，创新是在生活中出现频率非常高的一个词，涵盖众多领域，包括政治、军事、经济、社会、文化、科技等各个领域的创新。从不同学科看，创新有不同的含义。

（1）从哲学的角度来说，创新是一种人的创造性实践行为，这种行为的目的是创造价值，增加总量，利用和创造新事物和新发现。人类通过利用和再创造物质世界，制造新的矛盾关系，形成新的物质形态。

（2）从社会学的角度来说，创新是指运用已知、已有的信息和条件，突破常规，发现、产生或创造了某些新颖的、独特的、有价值的新事物、新思想的活动。创新的本质是突破，突破旧的思维定式和旧的常规戒律。创新的核心是"新"，可能是变革产品的结构、性能和外部特征，也可能是创造新颖的造型设计、内容的表现形式和手段，或者是丰富和完善内容。

（3）从经济学的角度来说，创新是指以现有的知识和物质，在特定的环境中，改进或创造新的方法、元素、路径、环境等事物，并获得一定有益效果的行为。

2. 创新思维

创新思维是指以新颖独创的方法解决问题的思维过程，以创新的方法、视角、思路突破常规思维的界限来思考问题，从而提出与众不同的解决方案，产生新颖的、独到的、有社会意义的思维成果。习近平总书记指出："问题是创新的起点，也是创新的动力源。"强调创新思维要以问题为导向，彰显出强烈的问题意识。推动创新必须坚持问题导向，通过发现问题、筛选问题、研究问题、解决问题，不断推动社会发展进步。

培养新时代具有创新意识和创造能力的人才，鼓励和推进创新思维的形成，不断提高创新思维能力，是现代社会的重要课题，也是落实创新、驱动发展战略的迫切需要。大学生的创新思维培养是现代高等教育和劳动教育的重要任务，在大学校园中培养大学生的创新意识、创新能力、创新情感、创新思维，在大学生心里种下创新的种子，在社会中、职场上、企业里生根发芽，长成参天大树，从而激发全社会的创新活力。

3. 创业

创业是指创立个人、集体及社会的各项事业。创业与创新既有联系又有区别，创业的核心是创新，创业过程中要不断进行创新。创新是提出新的方法、新的思路、新的事物形态，是一个再认识和再发现的过程。创业是在创新的基础上，将创新成果"落地"转变成可以使用并产生经济效益的成果。

创业精神是指在创业者的主观世界中，那些具有开创性的思想、观念、个性、意志、作风和品质等，激情、积极性、适应性、领导力和雄心壮志是创业精神的五大要素。经济学家约瑟夫·熊彼特将创业精神看作具有"创造性破坏"的力量。创业精神在《马克思主义哲学大辞典》中的定义为在建设中国特色社会主义过程中，用来进一步凝聚、激励广大干部和人民群众，同心同德，克服困难，开拓前进，夺取改革开放和现代化建设新胜利的精神动力。由此可见，创业精神是我国文化的重要组成部分，是实现第二个百年奋斗目标、实现中华民族伟大复兴中国梦的重要精神力量。

躬身践行

开展专业实习劳动

【劳动任务】

根据专业特点，学生根据学校安排开展认识实习、跟岗实习，通过学校推荐企业或自主选择企业开展顶岗实习，根据指导教师要求提供相应的实习佐证材料。

【劳动分组】

全班学生以 4～6 人为一组进行分组，各组选出组长并进行任务分工，将小组成员及分工情况填入表 8-5 中。

表 8-5 小组成员及分工情况

班级		组号		指导教师	
小组成员	姓名	学号		任务分工	
组长					
组员					

【劳动计划】

小组商议，制订出具体的工作计划，填入表 8-6 中。

表 8-6 工作计划

步骤	工作内容	时间安排	负责人
1			
2			
3			
4			
5			

【劳动实施】

按照劳动计划，将具体的实施情况记录在表 8-7 中。

表 8-7 实施情况

时间安排	实施步骤
	选择要实习的岗位

时间安排	实施步骤
	讨论确定本组的方案
	活动过程中遇到的问题及解决方式

【劳动评价】

教师可参考表 8-8 对各小组的活动进行评价。

表 8-8　活动评价表

项目名称	评价内容	分值	评价分数		
			自评	互评	师评
素养评价 20%	分工合理，具备团队精神，能够积极与他人合作	10 分			
	积极、认真参加实践任务	10 分			
学校评价 30%	应用专业知识和技术的能力	10 分			
	分析解决问题的能力	10 分			
	劳动态度	10 分			
企业评价 50%	专业知识和技能	20 分			
	劳动完成的质量和效率	10 分			
	遵守企业规章制度	10 分			
	团队协作意识	10 分			
合计		100 分			
总评	自评（20%）+ 互评（20%）+ 师评（60%）=	综合等级：	教师（签名）：		

任务三　服务性劳动实践

一、服务性劳动概述

1. 服务性劳动的含义

服务性劳动是指劳动者利用自身储备的知识、技能，利用一定设备工具为他人或社会提供一定的服务。相较其他类型的劳动，服务性劳动的无偿性和公益性特点突出，是人们在志愿服务愿望的驱动下，没有任何目的性地为他人和社会提供帮助的一种公益行为。随着时代的变迁，大学生与社会的联系日益紧密，应在教师的指导下，走出教室，参与实践活动，用自己的劳动价值满足他人的需要。

新时代，加强大学生劳动教育是实现中华民族伟大复兴的应然之举。《关于全面加强新时代大中小学劳动教育的意见》明确指出："劳动教育是中国特色社会主义教育制度的重要内容，直接决定社会主义建设者和接班人的劳动精神面貌、劳动价值取向和劳动技能水平。"高校作为培养大学生的重要教育机构，理应承担起加强劳动教育、提升劳动教育效果的责任。

2. 大学生参与服务性劳动实践的意义

（1）有助于提升大学生主观幸福感与自我效能感。主观幸福感是个体对自己生活状态的总体判断，以及个体在社会功能与适应状态上的综合反映，是个体心理健康水平的重要标志之一。而随着社会竞争日益加剧，大学生也不可避免地面临着学习、就业等各方面的压力，当这些压力无法以恰当的方式排解时，将直接导致大学生降低主观幸福感，陷入自我怀疑的状态。在此背景下，大学生参加志愿服务活动，奉献自己的时间、知识、财力、技术，这种不计报酬的公益活动，能够有效满足大学生自我实现和奉献社会的需要。与此同时，大学生也能通过自我奉献满足被他人尊重的心理需求，感觉自己被需要，提升自我价值感。此外，在参加服务的过程中，大学生能够有效与他人建立情感联结，提升自我认同感，而这种自我认同感将直接影响大学生的主观幸福感。

另外，大学生参加志愿服务也是提升自我效能感的有效途径。自我效能感是个体在实现特定目标过程中所体现的应对挑战的信心和信念，是一种相对稳定的心理特征。影响自我效能感的因素包括个人成败经验、个人自身的认知、他人对自己的评价、外部环境等。大学生参加志愿服务是一种利他行为，在志愿服务过程中成功经验的积累有利于提升自己的生活阅历，丰富自我认知体系，增加对自我能力的肯定，能够有效提升自我效能感。

（2）促进大学生形成良好的劳动品质。随着社会的发展和物质生活的提升，以及在多元价值观的影响下，少数大学生想要走捷径，想要快速成名、获利，习惯了过度消费，偏离了中华民族传统吃苦耐劳的精神和勤俭节约的品质。另外，随着生活条件改善，家长对大学生的过度"呵护"也使他们远离劳动。除生长环境的影响外，学校劳动教育的长期"缺位"，也使大学生存在劳动价值认识不足、劳动观念出现偏差等问题。为了改变这种尴尬局面，学校必须厚植劳动教育情怀，帮助大学生形成良好的劳动品质。

服务性劳动是提升大学生劳动品质的良好载体。首先，大学生在参加服务性劳动过程中能够进入真实的社会场景，跳出课堂、书本，在这个过程中，大学生会面临诸多的问题和困难，这促使大学生磨炼自己的意志，坚定自己的信念，从而养成吃苦耐劳的品格。其次，大学生在参与服务性劳动时，会与不同服务对象进行交往，其中会有老年人、残障人士、儿童等，了解这些群体的特点、构成和需要，与他们开展有效沟通并提供服务，这些都有助于大学生形成同情心、同理心，感受到帮助他人的快乐，认识到个人价值和社会责任。大学生也能从中进一步体会到劳动的艰辛和不易，从而发自内心地珍惜现在的美好生活，珍惜劳动成果。

（3）有利于增强大学生的社会责任感。社会是由人和环境形成的关系总和，是一个不可分割的整体。社会不可能离开人而存在，而每个人也不能独立存在。虽然每个人的职业不同、岗位不同，所承担的责任也不尽相同，但是要把工作做好，都离不开一个共同的因素，那就是强烈的事业心和责任感。服务性劳动实践对于培养大学生的社会责任感具有不可替代的作用。

大学生通过参加服务性劳动能够有效建立起与他人、组织、社区的联系，在服务中树立正确的劳动观，形成尊重劳动、尊重劳动成果的理念，养成节俭、勤劳、奉献的劳动精神和品质。服务性劳动可以有效成为提升大学生社会责任感的载体，大学生通过进入社会实际场景，了解并关注社会问题，可以形成对国家和社会的责任感。若按照服务群体进行划分，服务性劳动可以划分为两大类型：一种是面向特殊人群的，如探望敬老院孤寡老人、关爱留守及残疾儿童；另一种是面向社会公众的，如支援西部建设、到农村支教、充当公益使者。在参与服务性劳动时，大学生需要坚持实践正义原则且愿意帮助他人，树立服务集体、奉献社会的意识，强化自己的责任担当。

二、公益性服务

大学生除参加一些大型的志愿服务活动外，还可以参加公益性服务实践。公益性服务实践是指具有公益性质的社会实践活动，是大学生社会实践的重要类型，如理论宣讲、环境保护、助残敬老、关爱留守儿童、专业服务、社区服务等，旨在引导大学生扎根中华大地，弘扬奉献精神，发挥青春正能量，培养社会责任感和为人民服务的意识。

1. 理论宣讲

理论宣讲是指通过报告会、座谈会、图片展、培训会、文艺会演、宣传海报等形式，深入城市社区、乡镇农村、企事业单位等地，广泛宣传文化、科学技术知识等。大学生参与理论宣讲实践，服务基层，不仅助力社会公益，普及文化、科学技术知识，更能在实践中得到历练，增强服务社会的能力。

2. 环境保护

环境保护包括环保知识宣传展出、推广科技环保、环保调研、环卫清洁劳动等公益性服务实践。例如，通过报告会、座谈会、图片展、宣讲会等形式进行低碳环保理念的宣传，提高人们的环保意识，引导人们养成绿色、健康的生活方式；联合媒体及各类公益组织对高污染、高耗能企业进行监督，推动其进行绿色科技类改革，摒弃"先污染、后治理"的发展模式；利用自身专业优势，积极参与低碳环保类、绿色科技类项目，推动低碳环保类科技在企事业单位中的推广与应用；深入各地开展低碳环保主题调研，掌握企业、居民的生产、生活方式，为进一步提高低碳环保成效提出建设性意见；参加清扫公共环境中的垃圾、植树、回收废旧物品等活动。

3. 助残敬老

聚焦孤独老人、残障失能人员等群体，通过慰问、帮扶、救助、捐赠等形式帮助他们提高生活质量。例如，组织团队，去敬老院慰问老人，表演丰富多彩的节目，为孤寡老人带去欢乐；以"托养＋就业"的方式，开展辅助性就业的助残活动，为残障失能人员提供辅助性就业产品、灵活的就业时间，让他们能够挑选自己擅长的项目、安排自己的就业时间，在劳动技能和生活能力提升的过程中，逐步回归社会，从而更有尊严、更有质量地生活。

4. 关爱留守儿童

通过各种途径为农村、山区、偏远地区的留守儿童提供帮助，送去关爱。例如，利用身边的各种资源开展书籍下乡捐赠活动，巩固乡村图书馆（站）建设；通过各种募集形式，为教学资源不足的乡村中小学提供计算机、白板等教学设备；在乡村中小学为留守儿童开展心理健康团体辅导活动，帮助留守儿童了解心理健康知识，学会进行积极的心理调控，引导他们树立正确的世界观、人生观与价值观等。

关爱空巢老人

5. 专业服务

在校内外实训教师的指导下，大学生应用某些方面的专业知识和专门技能为居民、家庭、学校、社区等提供服务。例如，师范专业的学生，针对西部地区、乡镇农村地区中小学师资力量不足、教育水平偏低的状况，可对当地教师进行专业化培训；也可在当地推广普通话，指导中小学生学习现代汉语的基本知识，促进语言文字的规范应用。又如，艺术专业学生，可以为幼儿园、小学组织一些课外的学习活动，邀请感兴趣的儿童参加，为幼儿园和小学的课后延时服务助力。

6. 社区服务

社区服务是各方力量直接为社区成员提供的公共服务，如举办科普知识宣讲、文体娱乐活动、普法宣传、卫生理疗义务活动等。大学生可结合自身专业优势，通过宣讲、知识竞赛等形式耐心为社区居民讲解膳食营养、消防安全、疾病预防、科普育儿等方面的知识。

三、志愿服务

大学生可以参加一些大型的志愿服务活动，如"三支一扶"计划、大学生志愿服务西部计划、"青年红色筑梦之旅""三下乡"等。

1. "三支一扶"计划

"三支一扶"计划是指大学生在毕业后到农村基层从事支农、支教、支医等工作。"三支一扶"计划自 2006 年实施以来，采用公开招募、自愿报名、组织选拔、统一派遣的方式，已累计选派数十万名高校毕业生到基层从事服务，为促进农村基层教育、农业、卫生等社会事业的发展、建设社会主义新农村和构建社会主义和谐社会作出了卓越贡献。

"三支一扶"计划的实施过程主要包括组织招募和对大学毕业生工作期间的管理服务两个方面内容。对服务期满考核合格的大学生，颁发由人事部统一印制的《高校毕业生到农村基层服务证书》，作为服务期满后享受相关就业优惠政策的依据。

2. 大学生志愿服务西部计划

大学生志愿服务西部计划是教育部根据国务院常务会议和 2003 年全国高校毕业生就业工作电视电话会议精神的要求而实施的。该项计划从 2003 年开始实施，按照公开招募、自愿报名、组织选拔、集中派遣的方式，每年招募一定数量的高校应届毕业生或在读研究生，到西部基层开展为期 1～3 年的教育、卫生、农技等志愿服务工作，鼓励志愿者服务期满后扎根当地就业、创业。

大学生志愿服务西部计划实施以来，已有数十万名大学生参与，他们锻炼了自己，并为国家的社会主义现代化建设作出了贡献。

3. "青年红色筑梦之旅"

"青年红色筑梦之旅"活动是中国"互联网＋"大学生创新创业大赛的重要实践活动，旨在鼓励大学生扎根中国大地了解国情民情，接受革命传统教育，用创新创业成果服务乡村振兴战略，走好新时代青年的新长征路。2017 年 8 月 15 日，习近平总书记给参加"青年红色筑梦之旅"的大学生回信，深切勉励大学生"把激昂的青春梦融入伟大的中国梦"，"扎根中国大地了解国情民情，在创新创业中增长智慧才干，在艰苦奋斗中锤炼意志品质，在亿万人民为实现中国梦而进行的伟大奋斗中实现人生价值，用青春书写无愧于时代、无愧于历史的华彩篇章"。

自此，教育部以"红色筑梦点亮人生，青春领航振兴中华"为主题，在更大范围、更高层次、更深程度开展"青年红色筑梦之旅"活动。从延安到古田、从井冈山到西柏坡、从小岗村到闽宁镇、从嘉兴南湖到大庆油田，春秋两载，"青年红色筑梦之旅"活动已呈星火燎原之势。

4. "三下乡"

"三下乡"是指文化、科技、卫生下乡，是各高校在暑期开展的一项意在提高大学生综合素质的社会实践活动。该活动是为了让大学生以志愿者的身份深入农村，传播先进文化和科学技术，体验基层民众生活，调研基层社会现状。

"三下乡"活动能够把农村建设的需要和大学生的成长很好地结合起来，使大学生在服务农民群众的实践中接触社会，了解国情，增强社会责任感和历史使命感。

"萤火之光队"
三下乡支教

🔊 **扩展阅读**

志愿服务精神

志愿服务精神概括起来是奉献、友爱、互助、进步。

（1）奉献。奉献原指恭敬地交付、呈献，即不求回报地付出。奉献精神是高尚的，是志愿服务精神的精髓。志愿者在不计报酬、不求名利、不要特权的情况下参与推动人类发展、促进社会的活动，这些都体现着高尚的奉献精神。

（2）友爱。志愿服务精神提倡志愿者欣赏他人、与人为善、有爱无碍、平等尊重，这便是友爱精神。志愿者之爱跨越了国界、职业和贫富差距，是没有文化差异，没有民族之分，没有收入高低的平等之爱，它让社会充满阳光般的温暖。

（3）互助。志愿服务包含着深刻的互助精神，它提倡"互相帮助、助人自助"。志愿者凭借自己的双手、头脑、知识、爱心开展各种志愿服务活动，帮助那些处于困难和危机中的人们。志愿者以"互助"精神唤醒了许多人内心的仁爱和慈善，使他们付出所余，持之以恒地真心奉献。

（4）进步。进步精神是志愿服务精神的重要组成部分，志愿者通过参与志愿服务，使自己的能力得到提高，同时促进了社会的进步。在志愿活动中无处不体现着"进步"的精神，正是这一精神使人们甘心付出，追求社会和谐之境的实现。

四、勤工助学

1. 勤工助学的概念

勤工助学是指学生在学校的组织下利用课余时间，通过自己的劳动取得合理报酬，用于改善学习和生活条件的社会实践活动。勤工助学是学校学生资助工作的重要组成部分，是提高学生综合素质和资助家庭经济困难学生的有效途径。

学校设置校内勤工助学岗位，并为学生提供校外勤工助学机会。家庭经济困难学生优先考虑。

2. 勤工助学的意义

（1）勤工助学实现了"济困"的功能。目前，大学生拥有大量自由支配的时间，勤工助学不仅能让他们在空闲时间体现自身价值，还能通过劳动赚取收入。此外，勤工助学对于经济困难的大学生来说是一种缓解经济压力的有效方式，已经成为学校实施"济困"政策的关键途径。

（2）勤工助学锻炼了大学生的思想品格。当前，一些大学生畏惧吃苦，缺少服务精神和团队协作意识，且责任感有待加强。因此，通过勤工助学的实践活动，可以让大学生亲身体验生活的不易，理解责任与担当的含义，认识到感恩与奉献的价值。这有助于他们建立自信，形成尊重劳动的观念，同时树立正确的人生观、世界观和价值观。在团队合作中，大学生将学会应对激烈的竞争，增强心理承受力，并培养危机意识。此外，勤工助学经历能够锻炼大学生的自我约束能力、劳动意识和职业道德，这些品质将成为他们未来道路上的宝贵财富。

（3）勤工助学提高了大学生的综合能力和素质。通过参与勤工助学的实践活动，大学生的学术能力、社交技能、自我反思能力均能得到显著提升。从校内岗位到校外岗位，从初入职场的迷茫跟随到能够独立作出选择，从初次尝试的紧张不安到能够独立承担重任，大学生在实践能力、创新思维及独立分析和解决问题的能力上都有了明显的进步；大学生提前融入社会，掌握社会规则，调整个人预期，改善自身短板，以更好地满足社会需求，团队合作意识、自我管理能力和心理素质均得到显著增强，社会适应能力也有了显著的提高。此外，勤工助学活动还增强了大学生的学习能力和专业素质。大学生能够将所学的专业知识有效地应用于实际工作中，通过边学习边实践的方式，不仅使自己的专业知识更加扎实和稳固，还能够从专业角度出发，拓展相关的专业技能，从而增强个人的综合能力。

（4）勤工助学增强了大学生的创新创业能力。勤工助学活动有效地引导学生从课堂走向课外，从学校迈向企业，从学生身份转变为职员角色，从兼职工作过渡到就业甚至创业，从而拓宽了他们的视野。在自己熟悉的领域经过长期的实践，大学生逐渐培养出理性思考的能力，他们开始从创新的角度重新审视周围的资源，探索资源的最优配置，以期实现更广阔的发展。在勤工助学的过程中，大学生往往能激发出创新的思维和创业的热情。通过团队管理、项目运作、人际交往和目标设定等多方面的实践，他们进入了一个融会贯通的阶段，将所学知识和思考转化为实际行动，显著提升了创新创业的能力。

（5）勤工助学促进了大学生就业。勤工助学能够不断提升大学生的管理组织能力和待人处事能力，使他们的职业素质和职业能力得到全方位提升，帮助他们储备优质就业和自主创业所需要的身心素质与技能。

躬身践行

参加勤工助学

【劳动任务】

学生利用课余或假期时间，结合自身能力结构、专业特点、职业规划，主动参加校内或校外的工作，如与专业相关的基层工作，销售或服务工作等。

【劳动分组】

全班学生以 4～6 人为一组进行分组，各组选出组长并进行任务分工，将小组成员及分工情况填入表 8-9 中。

表 8-9　小组成员及分工情况

班级		组号		指导教师	
小组成员	姓名	学号	任务分工		
组长					
组员					

【劳动过程】

1. 将学生分成每组 4～6 个人的活动小组，通过小组内部讨论形成小组观点。

2. 每个小组成员陈述本组观点。

3. 教师进行归纳分析，引导学生深刻认识开展劳动教育的重要性。

【劳动计划】

小组商议，制订出具体的工作计划，填入表 8-10 中。

表 8-10　工作计划

步骤	工作内容	时间安排	负责人
1			
2			
3			
4			
5			

【劳动实施】

按照劳动计划，将具体的实施情况记录在表 8-11 中。

表 8-11　实施情况

时间安排	实施步骤
	选择本组要勤工助学的内容
	讨论确定本组的方案
	活动过程中遇到的问题及解决方式

【劳动评价】

教师可参考表 8-12 对各小组的活动进行评价。

表 8-12　活动评价表

项目名称	评价内容	分值	评价分数		
			自评	互评	师评
素养评价 20%	分工合理，具备团队精神，能够积极与他人合作	10 分			
	积极、认真参加实践任务	10 分			
技能评价 30%	活动策划方案实用	10 分			
	活动实施效果佳，给劳动者带来了感动	10 分			
	按时完成实践任务	10 分			
成果评价 50%	培养学生正确的劳动观点	20 分			
	培养学生自立、自强的劳动品质	20 分			
	掌握一定的生产知识和劳动技能	10 分			
合计		100 分			
总评	自评（20%）+ 互评（20%）+ 师评（60%）=	综合等级：	教师（签名）：		

参 考 文 献

［1］谢颜.大学生劳动教育［M］.北京：中国人民大学出版社，2022.

［2］王新华，孔帅，李中峰.劳动教育［M］.北京：中国人民大学出版社，2022.

［3］徐国庆.劳动教育［M］.北京：高等教育出版社，2020.

［4］刘国胜，柳波，袁炯.大学生劳动教育［M］.北京：人民邮电出版社，2021.

［5］邬承斌.大学生劳动教育理论与实践［M］.北京：电子工业出版社，2023.

［6］黄建科，邓灶福.新时代劳动教育与实践［M］.北京：中国轻工业出版社，2022.

［7］刘向兵.大学生劳动教育通识［M］.北京：高等教育出版社，2022.

［8］柳友荣，吴长法.大学生劳动教育［M］.北京：北京师范大学出版社，2023.

［9］蒋永文，王德强.大学生劳动教育［M］.北京：高等教育出版社，2023.

［10］陈锋，褚玉锋.新时代劳动教育理论与实践教程［M］.上海：同济大学出版社，2020.

［11］黄越钦.劳动法新论［M］.北京：中国政法大学出版社，2003.